Treffpunkt RU 7/8

Neuausgabe

Kösel

Treffpunkt RU – Neuausgabe

Unterrichtswerk für katholische Religionslehre
in der Sekundarstufe I

7./8. Jahrgangsstufe

Erarbeitet von
Reinhard Bamming und Maria Trendelkamp
unter Mitarbeit von
Norbert Heiny, Hans-Peter Imig und Bernhard Scheidgen
unter Beratung von
Professor Dr. Paul Schladoth

Revidiert von
Josef Epping und Brigitte Zein-Schumacher

Zugelassen als Lehrbuch für den katholischen Religionsunterricht durch die Diözesanbischöfe von Aachen, Berlin, Essen, Fulda, Hamburg, Hildesheim, Köln, Limburg, Mainz, Münster, Osnabrück, Paderborn, Speyer, Trier

Verlagsgruppe Random House FSC-DEU-0100
Das für dieses Buch verwendete FSC®-zertifizierte Papier
Hello Fat Matt 1,1 liefert Condat, Le Lardin Saint-Lazare, Frankreich.

4. Auflage 2012
Copyright © 2004 Kösel-Verlag, München, in der Verlagsgruppe Random House GmbH

Rechtschreibreformiert (2006), sofern nicht urheberrechtliche Einwände bestehen, wie bei B. Brecht S. 137.
Das Werk und seine Teile sind urheberrechtlich geschützt.
Jede Verwertung in anderen als den gesetzlich zugelassenen Fällen bedarf deshalb der vorherigen schriftlichen Einwilligung des Verlags.
Hinweis zu § 52a UrhG: Weder das Werk noch seine Teile dürfen ohne eine solche Einwilligung eingescannt und in ein Netzwerk eingestellt werden.
Dies gilt auch für Intranets von Schulen und sonstigen Bildungseinrichtungen.

Umschlag: Kaselow Design, unter Verwendung eines Motivs von Peter Schimmel
Illustration: Lisa Althaus, A-Klaus
Notensatz: Christa Pfletschinger, München
Satz: Kösel-Verlag, München
Druck und Bindung: Kösel, Krugzell
Printed in Germany
ISBN 978-3-466-50655-2

www.koesel.de

Inhaltsverzeichnis

1 **Für das eigene Leben verantwortlich werden** — 5
Mut – Verantwortung – Gewissen

2 **Vorbilder** — 19
Wegweiser in unserem Leben

3 **Glaube braucht Zeichen** — 31
Mit allen Sinnen glauben

4 **Geschenkter Neu-Anfang** — 47
Schuld und Versöhnung

5 **Ich und du** — 61
Identität – Freundschaft – Liebe

6 **Hoffen auf Heil** — 77
Die biblischen Schöpfungserzählungen

7 **Ein Prophet redet ins Gewissen** — 93
Jeremia

8 **Leben bringt er** — 105
Jesus von Nazaret

9 **Es geschehen noch Zeichen und Wunder** — 121
Wunder Jesu – damals und heute

10 **Spuren des lebendigen Gottes** — 133
Gottesbegegnungen – Gottesbilder

11 **Dem Ruf Gottes folgen** — 147
Berufung und Nachfolge

12 **Für eine bessere Welt** — 161
Organisierte Nächstenliebe

Projekt: Die Welt in Augenschein nehmen — 176
Register — 178
Text- und Bildnachweis — 179

Einmal erzählte Rabbi Chajim:
»Es hat sich einst einer im tiefen Wald verirrt. Nach einer Zeit verirrte sich ein Weiterer und traf auf den Ersten. Ohne zu wissen, wie es dem ergangen sei, fragte er ihn, auf welchem Weg man hinausgelange. ›Den weiß ich nicht‹, antwortete der Erste. ›Aber ich kann dir die Wege zeigen, die nur noch tiefer ins Dickicht führen, und dann lass uns gemeinsam nach dem Weg suchen.‹ Gemeinde!«, so schloss der Rabbi seine Erzählung, »suchen wir gemeinsam den Weg!«

Mit dieser chassidischen Geschichte laden wir euch herzlich ein in den beiden kommenden Schuljahren gemeinsam den Weg zu suchen. Dieses Religionsbuch kann euch dabei ein guter Begleiter sein.

Viel Freude dabei!

Maria Trendelkamp
Reinhard Banning
Brigitte Zein-Schumacher
Josef Epping

1 Für das eigene Leben verantwortlich werden

Mut – Verantwortung – Gewissen

1 Dabei sein oder anders sein?

Das war das Schlimmste

Seit zweieinhalb Jahren ärgere ich mich über Rike. Am Anfang hat sie mir gut gefallen, ich mag das, wenn jemand hübsch aussieht. Aber dann hatten wir einmal Streit, wegen einer ganz blöden Sache eigentlich.
Wir saßen in der Zeichenstunde nebeneinander, sie hatte eine sehr schöne weiße Latzhose an. Ich war ein bisschen neidisch, denn ich wusste, dass Mama mir nie so eine Hose kaufen würde. So viel gab Mama für eine Hose nicht aus.
Nun, irgendwie, ich weiß auch nicht mehr ganz genau wie, kam ich an das Wasserglas, in dem wir unsere Pinsel sauber machten. Es fiel um und die ganze dreckige Brühe floss über Rikes neue Hose. Die war dann nicht mehr weiß und schön.
Sie regte sich schrecklich darüber auf und als ich ganz ruhig sagte, sie solle sich doch nicht so anstellen, das könne man bestimmt wieder auswaschen, schrie sie mich an: »Du bist ja nur neidisch, weil ich immer so schöne Sachen zum Anziehen habe und du selbst immer so hässlich bist. Das hast du bestimmt mit Absicht gemacht.«
Es war fürchterlich. Ich fing vor lauter Schreck an zu heulen. Das ist mir danach nie wieder passiert, dass ich vor anderen geweint habe. Herr Rost, unser Zeichenlehrer, wurde richtig böse und verlangte von Rike, dass sie sich bei mir entschuldigte. Das tat sie dann auch. Aber ich konnte danach nicht mehr so tun, als wäre nichts gewesen. Ich werde auch nie vergessen, wie mich alle angestarrt haben. Das kann ich nun mal nicht ausstehen.
»Du bist neidisch, weil du selbst immer so hässlich bist«, hatte sie gesagt. Das war das Schlimmste. Ich hatte vorher nie darüber nachgedacht, aber jetzt wusste ich es. Und weil Rike es laut gesagt hatte, wussten es auch die anderen. Und noch etwas: Vorher hatte ich auch nie gemerkt, dass die meisten Mädchen aus der Klasse viel besser angezogen waren als ich. Natürlich nicht alle, aber die, die wirklich beliebt waren, hatten tolle Sachen und immer wieder neue.
In den Wochen danach bildeten sechs Mädchen aus der Klasse die Clique. Rike war natürlich dabei. Die von der Clique geben den Ton an bei uns in der Klasse. Jedenfalls sind sie sehr laut. Und immer nach der neuesten Mode angezogen. Ich habe sogar mal eine Statistik gemacht. Ich habe jeden Tag aufgeschrieben, was sie anhatten, welche Hosen, Blusen, Pullis und so weiter. Drei Monate habe ich geschrieben und gezählt, dann konnte ich mir leicht ausrechnen, dass sie alle offensichtlich drei bis vier neue Sachen im Monat bekamen. Selbst wenn ich gewollt hätte, hätte ich nie dazugehören können, das war mir klar. Aber ich will ja gar nicht.
Ich laufe eben immer in alten Jeans rum und in einfachen T-Shirts, und die kauft Mama im Kaufhaus, weil es da billiger ist. Dafür sitzen sie dann auch nicht richtig und die T-Shirts werden nach der ersten Wäsche breit und kurz. Ich finde mich auch sonst nicht besonders hübsch, aber ich finde mich lange nicht so blöd wie die von der Clique, von denen gefallen mir nur Chris und Nina.
Ich habe mich dann mit Alex angefreundet. Sie ist nicht so auffällig wie die anderen, sehr zurückhaltend und ruhig, aber wirklich lieb und nett. Sie gehört auch nicht zur Clique.

Mirjam Pressler

Carolin Strohbach, 17 Jahre, gewann mit dieser Karikatur einen bundesweiten Jugendwettbewerb zum Thema »Sucht«.

- Betrachtet das Bild auf S. 5. Welche Gedankenwege und Gefühlswege ist das Mädchen aus der Erzählung von Mirjam Pressler gegangen, bis ihr klar wurde, dass sie nicht zu der Clique gehören will? Schreibt unterschiedliche Tagebucheinträge, die deutlich machen, welche Entwicklung mit dem Mädchen geschieht.
- Nehmt zu dem Verhalten des Mädchens und seiner Klassenkameradinnen Stellung.
- Sprecht über ähnliche Situationen in eurer Klasse! Überlegt dabei, inwieweit der Begriff »Gruppenzwang« von Bedeutung ist.
- Sprecht über die in der Karikatur gezeigte Problematik. Informiert euch bei eurem/eurer Beratungslehrer/in oder im Internet über Essstörungen und diskutiert über mögliche Ursachen und Hilfen.

Ist mir doch egal, was die anderen denken. Ich mache, was ich will.

Ich mag es lieber, wenn jeder das trägt, was zu ihm passt. Gruppenzwang ist nichts für mich.

Haste was, dann biste was!

Ich will doch nicht auffallen. Da passe ich mich lieber an!

Wenn ich das trage und mache, was gerade »in« ist, habe ich mit Sicherheit die Mehrheit hinter mir.

Frisch vom Friseur

Es war Viertel nach sechs, ich war gerade vom Friseur nach Hause gekommen.
»Thomas, bist du das?«, rief meine Mutter.
»Ja«, brummte ich vor mich hin, denn ich hatte nicht gerade gute Laune.
Meine Mutter saß im Wohnzimmer und las Zeitung.
»Da bist du ja, dann können wir endlich essen. Dein ... – Thomas, wie siehst du denn aus?« Fassungslos starrte sie mich an. Sie hatte wohl erst jetzt meine neue Frisur registriert: megakurze Haare und dazu ein grün gefärbter Pony.
»Was ist?«, fragte ich kampflustig, »gefällt es dir nicht?«
»Ähh ..., es ist sehr gewöhnungsbedürftig! Warum hast du das gemacht?«
»Mensch, Mutter, weil es ›in‹ ist. Alle haben ihre Haare so!«, explodierte ich.

»Das ist doch noch lange kein Grund, dass du's auch hast!«, hörte ich meine siebzehnjährige Schwester hinter meinem Rücken sagen, »ich meine, das ist doch bescheuert, wenn alle mit der gleichen Frisur herumlaufen!«
»Aber es ist doch genauso bescheuert, mit 'ner anderen Frisur herumzulaufen, wenn alle diese haben, da fällt man doch nur negativ auf«, erwiderte ich.
»Quatsch, du fällst positiv auf, weil du dich aus der Reihe zu tanzen traust. Das nennt sich ›positives Anderssein‹!«, konterte sie gelassen.
»Aber ... ach. Lass mich doch in Ruhe!«
Verwirrt lief ich in mein Zimmer. Positives Anderssein ... so toll sahen meine Haare wirklich nicht aus. Eigentlich stand mir blond überhaupt nicht. Aber, wenn das alle hatten ...

Jana Skornicka

- *Warum fällt es oft schwer, sich dem Trend der Zeit zu entziehen?*
- *»Positives Anderssein«* – sprecht über diesen Begriff!
  Überlegt Situationen und Verhaltensweisen, für die ihr diesen Begriff verwenden würdet.

2 Stellung beziehen – sich entscheiden

Gründe

»Weil das alles nicht hilft
Sie tun ja doch was sie wollen
Weil ich mir nicht nochmals
die Finger verbrennen will
Weil man nur lachen wird:
Auf dich haben sie gewartet
Und warum immer ich?
Keiner wird es mir danken
Weil da niemand mehr durchsieht
sondern höchstens noch mehr kaputtgeht
Weil jedes Schlechte
vielleicht auch sein Gutes hat
Weil es Sache des Standpunktes ist
und überhaupt wem soll man glauben
Weil auch bei den andern
nur mit Wasser gekocht wird
Weil ich das lieber
Berufeneren überlasse
Weil man nie weiß
wie einem das schaden kann
Weil sich die Mühe nicht lohnt
weil sie alle das gar nicht wert sind«
Das sind Todesursachen
zu schreiben auf unsere Gräber
die nicht mehr gegraben werden
wenn das die Ursachen sind

Erich Fried

- Überprüft, wofür die »Gründe« in dem Gedicht angegeben werden. Überprüft die »Gründe« und findet heraus, wofür sie abgegeben werden.
- Die Schlagzeilen zeigen Schwächen im menschlichen Miteinander. Sprecht über Ursachen und Folgen und sucht weitere Schlagzeilen, die zu der Karikatur passen.
- Gestaltet eine Plakatwand mit der Überschrift »Stellung beziehen«, indem ihr Zeitungsausschnitte, (eigene) Bilder oder (eigene) Texte sucht, die folgende Redensarten verdeutlichen:
Stellung beziehen – Rückgrat zeigen – Einen Standpunkt vertreten – Farbe bekennen …
Weitere Informationen findet ihr im Kapitel »Ein Prophet redet ins Gewissen«, S. 93 ff.
- Sprecht über die Bereiche, die durch eure Collage verdeutlicht werden.

Junge Frau in der U-Bahn von zwei Männern belästigt und beraubt
KEINER DER FAHRGÄSTE KAM ZU HILFE

Mallorca platzt aus allen Nähten
Wasserknappheit bedroht die Einwohner

14-jähriges Mädchen erlitt jahrelanges MARTYRIUM
Nachbarn und Verwandte nahmen keine Notiz

14-Jähriger stirbt an ÜBERDOSIS
Mitschüler und Eltern sind ratlos

MÜLLBERGE stellen immer größeres Problem dar
Verpackungsindustrie boomt

Obdachloser erfror in der Innenstadt
Passanten dachten, 54-jähriger schliefe

Papierfabrik ließ Chemikalien in den Fluss ab
Aus Angst vor dem Verlust des Arbeitsplatzes schwiegen die Mitarbeiter

Seltsamer Spazierritt

Ein Mann reitet auf seinem Esel nach Haus und lässt seinen Buben zu Fuß nebenher laufen. Kommt ein Wanderer und sagt: »Das ist nicht recht, Vater, dass Ihr reitet und lasst Euren Sohn laufen; Ihr habt stärkere Glieder.« Da stieg der Vater vom Esel herab und ließ den Sohn reiten. Kommt wieder ein Wandersmann und sagt: »Das ist nicht recht, Bursche, dass du reitest und lässest deinen Vater zu Fuß gehen. Du hast jüngere Beine.« Da saßen beide auf und ritten eine Strecke. Kommt ein dritter Wandersmann und sagt: »Was ist das für ein Unverstand, zwei Kerle auf einem schwachen Tiere? Sollte man nicht einen Stock nehmen und euch beide hinabjagen?« Da stiegen beide ab und gingen selbdritt zu Fuß, rechts und links der Vater und Sohn und in der Mitte der Esel. Kommt ein vierter Wandersmann und sagt: »Ihr seid drei kuriose Gesellen. Ist's nicht genug, wenn zwei zu Fuß gehen? Geht's nicht leichter, wenn einer von euch reitet?« Da band der Vater dem Esel die vorderen Beine zusammen, und der Sohn band ihm die hinteren Beine zusammen, zogen einen starken Baumpfahl durch, der an der Straße stand, und trugen den Esel auf der Achsel heim.

Johann Peter Hebel

Der Schritt zurück

Er stand ganz am Rand. Unter ihm die gleißende Wasseroberfläche. Wie geschmolzenes Blei sah es aus. In seinen Schläfen hämmerte es. Er hatte Angst, nackte Angst. Hinter sich hörte er die Stimme seines Trainers: »Spring!« Das Pochen nahm zu, gleich musste es seinen Kopf sprengen. Zwischen ihm und der Wassermasse gab es nur dieses kleine schwankende Brett, zehn Meter hoch. Leute starrten nach oben. Sie warteten. Ihre Gesichter waren feindlich. Trotzdem fühlte er sich ihnen verpflichtet. Er musste springen, damit sie ihre Sensation bekamen. Er fühlte, dass er es nicht schaffen würde. Er war noch nicht so weit. Aber er musste beweisen, dass er ein Mann war. Lieber tot sein, als sich vor diesen Gesichtern blamieren. Nur noch ein paar Sekunden atmen, dachte er, mehr verlange ich gar nicht. Er blickte nach unten. Warum lächelte niemand? Lauter gespannte weiße Ovale mit harten Augen. Sie wissen, dass ich es nicht kann. Es wurde ihm schlagartig klar. Sie wissen, dass etwas passieren wird. Warum rief ihn niemand zurück? Plötzlich tauchte ein neuer Gedanke in seinem Gehirn auf. Hatten so die Leute ausgesehen, die einer Hinrichtung beiwohnten? Waren ihre Augen so hart, so unbeteiligt gewesen? Ich bin doch einer von ihnen, wieso rufen sie mich nicht zurück? Sie wollen, dass ich mich selbst vernichte für sie. Sie verlangen, dass ich meine Angst bestrafe. Aber was werden sie nachher tun? Wenn es passiert ist, will niemand etwas dafür können. In ihm kam das Bedürfnis auf zu schreien, die Menschen da unten aus ihrer Starre zu schreien. Sie sollten nicht das Recht haben, schuldlos an seinem Unglück zu sein. Wenn sie geschrien hätten, die Opfer der Millionen Hinrichtungen, sie hätten ihnen dieses Recht genommen. Die Übelkeit in seinem Magen verstärkte sich, nicht mehr aus Angst, sondern aus Ekel vor der Feigheit der Masse da unten. Er hätte ausspucken mögen. Stumm, wie eine Herde blöder Schafe, standen sie da unten und warteten.

Aber wenn er jetzt sprang und sich für ihre Gier opferte, war er dann nicht auch so feig wie sie? Ein Schritt nur, ein Schritt. Er war so einsam. Hätte ihn jetzt jemand gerufen, wäre noch alles gut gegangen, aber sie schwiegen. Seine Verachtung stieg ins Unermessliche. Er forschte in seinem Gewissen: Wenn er sprang, war irgendetwas damit erreicht? Tat er damit etwas Falsches? Etwas Richtiges? Er wusste, was er tun sollte. Warum sträubte er sich dagegen? Aber war das Springen heldenhaft, hatte es einen Sinn? Ein Schritt nur! Sein Fuß schob sich langsam vor. Dann ging ein Ruck durch seine Gestalt. Er richtete sich auf und drehte sich um. Ganz bewusst. Seine Unsicherheit war von ihm gewichen; der Druck, der auf ihm lastete, verschwand. Langsam kletterte er die Leiter hinab und schritt durch die starre Gruppe.

Zum ersten Mal in seinem Leben trug er den Kopf hoch. Er begegnete den Blicken der anderen mit kühler Gelassenheit. Keiner sprach ein Wort oder lachte gar. Er fühlte sich so stark, als hätte er gerade die wichtigste Prüfung in seinem Leben bestanden. Er spürte so etwas wie Achtung vor sich selbst. Eines Tages würde er auch springen, das wusste er plötzlich.

Annette Rauert

- Stellt die drei Szenen des Textes »Seltsamer Spazierritt« in einem Standbild/Rollenspiel dar. Warum meinen die Wanderer, etwas zu der Situation sagen zu müssen?
- Wie ist das Verhalten von Vater und Sohn zu verstehen? Wie beurteilst du dieses Verhalten?
- Was hätte es bedeutet, wenn der Junge in der Erzählung trotz seiner Angst gesprungen wäre?
- Findet ähnliche Situationen, die zu der Erzählung passen und zeigen, dass jemand den »Kopf hoch trägt«.

3 Verantwortung tragen

Was könnte ich denn tun ...?

Gespräch zwischen Vater (V) und Sohn (S)

S: Unser Geschichtslehrer hat heute Morgen ein politisches Experiment mit uns gemacht.
V: Da bin ich neugierig.
S: Er hat uns gefragt, was wir tun würden, wenn die Bundesregierung verfügte, die Zeugen Jehovas müssten Zipfelmützen tragen und statt der Gehsteige die Fahrbahn benutzen.
V: Das ist gut.
S: Fast alle waren der Meinung, dass sie nichts tun würden.
V: Du auch?
S: Ich auch.
V: Warum?
S: Weil ich mir nichts vormache. Genauso wenig wie meine Klassenkameraden sich etwas vormachen. Der Einzelne kann da gar nichts ausrichten.
V: Das war eure Meinung.
S: Zwei wollten etwas tun, aber was es sein sollte, wussten sie auch nicht. Der eine meinte schließlich, man müsste an seinen Abgeordneten oder an die Presse schreiben. Der andere wollte in einem Protestmarsch mitziehen, wenn einer ginge. Wir fanden das alles ziemlich kindisch. Natürlich kann man sich da manches ausdenken. Mit dreizehn Jahren habe ich auch geträumt, wie mutig ich Einbrecher empfangen würde, die nachts in unsere Wohnung kämen. Jetzt bin ich alt genug, um ehrlich sagen zu können: Wenn es gefährlich wird, werde ich nichts tun, ich nicht, und auch sonst keiner.
V: Da würden die Zeugen Jehovas also Zipfelmützen tragen und vom Gehsteig heruntermüssen.
S: Zwei waren der Meinung, wenn die Zeugen Jehovas weiter so gegen das Christentum hetzten, so geschehe es ihnen auch ganz recht. Für die würden sie keinen Finger krumm machen.
V: Und wie viel Jungen seid ihr in eurer Klasse?
S: Achtzehn.
V: Von denen also zwei Widerstand leisten wollen, jedoch nicht recht wissen, wie, vierzehn keinen Widerstand leisten wollen, aber die Maßnahme der Regierung mehr oder weniger missbilligen und zwei die Maßnahme der Regierung begrüßen.
S: Genau so.
V: Da hatte die jüdische Journalistin also doch Recht.
S: Welche jüdische Journalistin?
V: Die jüdische Journalistin, die diese Testfrage erfunden hat.
S: Richtig. Unser Lehrer sprach von einem Fernsehfilm. Und worin hatte sie also Recht?
V: Dass sich die Deutschen seit 1938 nicht geändert hätten.
S: Das finde ich unfair.
V: Und warum findest du das unfair?
S: Weil es doch völlig natürlich ist und gar nichts Besonderes, dass man sich nicht für solch verrückte Eiferer wie die Zeugen Jehovas in Unannehmlichkeiten bringen will.
V: Bleibt eine Frage.
S: Nämlich?
V: Welches Gebot Gottes oder der Menschen einem gebietet, natürlich zu sein.
S: Aber was könnte ich denn tun, wenn die Zeugen Jehovas von der Regierung gezwungen würden, Zipfelmützen zu tragen und die Fahrbahn zu benutzen?
V: Zum Beispiel, selber eine Zipfelmütze tragen und selber die Fahrbahn benutzen.
S: Aber ich würde mich doch nur sinnlos in Gefahr bringen.
V: Wenn das ein paar Zehntausende unserer Stadt tun?
S: Ja dann!
V: Du meinst, sie machen nicht mit?
S: Nein.
V: Da bist du sicher?
S: Ganz sicher.
V: Und das soll kein Beweis sein?
S: Wofür?
V: Dass wir uns nicht geändert haben?

Richard Matthias Müller

10

Etwas, für das es sich lohnt

In einem Brief zum 16. Geburtstag ihrer Nichte schreibt Ita Ford:
Gestern habe ich ein Mädchen von 16 Jahren gesehen, das vor wenigen Stunden ermordet worden war. Ich kenne noch eine ganze Menge junger Jugendlicher, die ermordet wurden. Wir erleben eine für Jugendliche schreckliche Zeit in El Salvador. Viel Idealismus und Engagement wird hier vernichtet. Die Gründe, weswegen sie umgebracht wurden, sind vielfältig, aber es gibt einige einfache und klare Wegweiser. Einer dieser Wegweiser ist es, eine Lebensaufgabe gefunden zu haben, der man sich selber hingegeben hat, für die man kämpfen, ja sogar sterben kann. Ihnen ist nicht wichtig, dass sie 16 Jahre oder 60 Jahre oder 90 Jahre alt werden, ihr Leben hat eine Aufgabe gehabt und in vieler Hinsicht sind sie Menschen geworden, die ihr Leben vollendet gelebt haben. Ihr in Nordamerika und Europa erleidet nicht das gleiche Drama wie wir in El Salvador. Aber es gibt ähnliche Erfahrungen, die zur Wahrheit drängen, gleichgültig, wo sich einer aufhält oder welches Alter er hat. Ich wünsche dir, dass du die Wahrheit findest, die deinem Leben einen tiefen Sinn gibt: Etwas, für das es sich lohnt zu leben, etwas, das dich in Bewegung versetzt, dich vom Stuhl reißt und dir Mut macht, geradeaus voranzugehen. Ich kann dir nicht sagen, was das für dich sein könnte. Du selber musst es entdecken, dich dafür entscheiden und dich ganz darauf einlassen.
Ich wünsche dir, du mögest nie deine Gaben und die guten Gelegenheiten verpassen, dich selber und andere glücklich zu machen. Dies ist mein Geschenk zu deinem Geburtstag. Wenn du heute nicht erkennen vermagst, was es für dich bedeutet, dann bewahre es auf und lies es zu einem anderen Zeitpunkt noch einmal. Es könnte sein, dass es dann klarer zu dir spricht.

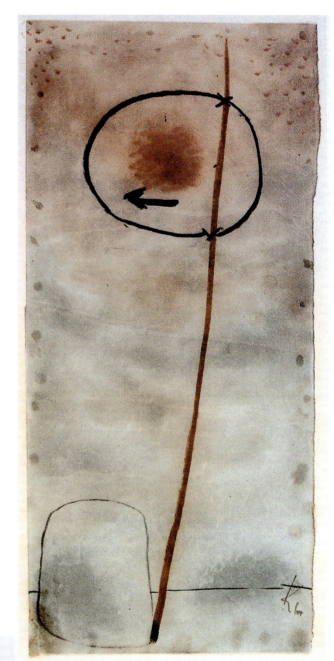

Paul Klee, 1937

- Überlegt, welche Gruppen für »Zeugen Jehovas« eingesetzt werden könnten (z. B. ausländische Mitbürger, Arbeitslose ...).
- Stell dir vor: In deiner Klasse müsste jeder, der bereits mehr als einmal in seinem Leben eine Fünf geschrieben hat, ein rotes Stirnband tragen! Welche Konsequenzen hätte das? Wie reagieren die Lehrer/innen darauf? Wie ist die Reaktion der Mitschüler/innen in der Pause auf dem Schulhof?
- Überlegt, ob sich »die Deutschen« wirklich nicht geändert haben.
- Schreibt einen Antwortbrief an Ita Ford.
- Sprecht über die Problematik, wenn Menschen ihr Leben für ein Ziel opfern.
- Paul Klee hat sein Bild »Labiler Wegweiser« genannt. Tragt zusammen, welche Wegweiser ihr kennt, welchen ihr folgen wollt. Warum sind Wegweiser manchmal labil?

Keith Haring, 1985

Große Pause

Nachdem es zur Pause geklingelt hatte, stürmten alle anderen aus dem Klassenraum auf den Schulhof. Eigentlich wollte Herr Freese noch die Hausaufgaben erklären, aber das interessierte nach dem erlösenden Gong niemanden mehr. Schon nach kurzer Zeit war er allein mit Herrn Freese im Raum. Betont langsam packte er seine Bücher in die Tasche und suchte nach seinem Frühstück. Vielleicht könnte er die quälende Pause ein wenig verkürzen, wenn er noch eine Frage stellte?

»Ach, Herr Freese, ich hab da noch eine Frage …«, begann er das Gespräch.

Herr Freese hob seinen Kopf vom Klassenbuch.

»Einen Moment noch, ich muss eben noch ins Klassenbuch eintragen«, sagte er. »So, was gibt's denn so Wichtiges, dass du deine Pause opferst?«

»Ich wollte nur wissen, ob wir bei den Hausaufgaben auch die Rechnung ins Heft schreiben müssen oder ob das Ergebnis reicht«, wollte er mit nicht ganz so sicherer Stimme wissen.

»Mach es so wie immer, mit Rechnung im Heft. Das weißt du doch«, bekam er zur Antwort.

Wenn ihm jetzt nicht schnell eine weitere wichtige Frage einfiel, würde das eintreffen, wovor er sich am meisten fürchtete. Sein Gehirn arbeitete auf Hochtouren. Die Hände wurden feucht, der Kloß in seinem Hals wuchs zu einem Fußball an. Schnell, schnell – es musste ihm noch etwas einfallen. »Äh, wann schreiben wir eigentlich die nächste Klassenarbeit?«

»Ich sage es euch morgen im Unterricht, wenn ich mit den anderen Kollegen gesprochen habe. Es dauert aber sicher noch ein bis zwei Wochen«, antwortete Herr Freese. »So, und jetzt gehst du bitte raus auf den Pausenhof. Zehn Minuten kannst du noch genießen.«

Zehn Minuten Pause genießen! Wenn jemand wüsste, was Pause für ihn bedeutete!

Die erste große Pause war am schlimmsten. Zwanzig Minuten Folter. Zwanzig Minuten alleine auf dem Schulhof stehen. Nicht zu weit weg von den anderen – keiner sollte denken, er sei einsam. Nicht zu nahe an den anderen dran – keiner sollte denken, er suche penetrant Anschluss. Mindestens dreimal ging er auf die Toilette, damit er nicht nur rumstand. Natürlich immer auf eine andere – niemand sollte etwas merken. Und dann stand er wieder dort, kaute sein Brot und wartete auf den erlösenden Gong. Schon oft hatte er darüber nachgedacht, wie sehr er die Pausen verabscheute. Bei ihm erfüllten sie genau den entgegengesetzten Zweck: Statt Erholung und Entspannung fing für ihn die schlimmste Zeit des Vormittags an. Zwanzig Minuten lang musste er seine Einsamkeit so gut es ging verbergen. Das Lachen der anderen erreichte ihn wie ein Stoß mit dem Schwert und verursachte Qualen. Nicht, dass er nicht gerne lachte – ganz im Gegenteil, aber alleine lacht es sich nicht so gut.

Er wusste selbst nicht, wann alles angefangen hatte. In den ersten Jahren freute er sich wie alle anderen auf die Pausen und tobte auf dem Hof herum. Später nutzte er die Pausen, um mit den anderen die vergessenen Hausaufgaben zu erledigen. Dann löste sich seine Clique auf: Silke zog mit ihren Eltern in eine andere Stadt, Jens wechselte die Schule, Anja und Christina fanden Jungen aus der eigenen Klasse blöd, Fabian entwickelte sich zu einem Angeber, Jens fand es besser, mit einem Angeber befreundet zu sein als mit einem, dessen Vater arbeitslos war. Und so kam es, dass er den Anschluss verlor. Als er

Das größte Übel, das wir unseren Mitmenschen antun können, ist nicht sie zu hassen, sondern ihnen gegenüber gleichgültig zu sein. Das ist die absolute Unmenschlichkeit.

George Bernard Shaw

dann auch nicht mehr mit auf die Klassenfahrt fuhr, weil sie zu Hause das Geld nicht hatten, war alles aus. Kaum jemand interessierte sich für ihn, der weder Geld für die neueste Mode noch für Kino oder Computerspiele hatte. Er war nur dann interessant, wenn jemand die Hausaufgaben von ihm haben wollte. »Hey, Carsten, lass mal Deutsch rüberwachsen.« Meist reichte es nicht einmal für ein Dankeschön. Nie fand er den Mut, »Nein« zu sagen. Jedes Mal hoffte er, dass jemand auf die Idee käme, ihn mehr zu beachten. Jedes Mal wurde er enttäuscht. Nicht, dass sie ihn ärgerten oder sich über ihn lustig machten. Er war einfach nicht »in«, er gehörte nicht dazu, er war Luft für sie. Er hatte in seiner Not sogar schon überlegt sich Zigaretten zu kaufen und zu den anderen in die so genannte »Raucherecke« zu gehen. Aber eigentlich wollte er gar nicht rauchen – und das konnte er sich auch gar nicht leisten.

Einmal war er zwei Wochen lang krank gewesen. Niemand aus der Klasse hatte angerufen und sich nach ihm erkundigt. Also rief er bei Sebastian an und fragte nach den Hausaufgaben. Das Telefongespräch war niederschmetternd: Sebastian hatte nicht einmal gemerkt, dass er schon in der zweiten Woche fehlte!

Wieder drang das Lachen der anderen zu ihm. Wieder traf es ihn wie ein Schwertstoß. Er blickte auf die Uhr: 9.28 Uhr – noch zwei Minuten, dann kam der erlösende Gong.
»Hey, Carsten, haste mal Englisch für mich? Ich hab total vergessen, dass wir heute Englisch haben.« Manuel drängte: »Mach schon, es schellt gleich!«
Carsten überlegte ...

- Wie geht die Erzählung weiter? Findet unterschiedliche Möglichkeiten und beachtet dabei die Zeichnung auf der rechten Seite und das Bild von Keith Haring S. 12.
- Spielt eine Szene, die zu der Erzählung passt, z. B. Mannschaftswahlen im Sportunterricht, Gruppenaufteilungen bei Ausflügen, Zimmerverteilung bei Klassenfahrten.
  Welche Gefühle haben die beteiligten Personen?
- Setzt die Gedanken von George Bernard Shaw in Beziehung zur Erzählung und entwickelt Lösungsmöglichkeiten.
- Gleichgültigkeit der anderen, Mangel an Anerkennung, Langeweile, Neugier, Gruppendruck – viele Gründe führen Jugendliche an, warum sie Drogen probiert haben und in eine Sucht gerutscht sind.
  Experten unterscheiden zwischen stoffgebundenen (Alkohol, Pillen etc.) und stoffungebundenen Süchten (Esssucht, Spielsucht, Kaufsucht etc.). Prüft die Glücksversprechungen. Informiert euch in arbeitsteiligen Kleingruppen bei der örtlichen Suchtberatungsstelle oder bei der Katholischen Sozialethischen Arbeitsstelle, Ostenallee 80, 59071 Hamm; Tel.: 02381/98020-0; www.ksa-hamm.de.
- Gibt es eine Drogenberatung an eurer Schule?

4 Sich gewiss werden

Gewissen – was ist das?

> ... Angst; flaues Gefühl in der Magengegend; Schlaflosigkeit; Drang, die Wahrheit zu sagen ...

> Ein gutes Gewissen stärkt das Selbstbewusstsein.

> Gewissen ist etwas, was in mir lebt: Es arbeitet mit, es hilft mir zu entscheiden, es überlegt mit.

> Ich habe manchmal ein schlechtes Gewissen, z. B. wenn ich meiner Mutter verschwiegen habe, dass ich in der Arbeit eine schlechte Note geschrieben habe. Dann ist mir immer ganz komisch im Bauch. Ganz anders, als wenn man aufgeregt ist.

> Das Gewissen ist für mich wie eine gute Gabe Gottes, damit wir Menschen auch etwas Gutes tun, nicht nur randalieren, stehlen, morden. Wir haben das Gewissen dafür, dass wir den anderen Menschen helfen.

> Gewissen ist eine innere Stimme eines jeden Menschen. Jeder Mensch hat es, der eine stärker, der andere schwächer ...

Im Allgemeinen haben die Menschen ein richtiges Gespür, eine Art Tastsinn für Gut und Böse: das Gewissen. Wir reden von einem schlechten Gewissen und davon, dass es »schlägt«, wenn wir etwas Falsches oder Böses tun. Und das Gewissen drängt zum Guten – auch dort, wo niemand unser Gutsein einklagt oder belohnt.

Katechismus ›Grundriss des Glaubens‹ 36.2

Wem nicht eindeutig gesagt oder vorgeschrieben wird, was er tun und lassen soll, der muss das Gute und Richtige selbst finden. Er trägt die Verantwortung für das, was er tut: sich selbst, der Gemeinschaft und Gott gegenüber. Aus dem, was er weiß und erfahren hat und was andere ihm vermittelt haben, muss er zu erkennen versuchen, was seine Situation von ihm verlangt.

Katechismus ›Grundriss des Glaubens‹ 36.2

- *Überprüfe die Meinungen der SchülerInnen, finde eine für dich zutreffende Formulierung oder formuliere deine eigene Überzeugung. Schreibe deinen Vorschlag auf und gestalte den Text mithilfe von Symbolen und Bildern.*
- *Überlegt, in welchen Situationen ihr nach eurem Gewissen entscheiden müsst. Erstellt eine Wandzeitung oder Collage, in der ihr die Vielfalt aufzeigt. Sicher könnt ihr auch zu einzelnen Situationen ein Rollenspiel gestalten.*

Das eigene Gewissen bilden

Sind so kleine Ohren
scharf, und ihr erlaubt.
Darf man nie zerbrüllen
werden davon taub.

Sind so schöne Münder
sprechen alles aus.
Darf man nie verbieten
kommt sonst nichts mehr raus.

Sind so klare Augen
die noch alles sehn.
Darf man nie verbinden
könn sie nichts verstehn.

Sind so kleine Seelen
offen und ganz frei.
Darf man niemals quälen
gehn kaputt dabei.

Ist so'n kleines Rückgrat
sieht man fast noch nicht.
Darf man niemals beugen
weil es sonst zerbricht.

Grade, klare Menschen
wärn ein schönes Ziel.
Leute ohne Rückgrat
habn wir schon zu viel.

Bettina Wegner

Unser Gewissen muss »gebildet« werden. Die Gebote Gottes können uns helfen von Kind auf allmählich Gutes und Böses unterscheiden zu lernen. Je selbstständiger und reifer ein Mensch wird, desto mehr bindet er sich selbst an das, was er als Willen Gottes erkennt. Zum Kind Gottes befreit, wird er in freier Entscheidung zu einem, der in seinem Leben Gott von ganzem Herzen dienen will.

Katechismus ›Grundriss des Glaubens‹ 36.2

ab 18 Jahre: Nicht alle Erwachsenen erreichen die Phase, in der jeder aus eigener Einsicht weiß, dass bestimmte Regeln für das menschliche Zusammenleben unabdingbar sind. Zu ihr gehört aber auch die Erkenntnis, dass Menschen immer wieder Regeln verletzen.

12-17 Jahre: Während der Pubertät werden die eigenen Maßstäbe und die Maßstäbe der Erwachsenen kritisch überprüft. Bekannte Gebote und Verbote werden z. T. abgelehnt, neue Maßstäbe entwickelt.

4-11 Jahre: Das Kind erlebt andere Menschen als Vorbilder und sucht Orientierungshilfen. Es erlernt die wichtigsten Regeln menschlichen Zusammenlebens.

0-6 Jahre: Das Gewissen ist noch nicht voll ausgeprägt. Die meisten Entscheidungen werden spontan oder von außen (Eltern, ErzieherInnen) getroffen.

Die »Stufen der moralischen Entwicklung« vereinfachen komplexe Zusammenhänge.

- Überlegt, inwieweit die Zehn Gebote für die Gewissensbildung hilfreich sind.
- Formuliert die Zehn Gebote so um, dass sie konkrete Hinweise für euer Leben enthalten.
- Woran liegt es, dass nicht alle Menschen die Phase erreichen, in der sie aus eigener Einsicht die Notwendigkeit von Regeln erkennen?
- Jugendliche in der Pubertät (Stufe 3) suchen ihren eigenen Weg. Dabei kann es passieren, dass sie Sekten und okkulte Lebensformen interessant finden. Untersucht »aktuelle« Gruppen, ihre Versprechen und ihre Organisationsform. Was könnte euch ansprechen? Was müsst ihr kritisieren? Wo und wie können Betroffene Hilfe finden? Erstellt in Gruppen ein Plakat, mit dem ihr auf die Problematik aufmerksam macht oder über einzelne Sekten und okkulte Praktiken und ihre Reichweite informiert. Erste Information bietet der Sektenbeauftragte eurer Diözese.

Max Liebermann, 1911

Maßstab für das Gewissen

Auch wenn ein Mensch in einer Gewissensentscheidung irren sollte, begeht er damit keine Sünde. Er hat freilich die Pflicht, sich bei einem zweifelnden, unsicheren Gewissen vor einer Entscheidung Klarheit zu verschaffen,
a) durch gründliche Überlegung der Folgen einer Tat,
b) durch die Beratung mit urteilsfähigen Menschen,
c) durch Ausrichtung an Gottes Geboten und am Beispiel Jesu Christi,
d) durch Gebet.

Katechismus ›Botschaft des Glaubens‹ Nr. 506

---

³¹Wenn der Menschensohn in seiner Herrlichkeit kommt und alle Engel mit ihm, dann wird er sich auf den Thron seiner Herrlichkeit setzen. ³²Und alle Völker werden vor ihm zusammengerufen werden und er wird sie voneinander scheiden, wie der Hirt die Schafe von den Böcken scheidet. ³³Er wird die Schafe zu seiner Rechten versammeln, die Böcke aber zur Linken. ³⁴Dann wird der König denen auf der rechten Seite sagen: Kommt her, die ihr von meinem Vater gesegnet seid, nehmt das Reich in Besitz, das seit der Erschaffung der Welt für euch bestimmt ist. ³⁵Denn ich war hungrig und ihr habt mir zu essen gegeben; ich war durstig und ihr habt mir zu trinken gegeben; ich war fremd und obdachlos und ihr habt mich aufgenommen; ³⁶ich war nackt und ihr habt mir Kleidung gegeben; ich war krank und ihr habt mich besucht; ich war im Gefängnis und ihr seid zu mir gekommen. ³⁷Dann werden ihm die Gerechten antworten: Herr, wann haben wir dich hungrig gesehen und dir zu essen gegeben oder durstig und dir zu trinken gegeben? ³⁸Und wann haben wir dich fremd und obdachlos gesehen und aufgenommen oder nackt und dir Kleidung gegeben? ³⁹Und wann haben wir dich krank oder im Gefängnis gesehen und sind zu dir gekommen? ⁴⁰Darauf wird der König ihnen antworten:
Was ihr für einen meiner geringsten Brüder getan habt, das habt ihr mir getan.

Mt 25,31-41

- Überlege, inwieweit der Maßstab Jesu für dein Handeln gilt.
- Sucht Beispiele für die Ich-Aussagen (»Ich war hungrig …«), wie sie für euer Leben gelten können. Erstellt eine Dokumentation aus Fotos, Zeitungsmeldungen, Informationsmaterial (z. B. von kirchlichen Hilfswerken, vgl. S. 168) und verdeutlicht, wo die »Ich-Aussagen« heute zu entdecken sind.
- »Alles, was ihr von anderen erwartet, das tut auch ihnen« (Mt 7,12). Setze diese Aussage in Verbindung zu deinem Leben.

Das Strafgericht

In dieser Feriensaison ging das Gerücht, unsere Jungen hätten einen vorbeigehenden geistesgestörten Juden mit Steinen beworfen, sodass dem Armen das Blut in Strömen über das Gesicht lief, bis ihm eine mitleidige Frau im Dorf die Wunden auswusch und ihm zur Stärkung Milch gab.
Fünf sind verdächtigt an dieser bösen Sache beteiligt gewesen zu sein.
»Und wie war das?«
»Ja, also, auf dem Waldweg von der Kolonie kam der Jude mit einem Sack auf dem Rücken und zerlöcherten Schuhen in der Hand. Der Jude ging langsam und sprach mit sich selbst. Die Jungen sahen ihn, fingen an zu lachen und er streckte ihnen die Zunge heraus.«
»Und weiter?«
Weiter nichts; der Jude ging ruhig weiter und sie fingen an zu spielen.
Inzwischen kam atemlos ein Weiblein aus dem Gesindehaus angelaufen, um als Zeugin auszusagen.
Sie hat ihm Milch gegeben, denn sie kennt den Verrückten; er treibt sich hier ständig herum. Sie hat ihm gesagt, er solle in die Ferienkolonie gehen, dort bekäme er vielleicht auch etwas Fleisch, aber er wollte nicht und sagte, die Jungen dort seien Banditen. Was wahr ist, ist wahr: Banditen hat er die Jungen genannt und dass sie Steine auf ihn geworfen hätten. Und sie müssen wirklich Steine geworfen haben, denn am Hals hatte er eine blutige Stelle.
Also stimmte es, dass sie den Geistesgestörten mit Steinen beworfen und ihn am Hals verletzt haben.
So also ist es. Ein schwacher und alter Mensch geht ruhig seines Weges. Er ist allein, ihr seid hundertfünfzig, er ist krank, ihr seid gesund. Er ist hungrig, ihr satt, er traurig, ihr vergnügt. Und deshalb, weil er einsam, krank, hungrig und traurig ist, werft ihr Steine nach ihm? Ist die Ferienkolonie eine Räuberhöhle? Nein, so konnte es nicht gewesen sein! Aber schließlich wollt ihr ja nicht die Wahrheit sagen.
Da geschahen drei Dinge auf einmal: Einer der Jungen begann zu weinen, ein anderer kündigte an, er werde alles sagen, auch wenn er dafür nach Warschau zurückgeschickt werden sollte, und die Glocke zum Vesperbrot läutete.
Zum ersten Mal gingen wir, ohne ein Lied zu singen, traurig mit gesenkten Köpfen auf die Veranda und setzten uns zu Tisch.
Gleich nach dem Vesperbrot meldeten sich die Schuldigen. »Wir werden die Wahrheit sagen.«
Sie hatten also Tannenzapfen geworfen, aber nicht auf den Verrückten, sondern nur auf den Sack, den er auf dem Rücken trug. Sie haben den Sack zum Ziel genommen: Wer trifft ihn? Sie haben schlecht gehandelt und dumm – und sie sind bereit dafür zu büßen.
»Also gut: Ihr seid vier. Geht in den Schlafsaal und überlegt euch selbst eure Strafe.«
Da meldete sich auch ein Fünfter.
»Ich möchte mitgehen, Herr Lehrer.«
»Warum?«, fragte der Betreuer verwundert.
»Weil ich auch geworfen habe.«
»Warum hast du das nicht früher zugegeben?«
»Ich dachte, dass wir zur Schule zurück nach Warschau zurückgeschickt werden.«
»Das haben gewiss auch die anderen gedacht und trotzdem haben sie sich zu ihrer Schuld bekannt. Jetzt ist es zu spät.«
Das Urteil, das die vier Jungen über sich fällten, lautete:
»Wir werden drei Stunden Arrest absitzen und bekommen bis zum Schluss der Ferien nichts mehr zum Spielen, keine Bälle, kein Dame- und kein Dominospiel.«
Das Urteil war streng. Einigt sich auf diese Strafe die ganze Gruppe?
Sie haben schlecht gehandelt, weil sie es nicht besser wussten: Jetzt wissen sie es und es wird sich nie mehr etwas Ähnliches wiederholen.
Mit 26 gegen 5 Stimmen sprach die Mehrheit der Gruppe die vier, die ein so hartes Urteil über sich gefällt hatten, von der Strafe frei.
Beim Abendessen war es ein wenig ruhiger als sonst: Aber am allertraurigsten war jener Fünfte, der die Kameraden in der Gefahr im Stich gelassen und sich erst dann schuldig bekannt hatte, als er sah, dass die Strafe kein Schulverweis sein würde.

Janusz Korčzak

- Janusz Korčzak hat ein Heim für polnische Waisenkinder eingerichtet. Erklärt die Einrichtung des Strafgerichts: Wer verhängt die Strafe? Wer bestätigt sie?
- Vergleicht das Verhalten der vier mit dem des Fünften.
- Setzt euch in Gruppen – möglichst zu fünft – zusammen und führt ein fiktives Gespräch, das die Jungen geführt haben könnten, bevor sie ihre Schuld zugaben. Wie verhält sich der Fünfte in diesem Gespräch?

Ich glaube an den Heiligen Geist

Dass er meine
Vorurteile abbauen
und meine
Gewohnheiten
ändern kann,

dass er meine
Gleichgültigkeit
überwinden
und mir Fantasie zur
Liebe geben kann,

dass er mich
vor dem Bösen
warnen
und mir Mut für das Gute
geben kann,

dass er meine
Traurigkeit besiegen
und mir Liebe
zu Gottes Wort
geben kann,

dass er mir
Minderwertigkeits-
gefühle nehmen und
mir Kraft im Leiden
geben kann,

dass er mir
Geschwister an die
Seite stellen
und mich
ganz und gar
durchdringen kann.

Karl Rahner

- Vom Heiligen Geist bewegtes Leben zeigt sich nach Karl Rahner u. a. daran, dass wir Mut für das Gute entwickeln. Sicher fallen euch viele konkrete Beispiele aus eurer Umgebung dazu ein!
- Warum ist es wichtig, dass Minderwertigkeitsgefühle genommen werden? Welche Gefahren bestehen sonst?
- Denkt mithilfe des Bildes über das Wirken des Heiligen Geistes nach.
  Wie kann er eure Lebensgestaltung bereichern (vgl. das Gebet von Karl Rahner)?

2 Vorbilder
Wegweiser in unserem Leben

- Sprecht über eure Idole und über die Stars, die ihr verehrt.
- Welche Formen des Starkults kennt ihr?
- Tragt zusammen, mit welchen Mitteln ein aktueller Star (Musikszene, Sport o. Ä.) vermarktet wird.
- Stell dir vor, eine Fee könnte dich verzaubern. Wer würdest du gerne sein? Begründe deinen Wunsch!
- Einige der Abbildungen zeigen keine berühmten Persönlichkeiten, sondern verkörpern »Typen«. Schreibe zu einer Abbildung auf, wie dein Vorbild sein müsste.

Märchen vom winzig kleinen Mann

Es war einmal ein winzig kleiner Mann, der lebte in den Sümpfen am Mississippi. Stand er neben anderen Menschen, selbst wenn die nicht sehr groß waren, so reichte er ihnen bis zum Knie. Er wäre gern etwas größer gewesen, also sprach er zu sich: »Ich will das größte Tier in der Nachbarschaft fragen, wie es sich anstellen ließe, dass ich etwas größer werde.«

Er ging zum Pferd und fragte: »Mein liebes Pferd, kannst du mir sagen, was ich tun muss, um etwas größer zu werden?« Das Pferd sprach: »Du musst viel Mais essen und immer herumrennen, mindestens zwanzig Meilen am Tag, und wenn du das tust, wirst du mit der Zeit so groß und stark werden wie ich.«

Der winzig kleine Mann tat, wie ihm geheißen, aber der Mais lag ihm schwer im Magen, vom vielen Traben schmerzten ihn die Füße und von all der verzweifelten Anstrengung wurde er ganz traurig ... nur größer wurde er nicht. Also kehrte er in sein Haus zurück und dachte darüber nach, warum der gute Rat des Pferdes bei ihm so gar nichts genutzt habe.

Endlich sagte er sich: »Vielleicht war das Pferd nicht der rechte Ratgeber in meinem Fall. Ich will den Ochsen fragen.« Er besuchte also den Ochsen und sagte: »Lieber Ochse, kannst du mir sagen, was ich tun muss, damit ich etwas größer werde?« Der Ochse antwortete: »Du musst viel Gras fressen und dann musst du brüllen, und wenn du ganz laut gebrüllt hast, du wirst schon sehen, dann bist du plötzlich so groß wie ich.«

Der winzig kleine Mann befolgte auch diesen Rat gewissenhaft, aber vom Gras bekam er Bauchschmerzen und vom vielen Brüllen wurde seine Stimme heiser, das Schlimmste war jedoch, er wurde nicht größer, sondern kleiner und kleiner. Da kehrte er wieder in sein Haus zurück, setzte sich vor die Tür und dachte darüber nach, warum bei ihm aller guter Rat nichts geholfen habe. Kurz darauf kam die Eule vorbei. Sie flog zu den Sümpfen hinüber und schrie dabei: »Dumme Leute haben immer Missgeschick, dumme Leute haben immer Missgeschick.« »Warte einen Augenblick, Eule«, sagte der winzig kleine Mann, »ich möchte dich etwas fragen.« »Aber bitte schnell«, sagte die Eule höflich und setzte sich auf einen Ast, »was kann ich für dich tun?« »Ich möchte größer werden«, sagte der winzig kleine Mann. »Aber was immer ich auch versuche, ich werde nicht größer. Ich bin schon ganz verzweifelt.« Da sprach die Eule: »Warum willst du eigentlich unbedingt größer werden, als du bist?« »Ganz einfach«, antwortete der winzig kleine Mann, »wenn es einen Streit gibt, ist es gut, groß und stark zu sein, damit man nicht den Kürzeren zieht.«

»Hat schon jemand versucht dich zu verhauen?«, fragte die Eule. »Nein, das nicht«, gab der winzig kleine Mann zu. »Na, siehst du«, meinte die Eule, »du brauchst dich gar nicht zu schlagen. Also, warum willst du dann größer und stärker sein, als du bist?« »Es ist da noch etwas«, sagte der winzig kleine Mann. »Wenn ich groß wäre wie die anderen, könnte ich ganz weit sehen.« »Klettere doch auf einen Baum«, riet ihm die Eule, »dann siehst du weiter als der größte Mann.« »Eigentlich hast du Recht«, sprach der winzig kleine Mann. »Also«, sagte die Eule, »ich sehe, wir verstehen uns. Ob nämlich jemand nun riesengroß oder winzig klein ist, darauf kommt es nicht an. Warum wünscht du dir, dass deine Beine wachsen? Wünsch dir lieber, dass dein Verstand wächst, dann wirst du deine Sorgen loswerden.«

Frederik Hetmann

Jeder Mensch suche sich Vorbilder!
Das ist möglich. Denn es existieren welche.
Und es ist unwichtig, ob es sich dabei um einen großen toten Dichter, um Mahatma Gandhi
oder um Tante Lisa aus Braunschweig handelt,
wenn es nur ein Mensch ist, der im gegebenen Augenblick ohne Wimperzucken das sagt und tut, wovor wir zögern.
Das Vorbild ist ein Kompass, der sich nicht irrt und uns Weg und Ziel weist.

Nach Erich Kästner

- Der winzig kleine Mann wählte zunächst die falschen Vorbilder und Ratgeber ...
- Was kennzeichnet Vorbilder nach Erich Kästner? Sprecht darüber.
- Betrachte die Abbildungen der linken Seite. Wen erkennst du? Wer könnte für dich Vorbild sein? Warum?
- Sucht in Kleingruppen zu einer Person Informationen (Bücherei/Internet), erstellt ein Plakat über ihr Leben und ihr Tun und präsentiert eure Ergebnisse.

1 Rigoberta Menchú – Kämpferin für Menschenrechte

»Das Bewusstsein, dass ein Leben in Würde und Gerechtigkeit für alle Völker notwendig ist, muss Teil sein des Kampfes für eine interkulturelle Welt.«

»Ich war mit einer Freundin, die wie ich Katechetin war, zur Baumwollernte eingeteilt. Sie hieß Maria und wir waren immer zusammen. Sie starb auf dieser Finca an dem Pflanzengift, das ausgesprüht wurde, als wir auf der Plantage arbeiteten ... Mein Schmerz war groß, denn Maria war meine Freundin gewesen.«

»Als das Land nach vielen Jahren die ersten Ernten abwarf und unsere Felder immer größer wurden, kamen die Großgrundbesitzer ... Die Großgrundbesitzer hatten sich mit den Regierungsleuten verbündet, um den Campesinos das Land wegzunehmen ...«

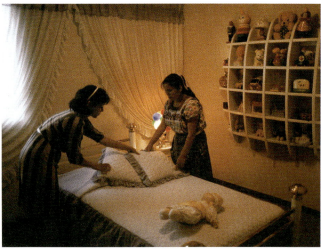

»Die Söhne unserer Herrschaften behandelten uns auch schlecht. Der älteste war zweiundzwanzig, der zweite fünfzehn und der jüngste zwölf. Großbürgerkinder, die nicht einmal ein Taschentuch aufheben konnten.«

Rigoberta Menchú Tum

Rigoberta Menchú wurde 1959 auf einem Bauernhof im Hochland von Guatemala geboren. Ihre Eltern zogen als Wanderarbeiter zu Kaffee-, Baumwoll- und Zuckerrohrplantagen und auch die kleinen Kinder mussten mitarbeiten, damit die Familie überhaupt gering verdienen konnte. 1980 starb Rigobertas Vater Vicente, als Sicherheitskräfte die spanische Botschaft in Guatemala stürmten und in Brand steckten, die Vicente mit anderen Mitgliedern des »Komitees für die Einheit der Bauern« (CUC) friedlich besetzt hatte. Rigobertas Mutter Juana wurde kurz darauf von Soldaten vergewaltigt und zu Tode gefoltert; Geschwister, Freunde und Bekannte erlitten ein ähnliches Schicksal.

»Mit acht Jahren verdiente ich mein erstes Geld auf der Finca (Landgut). Ich hatte täglich 35 Pfund Kaffee zu pflücken und bekam dafür 20 Centavos. Wenn ich die Menge nicht schaffte, musste ich am nächsten Tag für dieselben 20 Centavos weiterarbeiten. An manchen Tagen schaffte ich kaum 28 Pfund. Besonders, wenn es so heiß war. Da bekam ich Kopfschmerzen und war so erschöpft, dass ich mich unter einen Kaffeestrauch legte und schlief.«

»Ich sah nicht mehr ein, wofür wir uns immer so abarbeiten mussten, und entschloss mich in die Hauptstadt zu gehen. Ich war damals nicht ganz dreizehn Jahre alt ... Außer einer dünnen Baumwolldecke hatte ich sonst nichts mitgenommen. Schuhe hatte ich keine. Ich wusste gar nicht, wie sich Schuhe an den Füßen anfühlten ... Später rief mich die Senora. Ich bekam ein paar Frijoles (Bohnen) und alte Tortillas zu essen. Sie hatten einen Hund im Haus, einen dicken, aber sehr schönen, weißen Hund. Als das Mädchen ihm sein Futter hinstellte, sah ich Fleischstücke und Reis ... was die Herrschaften so aßen.«

Rigoberta hat in den acht Monaten, in denen sie in der Familie des Großgrundbesitzers gearbeitet hat, kaum 80 Quetzales verdient. Es war sehr wenig, aber es würde ihrer Familie weiterhelfen.

1981 flüchtete Rigoberta, wie etwa 45 000 andere Guatemalteken, ins benachbarte Mexico. Dort begann sie als Vorsitzende der Bauernvereinigung, die ihr Vater gegründet hatte, gegen die Repression der Regierung ihres Heimatlandes zu arbeiten. Seit 1983 setzte sie sich als Mitglied der UNO-Menschenrechtskommission in Genf besonders für die Rechte der Indianer ein. Als »lebendes Symbol für Frieden und Versöhnung über trennende ethnische und kulturelle Grenzen hinweg« wurde Rigoberta Menchú 1992 der Friedensnobelpreis verliehen.

Preise und Angaben zum Mindestlohn in Guatemala (1996)

1 l Öl	8,66 Q
1 kg Mais	2,00 Q
1 kg Zucker	3,20 Q
1 kg Reis	5,80 Q
1 kg Bohnen	5,50 Q
1 kg Salz	1,25 Q
1 kg Kaffee	22,00 Q
1 Paar Sandalen/Schuhe	75,00 bis 120,00 Q

Wechselkurs: 1,00 Euro sind etwa 8 Quetzales

Täglicher Mindestlohn für

Landarbeiter	15,95 Q
Bauarbeiter	18,26 Q
Fotograf	50,00 Q
Zeitungsredakteur	87,50 Q

- Spiele mit Klassenkameraden/Innen eine Situation, in der es um die notwendigen Ausgaben in einer Landarbeiterfamilie geht.
- Sprecht über die Ungerechtigkeiten im Leben Rigobertas in Guatemala. Wie geht Rigoberta Menchú damit um?
- Überlegt, was ihr in eurer Umgebung als ungerecht und veränderungswürdig empfindet. Wie könntet ihr eine Veränderung erreichen?
- Rigoberta Menchú hat bereits als Kind arbeiten müssen und keine Schule besuchen können. Sie lernt erst mit 20 Jahren Lesen und Schreiben, um der Armut zu entgehen. Für sie ist Sprache eine Waffe. Könnt ihr das erklären?

2 Pauline von Mallinckrodt – Dienet den Blinden

Pauline von Mallinckrodt wurde am 3. Juni 1817 in Minden (Westfalen) als Tochter des protestantischen Oberregierungsrates Detmar von Mallinckrodt und seiner katholischen Ehefrau Bernhardine von Hartmann geboren. Zusammen mit ihren drei jüngeren Geschwistern wurde sie katholisch erzogen, obwohl die Gesetze so waren, dass die Kinder in der Religion des Vaters erzogen werden mussten. Pauline war Schülerin der Lehrerin und Dichterin Luise Hensel. Zusammen mit ihrer Mutter setzte Pauline sich schon in jungen Jahren für Arme und Kranke ein. Der plötzliche Tod der Mutter während der Cholera-Epidemie 1834 brachte für sie eine tiefe Erschütterung. Obwohl sie erst 17 Jahre alt war, übernahm sie die Verantwortung für den Haushalt und die Erziehung der Geschwister und setzte sich auch weiterhin für Menschen ein, die durch die zunehmende Technisierung der Arbeitsplätze in materielle, mehr noch in geistig-seelische Not gerieten.

1839 zog die Familie in die Bischofsstadt Paderborn. Um den kranken Müttern die Sorge für ihre unbeaufsichtigten Kleinkinder zu nehmen, gründete Pauline von Mallinckrodt 1840 eine Kleinkinder-Bewahrschule als Tagesheimstätte. 1842 nahm sie die ersten zwei blinden Kinder auf. Dies stellte den Anfang ihrer Blindenanstalt dar, die 1847 zur Provinzial-Blindenanstalt erhoben wurde.

Pauline von Mallinckrodt fand keinen Orden, der die Betreuung ihrer Blinden übernahm. Deshalb gründete sie am 21. August 1848 die Kongregation der Schwestern der Christlichen Liebe, die in den folgenden Jahren in Deutschland, später auch in Nord- und Südamerika tätig wurde.

Zunächst war die Betreuung und Erziehung der Blinden die Hauptaufgabe der Kongregation. Pauline von Mallinckrodt sah aber auch, dass in der Erziehung und Ausbildung der Mädchen dringend etwas getan werden musste. So entstanden in rascher Folge auch Waisenhäuser mit eigenen Schulen, Volksschulen, Verwahrschulen, Handarbeitsschulen und Höhere Töchterschulen. Sie sorgte für eine gute fachliche Ausbildung der Schwestern und setzte sich mit Ausdauer bei der preußischen Regierung dafür ein, dass die Schwestern auch in öffentlichen Schulen unterrichten durften.

Die hervorragende Arbeit von mittlerweile 245 Schwestern in 32 Wirkungsbereichen erhielt 1871 durch die politische Situation einen schweren Schlag. Der Streit zwischen Staat und Kirche führte zu einem staatlichen Verbot aller Orden und aller ordensähnlichen Kongregationen. Dank ihres Gerechtigkeitsgefühls und ihres Verantwortungsbewusstseins setzte sich Pauline von Mallinckrodt mutig für ihre Aufgabe ein und versuchte, sie durch Prozesse gegen den Staat zu retten. Ihre starke Persönlichkeit zeigte sich besonders, als trotz aller Bemühungen ihr Werk nahezu vernichtet wurde. Mit entschiedenem Vertrauen auf Gott suchte sie neue Wirkungskreise für die Schwestern und gründete Niederlassungen in den USA, in Chile, Böhmen, Liechtenstein und Belgien. Im Jahre 1879 und 1880 besuchte Mutter Pauline trotz ihrer stark angegriffenen Gesundheit noch einmal alle Schwestern in Europa und Übersee. Nach Einsatz all ihrer Kräfte für ihr Lebenswerk starb sie am 30. April 1881 im Mutterhaus in Paderborn.

Am 14. April 1985 wurde Pauline von Mallinckrodt in Rom von Papst Johannes Paul II. seliggesprochen, weil die Kirche nach sehr gründlicher Prüfung zu der Überzeugung gekommen war, dass hier ein Mensch sich ganz auf seine Berufung zum Leben nach dem Evangelium eingelassen hatte und den Menschen seiner Zeit und auch den heutigen untrügliches Zeichen ist, dass ein Leben aus dem Glauben an Gott zu seinem Ziel kommt und den Mitmenschen zum Heil wird.

- *Sprecht über die Besonderheiten im Leben der Pauline von Mallinckrodt und diskutiert, inwiefern ihr Verhalten Vorbildcharakter für euch haben kann.*
- *Begründet in einem fiktiven Brief an die internationale Sternregistratur, warum ein Stern nach Pauline von Mallinckrodt benannt werden sollte.*

> Ein neues Lichtgestirn
> will über unsere Ringmauern hereinleuchten,
> ich meine Pauline von Mallinckrodt.
>
> *Professor Schlüter, 1840*

Dienet den Blinden

Dienet den Blinden,
unterrichtet die Kinder mit
liebenswürdiger Freundlichkeit.
Sie mögen es wissen und merken,
dass es uns eine Lust ist, bei ihnen zu sein.
So wird ihr Herz sich uns erschließen
und wir werden sie in Frieden
und Freude zu Gott führen.
Wenn man jemandem zu erkennen gibt,
dass es uns lästig ist ihm zu dienen,
so hat der Dienst vor Gott
und für das Herz des Bruders
so ziemlich seinen Wert verloren.

Pauline von Mallinckrodt, 1853

Seit der Seligsprechung im April 1985 trägt der Stern Nr. PA 5h 10m 56sd 2° 33 den Namen »Selige Pauline von Mallinckrodt«.

Fenster der Pfarrkirche St. Clemens, Dortmund-Hombruch, Entwurf Egon Stratmann

Die Initiative hierzu gab eine ehemalige Schülerin des Mallinckrodt-College Welmette/USA

3 Franz Stock – Den Weg des Friedens gehen

Franz Stock

Franz Stock wurde am 21.9.1904 als erstes von neun Kindern einer Arbeiterfamilie in Arnsberg-Neheim im Sauerland geboren. 1910 kam er in die Volksschule und äußerte 1912 zum ersten Mal den Wunsch, Priester zu werden. So kam er als Dreizehnjähriger Ostern 1917 auf das Neheimer Realgymnasium. Er hat sich in seiner ganzen Schulzeit wenig durch besondere Leistungen hervorgetan. Lediglich im Zeichnen und im Betragen hatte er immer ein »Sehr gut«. In dieser Gymnasialzeit schloss er sich dem Quickborn an, der – 1909 gegründet – Freunde und Gesundheit, Wandern und Gesang und den christlichen Glauben bot. In dieser Bewegung versammelten sich Jugendliche, die die aggressiven Strömungen in der Politik bekämpfen wollten. Der Quickborn erlaubte Franz Stock seinen Gedanken vom Frieden nachzuleben.

Im Jahre 1926 begann er das Studium der Katholischen Theologie in Paderborn und ging zwei Jahre später zum Studium nach Paris, wo er sich den »Compagnons de Saint François«, den »Gefährten des heiligen Franz«, anschloss. Mit ihnen verfolgte er seine Ideale, einfach zu leben und Frieden zu verwirklichen.

1932 wurde Franz Stock in Paderborn zum Priester geweiht. Bereits zwei Jahre später war er wieder in Paris, wo er zum Rektor der deutschen katholischen Gemeinde ernannt wurde. Für ihn gehörten nicht nur gottesdienstliche Arbeiten zum Priesterberuf. Er zeigte großes Engagement im sozial-caritativen Bereich. Er half – mit Unterstützung seiner Schwester Franziska – politischen Flüchtlingen und Menschen, die in Not geraten waren – egal welcher Nationalität oder Konfession.

1940 stand er nach der Besetzung Frankreichs durch Deutschland den inhaftierten Widerstandskämpfern in Paris als Seelsorger zur Verfügung. Nicht politische, sondern seelsorgerische Arbeit war seine Motivation. Vielen Gefangenen fiel es schwer, ausgerechnet einem Deutschen Vertrauen entgegenzubringen. Recht schnell machten sie jedoch die Erfahrung, dass die Liebe und Zuneigung des Deutschen eine Hilfe im Kampf gegen und mit dem Tod war. Unzählige zum Tode Verurteilte wurden von Franz Stock in den letzten Augenblicken ihres Lebens begleitet. Franz Stock hat in der Hölle des Krieges die Nähe zu den Verurteilten gesucht und sie in der Stunde ihrer größten Angst getröstet.

Nach dem Krieg blieb Franz Stock in Paris und versorgte amerikanische und deutsche Soldaten, die wegen ihrer Verletzungen nicht in ihre Heimatländer transportiert werden konnten. Später wurde er selbst Kriegsgefangener der US-Amerikaner.

Im Kriegsgefangenenlager in Chartres bildete er alle gefangenen katholischen Theologiestudenten in dem »Priesterseminar hinter Stacheldraht« aus. 630 von 939 Seminaristen wurden zu Priestern geweiht.

Seine letzten Jahre verbrachte er erneut in seiner Gemeinde in Paris, wo er am 24.2.1948, seelisch und körperlich erschöpft, starb.

Franz Stock kommt heute, in einer Zeit, in der die Menschen und Länder zusammenwachsen, eine besondere Bedeutung zu: Als Deutscher, der eigentlich zu den Feinden zählte, half er Juden, Kommunisten und anderen Verurteilten. Bis zu den Erschießungspfählen auf dem Mont Valérien in der Nähe der französischen Hauptstadt begleitete er Tausende von der Gestapo zum

Das Kriegsgefangenenlager 501 in Chartres, wo das Kriegsgefangenen-Seminar untergebracht war.

Nuntius Roncalli – der spätere Papst Johannes XXIII. – besucht 1947 das Kriegsgefangenenlager.

Skulptur in der Gedenkstätte »Le Mémorial du Mont-Valérien« in Paris.

Tode Verurteilte. Im Gedenken an das Völker verbindende Handeln Franz Stocks haben sich Paten- und Partnerschaften zwischen der Heimatgemeinde Franz Stocks und den Gemeinden in Chartres und Paris entwickelt. In Le Coudray bei Chartres entsteht ein »Europäisches Begegnungszentrum Franz Stock«. Im Miteinander wird der Weg des Friedens möglich.

N. Biaggi

»Jedes Mal, wenn er in meine Zelle trat, schien es mir, als wäre es Christus selber, der zu mir kam.«

Die Lagerkapelle in Chartres. Die Fresken wurden von Franz Stock geschaffen.

Ersttagsbrief, der anlässlich des 50. Todestages in Chartres und Paris erschien.

- »Franz Stock, das ist kein Name, das ist ein Programm.« Erklärt diese Worte Papst Johannes XXIII.
- Im und nach dem Krieg ist Franz Stock »Entfeindung« gelungen ...
- Sprecht darüber, inwiefern das Verhalten Franz Stocks für euch vorbildlich ist. Vgl. auch www.franz-stock.org.

4 Jesus – das Vorbild für viele Vorbilder

Herr und Frau W. leben seit mehreren Jahren in der Pfarrgemeinde St. Franziskus in N. Frau W. arbeitet ehrenamtlich für die Caritas. Vor allem Familien aus fremden Ländern und ältere Menschen sind oft erfreut, wenn sie zu Besuch kommt. Sie weiß, wo Hilfe nötig ist, und kümmert sich unermüdlich darum. Herr W. kommt jeden Tag in das Pfarrheim und kümmert sich vor allem um die selbst erstellte Kegelbahn. Viel Geld wurde durch die Kegelbahnnutzung schon an hilfreiche Projekte gespendet.

Martin Luther King lebte von 1929-1968 in den Vereinigten Staaten und war in besonderer Weise an einer friedlichen Lösung der Rassenproblematik interessiert. Als gläubiger Mensch kam er zu der Überzeugung, dass das Unrecht in dieser Welt nur durch gewaltfreien Widerstand zunichte gemacht werden kann. 1964 erhielt er den Friedensnobelpreis. Am 4. April 1968 kam er durch ein Attentat ums Leben.

Die Geschwister **Hans und Sophie Scholl** gründeten die bzw. gehörten während des Nationalsozialismus zur studentischen Widerstandsgruppe »Weiße Rose«. Beide waren zunächst vom Gemeinschaftsideal der Nationalsozialisten angetan. Aber durch die Erfahrungen an der Front bzw. während des Arbeits- und Kriegshilfdienstes entwickelten sie bald eine Abwehrhaltung gegenüber den nationalsozialistischen Idealen.
Auf Flugblättern forderten die Mitglieder der »Weißen Rose« zum passiven Widerstand gegen Hass, Lüge, Unterdrückung und Massenvernichtung durch das Hitler-Regime auf. Obwohl sie sich durch ihre Tätigkeit in höchste Lebensgefahr brachten, vervielfältigten und verbreiteten sie ihre Flugblätter. Sie legten sie in München in Telefonzellen und in parkende Autos und gaben sie befreundeten Studenten zur Verteilung in anderen Städten mit, z. B. in Köln, Stuttgart, Berlin und Wien. Eines der Flugblätter wurde sogar in England nachgedruckt, von britischen Flugzeugen über Deutschland abgeworfen und sein Inhalt durch den britischen Sender verbreitet. Am 18. Februar 1943 wurden Hans und Sophie Scholl verhaftet, in einem dreitägigen Schnellverfahren zum Tode verurteilt und noch am gleichen Tag hingerichtet.

Viele andere Mitglieder der »Weißen Rose« wurden ebenfalls zum Tode oder zu langen Haftstrafen verurteilt.

- Schaut in Büchern nach, sprecht mit euren Eltern oder Bekannten und sucht euch eine Person aus, die ihr euren Klassenkamerad/innen vorstellt. Es kann auch jemand sein, der oder die – noch – wenig bekannt ist. Macht deutlich, worin ihr den vorbildlichen Charakter seht.
- Findet heraus, inwiefern für die Menschen dieser Seite und vielleicht auch für die, die ihr ausgesucht habt, Jesus ein Vorbild ist.

Frau Sch. ist Lehrerin. Seit Jahren arbeitet sie in der Schule mit halber Stelle, da sie Zeit für ihr Ehrenamt haben möchte: Sie engagiert sich in besonderer Weise für die Integration ausländischer Mitbürger und sieht es als ihre christliche Aufgabe an, auf einen Teil des eigenen Wohlstandes zu verzichten, damit sie anderen helfen kann.

Mahatma Gandhi (1869-1948) war ein großer indischer Staatsmann und Politiker, der als Hindu eine große Bewunderung für Jesus, den er als Prophet und Gelehrten sah, entwickelt hatte. Er befreite durch gewaltfreien Widerstand sein Volk von der Kolonialherrschaft.
1948 wurde er Opfer eines Attentats.

Der brasilianische Theologe **Leonardo Boff** hat in der Nähe von Rio de Janeiro ein Projekt zum Schutz der Straßenkinder organisiert. Dort werden sie in Kindergärten betreut, können in Schulen lernen, in denen es auch Hausaufgabenbetreuung und Nachhilfeunterricht gibt. Auf dem Gelände gibt es auch Sportplätze und ein ausgebildeter Fußballtrainer fördert die Gesundheit der Kinder. Das Projekt will den Straßenkindern eine Alternative zu ihrem Leben auf der Straße, das von Drogen, Gewalt und Überlebenskampf geprägt ist, bieten. Der ehemalige Franziskanerpater und Hochschulprofessor wurde weltweit bekannt durch sein Engagement für die Armen. 2001 erhielt er dafür den Alternativen Nobelpreis.

Dein Friede kommt nicht durch Gewalt

T: Alois Albrecht / M: Peter Janssens

Dein Frie-de kommt nicht durch Ge-walt, von o-ben nicht und nicht von selbst.
Du willst durch uns Frie-den schaf-fen, Ge-rech-tig-keit, Lie-be, dein Reich.

5 Vorbilder – Wegweiser für dich?

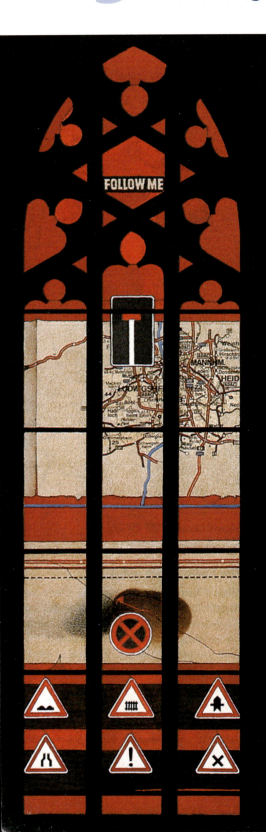

Einmal

Einmal,
verwandle ich mich in ein Tier,
das hüpft wie ein Frosch,
schleicht wie eine Schnecke
und rennt wie ein Reh.
Ich habe die Augen von einem Falken
und kann den Kopf
drehen wie ein Uhu.
Ich grabe mich wie eine Raupe tief
in die Erde
und lasse mich an einem Faden
vom Wind durch das Land tragen.
Ich werde Räder schlagen
wie ein Pfau,
gurren wie eine Taube
und krächzen wie ein Rabe.
Und einmal kommt der Jäger,
und der trifft mich nicht.

Christina Zurbrügg

Befreiung von den großen Vorbildern

Kein Geringerer
als Leonardo da Vinci
lehrt uns
»Wer immer nur Autoritäten zitiert,
macht zwar von seinem Gedächtnis Gebrauch,
doch nicht von seinem Verstand.«

Prägt euch das endlich ein:
Mit Leonardo
los von den Autoritäten!

Erich Fried

Das Wiedersehn

Ein Mann,
der Herrn K. lange nicht gesehen
hatte, begrüßte ihn mit den Worten:
»Sie haben sich gar nicht verändert.«
»Oh!«, sagte Herr K. und erbleichte.

Bertolt Brecht

- Betrachte das Eingangsbild des Kapitels. Welchen Weg möchtest du in deinem Leben gehen? Wie möchtest du die Richtung verändern? In welchen Bereichen brauchst du ein Vorbild?
- In welchen Bereichen kannst du Wegweiser für andere sein?
- Erstelle einen Bericht über dich, in dem du deine vorbildlichen Seiten und Talente besonders hervorhebst. Besprecht vorher, ob ihr eure Berichte veröffentlichen wollt.
- Warum wird Herr K. in Brechts Gedicht blass?
- In dem farbigen Kirchenfenster steht »Follow me«. Wem gilt diese Aufforderung? Von wem kommt sie?
- Sprecht über Nachfolge in Zusammenhang mit dem Text »Befreiung von großen Vorbildern«.

3 Glaube braucht Zeichen
Mit allen Sinnen glauben

1 Beziehungs-Zeichen

Auguste Rodin, 1908

Maß der Liebe

Wie du mir nötig bist? Wie Trank und Speise
Dem Hungernden, dem Frierenden das Kleid,
Wie Schlaf dem Müden, Glanz der Meeresreise
Dem Eingeschlossenen, der nach Freiheit schreit.

So lieb ich dich. Wie dieser Erde Gaben
Salz, Brot und Wein und Licht und Windeswehen,
Die, ob wir sie auch nötig haben,
Sich doch nicht allezeit von selbst verstehen.

Und tiefer noch. Denn auch die ungewissen
Und fernen Mächte, die man Gott genannt,
Sie drangen mir zu Herzen mit den Küssen,

Den Worten deines Mundes und die Blüte
Irdischer Liebe nahm ich mir zum Pfand
Für eine Welt des Geistes und der Güte.

Marie Luise Kaschnitz

- *Ein schönes Geschenk, Freundschaftsbändchen, ein Strauß roter Rosen, aber auch ein Schal in den Farben eines Fußballvereins, eine Stunde an einem Krankenbett ... Ihr kennt sicher weitere Zeichen, die eine Beziehung zwischen Menschen ausdrücken können. Sammelt sie und unterhaltet euch darüber, welche Zeichen ihr gut findet und welche ihr ablehnt.*
- *Ihr könnt auch Bilder von »Beziehungs-Zeichen« sammeln und daraus eine Collage gestalten.*
- *Versucht einmal neue Zeichen für Beziehungen zu erfinden, für Freundschaft, Liebe, Zusammenhalten ...*
- *Mit welchem Zeichen könntet ihr eine Beziehung zu Gott verdeutlichen?*
  Bewertet auch hier, was für euch akzeptabel ist und was nicht.

O Brüder & Schwestern, das ist Freundschaft!

In der Ersten war ich in Lena Thurell verknallt. Sie hatte dickes, blondes Haar und eine Lücke zwischen den Schneidezähnen. Mittwochs nach der Schule hatte sie Geigenunterricht.
»Ich bin in Lena Thurell verknallt«, habe ich zu Fighter gesagt. »Wenn ich groß bin, werde ich sie heiraten.« Fighter boxte mir in den Magen.
»Das tust du nicht!«, brüllte er, »Ich will Lena heiraten!« Am Wegrand lag eine Planke, so groß wie ein Prellballschläger. Ich habe mich gebückt, sie aufgehoben und Fighter eins über die Nase gegeben.
O Schwestern & Brüder! Das ist Freundschaft!

Brüder & Schwestern – das ist Freundschaft!
Es war die Zeit der Leberblümchen und Fighter und ich gingen in die zweite Klasse. Wir hatten eine Art Floß gefunden, unten bei Slagsta, das unter einer Fichte versteckt lag. Es bestand aus einer Hartfaserplatte mit zwei sechs Zoll hohen Brettern als Rand. Es gab keine Paddel, aber wir fanden einen langen Stock, setzten das Floß ins Wasser und stakten langsam am Ufer entlang. Wir kamen immer weiter vom Ufer ab. Plötzlich blieb der Stock stecken und ich musste ihn loslassen, um nicht ins Wasser zu fallen. Wir trieben. Nach einer Weile merkten wir, dass wir auch noch vom Land wegtrieben. Es wehte ziemlich heftig. Wir hockten uns hin und versuchten mit den Händen zu paddeln und wurden nass, weil das Wasser über den wackligen Bretterrand schlug. Das Wasser war eiskalt. Wir soffen ab, langsam, aber sicher. Da sahen wir ein Motorboot am Ufer entlangtuckern. Der Mann hielt direkt auf uns zu und legte sich neben uns. Es gab ein Seil an unserem Floß und der Mann knotete es hinten an seinem Boot fest und bugsierte uns an Land. Auf einem Stein im Uferwasser ließ er uns aussteigen. Dann knatterte er davon, während wir das Floß aus dem Wasser zogen und wieder unter eine Fichte legten. Ich rechnete damit, dass Fighter mich anmachen würde, weil ich den Stock verloren hatte.
Aber das tat er nicht.
Schwestern & Brüder – das ist Freundschaft!

Schwestern & Brüder, das ist Freundschaft!
Fighter war in einem Selbstbedienungsladen erwischt worden. Er war zehn und Sixten hatte versprochen ihm die Ohren abzuschneiden, wenn er nicht mit der Klauerei aufhören würde. Er traute sich nicht nach Hause zu gehen und ich habe ihm angeboten in Omas Keller-

verschlag zu wohnen. Es war kurz vor Ferienende. Wir haben eine Menge Kram ausgeräumt und in einen leer stehenden Verschlag gestellt. Dann haben wir ein paar alte Flickenteppiche auf dem Boden ausgerollt und ein Paket Kerzen besorgt. Das Abendessen aß er mit mir und Oma zusammen. Dann gähnte er und sagte, dass er nach Hause müsse. »Bist du schon müde?«, wunderte sich Oma. »Ja«, antwortete Fighter. »Und außerdem habe ich versprochen früh nach Hause zu kommen, weil die Schule wieder anfängt.« Danach ging er in den Keller. Kurz vor dem Einschlafen hörte ich etwas an der Wohnungstür kratzen. Oma saß vorm Fernseher und hatte nichts gemerkt. Ich stellte das Radio an um sicherzugehen, dass sie wirklich nichts mitbekam. Erst dann ging ich und machte auf. »Es gibt Ratten da unten«, sagte er. Er versteckte sich unter meinem Bett. Mitten in der Nacht kroch er in mein Bett und schlief mit den Füßen neben meinem Kopf. Wir sind nicht rechtzeitig aufgewacht und Oma hat uns entdeckt.
»Was denn, du bist hier, Fighter?«, fragte sie. Dann gab es Frühstück. Und Fighter ist nach Hause gefahren und hat eine Tracht Prügel von Sixten kassiert.
Brüder & Schwestern, das ist Freundschaft.

Mats Wahl

2 Beziehung – über den Tod hinaus

Die Beziehungen zwischen Menschen sind mit dem Tod nicht zerstört. Christen hoffen auf ein unzerstörbares und erfülltes Leben bei Gott. Die Verbindung mit den Verstorbenen findet ihren Ausdruck in der Gestaltung und Pflege von Gräbern.

Diese Gemeinde hat in ihrer Kirche eine Tafel aufgestellt, um die Verbindung mit den verstorbenen Gemeindemitgliedern deutlich zu machen.

Gott formt den Menschen
aus dem Ackerboden, aus dem Staub (Gen 2,7 ff).
Gott bläst in die Nase des Menschen seinen Atem.
Gottes Leben strömt in den Menschen.
Der Mensch wird geistvoll, lebendig, wirksam.
Er atmet den Atem Gottes – sein Leben lang.

Hat der Mensch sein Leben vollendet,
fließt dieser Atem Gottes
wieder in Gott zurück.
Der Mensch ist im Tod wieder dort, von wo er kam:
in Gott.
Sein Name ist auf ewig verzeichnet
In Gottes Hand.

Das Leben des Menschen,
sein Lieben und Leiden,
sein Glück und seine Schuld,
sein Tun und sein Sein,
es ist Mit-Wirken am Schöpfungsgeschehen.

Alles findet im Tod die Voll-Endung
und die ewige Ruhe Gottes.

S. Elisabethis Lenfers

Das Bild ist ein Ausschnitt aus dem Deckengemälde in der Sixtinischen Kapelle in Rom von Michelangelo. Es stellt die Mitte des Schöpfungsgeschehens dar: die Hand des Schöpfers und die Hand des Adam. (Adam heißt: Mensch)

Zu jemandem zu sagen: »Ich liebe dich« ... ist so, als ob man sagt: »Du wirst niemals sterben.«

Johannes Chryssavgis

3 Knotenpunkt des Lebens: Sakramente

Sieh dir einen Getreidehalm an. Nimm wahr, wie er gewachsen ist. Stelle dir die Wurzeln im Erdreich vor, nimm die Ähre wahr: ein langer Weg des Wachstums von hier nach dort. Denke an die Zeit, die vergangen ist, seit das Samenkorn ins Erdreich gefallen ist. Stelle dir den Keimling vor, der aus dem Korn hervorbricht und seinen Weg durch die Erde zum Licht sucht. Die Zellen von Halm und Blättern bilden sich, die Pflanze wächst in die Höhe. Schließlich trägt sie an ihrer Spitze die schwere Ähre. Viele Körner, die Nahrung sein können oder Samen für weitere Getreidepflanzen – auf jeden Fall neues Leben. In dem Halm siehst du einen kleinen Mitwirkenden aus der großartigen Geschichte des Lebens.

Das Leben legt in diesem Halm ein Stück Wachstumsweg zurück. Wie lang die Strecke für den Halm ist und wie verhältnismäßig groß die Last, die er der Sonne entgegentragen kann! Wie dünn und zerbrechlich er dabei ist: Mit zwei Fingern könnte man ihn knicken. Wie macht er das, so hoch zu wachsen? Wie schafft er es, so viel Frucht zu tragen? Wenn du dir den Halm genau ansiehst, entdeckst du in gewissen Abständen Verdickungen, Wachstumsknoten. Sie geben dem dünnen Halm Stabilität und ermöglichen es, dass er weiter in die Höhe wachsen kann.
Ein Konstruktionsgeheimnis der Natur!

Stelle dir nun ein ganzes Getreidefeld vor. Hunderttausende von wogenden Halmen, dein Halm zwischen ihnen. Er wächst nach seinem eigenen inneren Gesetz. Keiner ist ihm genau gleich. Er ist einzigartig, aber doch nicht allein. Die Regengüsse und Stürme des Lebens muss er nicht allein aushalten. Je nach der Richtung der Windstöße schützen sich die Halme gegenseitig und geben sich Halt.

Auch im menschlichen Leben muss es stabilisierende Punkte geben, damit es wachsen und fruchtbar sein kann, damit es seine Höhe erreichen kann. Die Kirche bietet an wichtigen Knotenpunkten des Lebens Hilfen zur Stabilität an: etwa zu Beginn die Taufe, beim Erwachsenwerden die Firmung, bei der Entscheidung als Paar zusammen zu leben die Trauung …: feierliche Handlungen, die die wichtigen Lebenspunkte aus dem Alltag herausheben und die gleichzeitig ein Zeichen der Beziehung zu anderen Menschen und zu Gott sind. Diese Beziehungs-Zeichen deuten das Leben aus dem Glauben. Christen glauben an einen Gott, der den ganzen Reichtum des Lebens schenken will. Er gibt dem Leben der Menschen einen Halt, den sich die Menschen nicht selbst geben können. Die wirksamen Gnadenzeichen, in denen Gott uns zeigt, dass er unser Leben als Christen trägt, werden in der Gemeinschaft der Kirche weitergegeben und gefeiert. Es sind die Sakramente der Taufe, Firmung, Buße, Eucharistie, Krankensalbung, Ehe und das Weihesakrament.

- Wenn ihr euch einen Eindruck davon verschaffen wollt, welche Zeichen Christen haben, um die Hoffnung auf eine unzerstörbare Verbindung zu den Toten auszudrücken, besucht miteinander einen (christlichen) Friedhof. Achtet auf die Grabinschriften, die bildhaften Zeichen, den Grabschmuck, auch auf die Anlage des Friedhofs insgesamt.
- Die Betrachtung des Getreidehalms geht noch besser, wenn ihr einen Halm in die Hand nehmt. Jemand aus der Klasse (oder eure Lehrerin/euer Lehrer) kann den Text oben langsam und ruhig vorlesen, während die anderen ihren Halm anschauen und betasten.
- Lest zu den Sakramenten auch nach auf S. 36-41 und 121-132.

4 Taufe – ein neuer Code für das Leben

²⁶Ein Engel des Herrn sagte zu Philippus: Steh auf und zieh nach Süden auf der Straße, die von Jerusalem nach Gaza hinabführt. Sie führt durch eine einsame Gegend. ²⁷Und er brach auf. Nun war da ein Äthiopier, ein Kämmerer, Hofbeamter der Kandake, der Königin der Äthiopier, der ihren ganzen Schatz verwaltete. Dieser war nach Jerusalem gekommen um Gott anzubeten ²⁸und fuhr jetzt heimwärts. Er saß auf seinem Wagen und las den Propheten Jesaja. ²⁹Und der Geist sagte zu Philippus: Geh und folge diesem Wagen. ³⁰Philippus lief hin und hörte ihn den Propheten Jesaja lesen. Da sagte er: Verstehst du auch, was du liest? ³¹Jener antwortete: Wie könnte ich es, wenn mich niemand anleitet? Und er bat den Philippus einzusteigen und neben ihm Platz zu nehmen. ³²Der Abschnitt der Schrift, den er las, lautete: Wie ein Schaf wurde er zum Schlachten geführt; und wie ein Lamm, das verstummt, wenn man es schert, so tat er seinen Mund nicht auf. ³³In der Erniedrigung wurde seine Verurteilung aufgehoben. Seine Nachkommen, wer kann sie zählen? Denn sein Leben wurde von der Erde fortgenommen.
³⁴Der Kämmerer wandte sich an Philippus und sagte: Ich bitte dich, von wem sagt der Prophet das? Von sich selbst oder von einem anderen? ³⁵Da begann Philippus zu reden und ausgehend von diesem Schriftwort verkündete er ihm das Evangelium von Jesus. ³⁶Als sie nun weiterzogen, kamen sie zu einer Wasserstelle. Da sagte der Kämmerer: Hier ist Wasser. Was steht meiner Taufe noch im Weg? [³⁷] ³⁸Er ließ den Wagen halten und beide, Philippus und der Kämmerer, stiegen in das Wasser hinab und er taufte ihn. ³⁹Als sie aber aus dem Wasser stiegen, entführte der Geist des Herrn den Philippus. Der Kämmerer sah ihn nicht mehr, und er zog voll Freude weiter. ⁴⁰Den Philippus aber sah man in Aschdod wieder. Und er wanderte durch alle Städte und verkündete das Evangelium, bis er nach Cäsarea kam.

Apg 8,26-40

- *Ihr wisst, was es heißt, einen Text zu entschlüsseln. In dem Text aus der Apostelgeschichte wird nicht nur die Heilige Schrift erschlossen – der Kämmerer versteht auch den »Code« seines Lebens neu. Vielleicht könnt ihr das als Tagebucheintrag des Kämmerers oder als Brief an seine Frau aufschreiben. Seht euch dazu auch die Bilder und Texte dieser Doppelseite an.*
- *Achtet darauf, wie die Beziehung zu Gott jeweils ausgedrückt wird.*
- *Die Bedeutung des Wassers für unser Leben wird gut deutlich, wenn ihr eine Collage zu dem Thema gestaltet.*
- *Über den Ablauf der Tauffeier könnt ihr euch im Gotteslob (Nr. 48-49) informieren. Aufschlussreich ist auch ein Gespräch mit einer/einem, die/der sich als Erwachsene/r hat taufen lassen.*

taufe oder mit allen wassern gewaschen
wir möchten nicht
dass unser kind
mit allen wassern gewaschen wird
wir möchten
dass es
mit dem wasser der gerechtigkeit
mit dem wasser der barmherzigkeit
mit dem wasser der liebe und des friedens
reingewaschen wird
wir möchten
dass unser kind
mit dem wasser
christlichen geistes
gewaschen
übergossen
beeinflusst
getauft
wird
wir möchten selbst das klare lebendige
wasser für unser kind werden und sein
jeden tag
wir möchten auch dass seine Paten
klares kostbares lebendiges wasser
für unser kind werden
wir hoffen und glauben
dass auch unsere gemeinde in der wir leben
und dass die kirche zu der wir gehören
für unser kind das klare kostbare
lebendige wasser
der gerechtigkeit
der barmherzigkeit
der liebe und des friedens ist
wir möchten und hoffen
dass unser kind
das klima des evangeliums findet
wir möchten nicht
dass unser kind mit allen wassern
gewaschen wird
deshalb
in diesem bewusstsein
in dieser hoffnung
in diesem glauben
tragen wir unser kind
zur kirche
um es der kirche
der gemeinde zu sagen
was wir erwarten
für unser kind
was wir hoffen
für unser kind
wir erwarten viel
wir hoffen viel

Wilhelm Willms

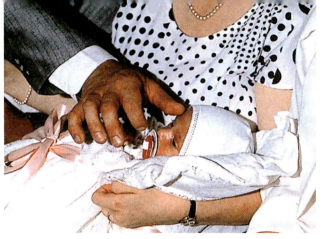

Ein Beziehungs-Zeichen bei der Taufe: Der Priester und die Eltern zeichnen dem Täufling das Kreuzzeichen auf die Stirn.

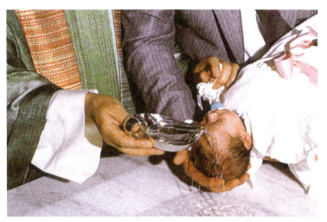

»Ich taufe dich im Namen des Vaters und des Sohnes und des Heiligen Geistes.«

taufen
tief machen
eintauchen
untertauchen

keine Luft mehr kriegen
nichts mehr sehen
nichts mehr hören

Hilfe! Ich sterbe!

Emporsteigen
Licht sehen
Auftauchen
Atmen
Lachen

Ein Geschenk:
Ich bin wie neu geboren!

Hans Heller

5 Firmung – erwachsene Beziehung

Eine erwachsene Beziehung ist nicht mehr so leicht zu erschüttern und zu zerstören wie eine frisch aufgekeimte Freundschaft oder Liebe. Eine erwachsene Beziehung, das heißt:

>Ich tue etwas dafür, dass unsere Beziehung lebendig bleibt.
>Ich suche immer neu deine Nähe.
>Ich suche immer neu das Gespräch mit dir.
>Ich nehme dich ernst.
>Ich setze mich für dich ein.
>Ich setze mich für das ein, was dir wichtig ist.
>Ich trage deine Lasten mit.
>Ich trage mit, was dir wehtut.
>Ich vertraue dir – deshalb kann ich Enttäuschungen verkraften.
>Ich kann dir die Treue halten.
>...

Im Sakrament der Firmung zeigt Gott mir, dass er eine erwachsene Beziehung zu mir will.
Firmung bedeutet: feiern, dass ich mein Leben als »Partner/in« Gottes entfalten und als Christin oder Christ verantwortlich leben kann. »Sei besiegelt durch die Gabe Gottes, den Heiligen Geist.«

Ein Beziehungs-Zeichen bei der Firmung:
die Handauflegung durch den Bischof.

Das Kreuz auf der Stirn:
Zeichen der Beziehung zu Christus.

- *Im Gotteslob Nr. 52,1-4 wird beschrieben, wie das Sakrament der Firmung gespendet wird.
  Stellt fest, welche Zeichen und wichtigen Sätze vorkommen.
  Klärt im Gespräch mit eurem Religionslehrer/eurer Religionslehrerin, was sie bedeuten.*
- *Stellt zusammen, wie bei der Firmung die Beziehung zu Gott und zur Kirche verdeutlicht wird.*
- *Ein Vergleich von Firmung und Taufe (s. S. 36-37) zeigt den engen Zusammenhang beider Sakramente.
  Lest dazu auch Mk 1,9-11.*
- *Lest in der Bibel den Text aus der Apostelgeschichte (S. 39) weiter und verfolgt, wie Petrus Mut zum öffentlichen Auftreten zeigt.*
- *Die Bilder des Geistes (s. S. 39) könnt ihr zeichnen oder als Collage aufkleben.
  Sicher könnt ihr weitere Bilder finden.*
- *Sucht euch für eure eigene Firmung ein Gebet aus, das euch gefällt.
  Beispiele findet ihr auf der folgenden Seite und S. 144-146.*

Die Firmung der ersten Christen

¹Als der Pfingsttag gekommen war, befanden sich alle am gleichen Ort. ²Da kam plötzlich vom Himmel her ein Brausen, wie wenn ein heftiger Sturm daherfährt, und erfüllte das ganze Haus, in dem sie waren. ³Und es erschienen ihnen Zungen wie von Feuer, die sich verteilten; auf jeden von ihnen ließ sich eine nieder. ⁴Alle wurden mit dem Heiligen Geist erfüllt und begannen in fremden Sprachen zu reden, wie es der Geist ihnen eingab.
⁵In Jerusalem aber wohnten Juden, fromme Männer aus allen Völkern unter dem Himmel. ⁶Als sich das Getöse erhob, strömte die Menge zusammen und war ganz bestürzt; denn jeder hörte sie in seiner Sprache reden. ⁷Sie gerieten außer sich vor Staunen und sagten: Sind das nicht alles Galiläer, die hier reden? ⁸Wieso kann sie jeder von uns in seiner Muttersprache hören: ⁹Parther, Meder und Elamiter, Bewohner von Mesopotamien, Judäa und Kappadozien, von Pontus und der Provinz Asien, ¹⁰von Phrygien und Pamphylien, von Ägypten und dem Gebiet Libyens nach Zyrene hin, auch die Römer, die sich hier aufhalten, ¹¹Juden und Proselyten, Kreter und Araber, wir hören sie in unseren Sprachen Gottes große Taten verkünden. ¹²Alle gerieten außer sich und waren ratlos. Die einen sagten zueinander: Was hat das zu bedeuten? ¹³Andere aber spotteten: Sie sind vom süßen Wein betrunken.

Apg 2,1-13

Bilder des Geistes

Ein brausender Wind:
    – er wirbelt den Staub der Gewohnheiten auf –
Ein stiller Windhauch:
    – er kennt nur das Einfache und Unscheinbare –
Ein weiter Horizont:
    – er führt aus der Enge des Alltags heraus –
Ein feuriges Herz:
    – er kennt keine Lustlosigkeit und Verzweiflung –
Ein helles Licht:
    – er vertreibt die Dunkelheit des Lebens –
Ein hellhöriges Ohr:
    – er hört zu, wie keiner sonst es tut –
Ein offener Blick:
    – er entdeckt alle Probleme und sieht das Herz –
Ein ausgestreckter Arm:
    – er lebt in der Sehnsucht nach der Welt Gottes –
Eine rufende Stimme:
    – er kennt deine Zeit und deine Fähigkeiten –.

Komm, o du glückselig Licht,
fülle Herz und Angesicht,
dring bis auf der Seele Grund.

Ohne dein lebendig Wehn
kann im Menschen nichts bestehn,
kann nichts heil sein noch gesund.

Was befleckt ist, wasche rein,
Dürrem gieße Leben ein,
heile du, wo Krankheit quält.

Wärme du, was kalt und hart,
löse, was in sich erstarrt,
lenke, was den Weg verfehlt.

Pfingstsequenz

Atme in mir, du Heiliger Geist, dass ich Heiliges denke.
Treibe mich, du Heiliger Geist, dass ich Heiliges tue.
Locke mich, du Heiliger Geist, dass ich Heiliges liebe.
Stärke mich, du Heiliger Geist, dass ich Heiliges hüte.
Hüte mich, du Heiliger Geist, dass ich das Heilige nimmer verliere.

Augustinus zugeschrieben

6 Geschenktes Leben: die Eucharistie

Brot in deiner Hand

In der Jakobstraße in Paris liegt ein Bäckerladen; da kaufen viele hundert Menschen ihr Brot. Der Besitzer ist ein guter Bäcker. Aber nicht nur deshalb kaufen die Leute des Viertels dort gern ihr Brot. Noch mehr zieht sie der alte Bäcker an: der Vater des jungen Bäckers. Meistens ist nämlich der alte Bäcker im Laden und verkauft. Dieser alte Bäcker ist ein spaßiger Kerl. Manche sagen: Er hat einen Tick. Aber nur manche; die meisten sagen: Er ist weise, er ist menschenfreundlich. Einige sagen sogar: Er ist ein Prophet. Aber als ihm das erzählt wurde, knurrte er vor sich hin: »Dummerei ...«. Der alte Bäcker weiß, dass man Brot nicht nur zum Sattessen brauchen kann, und gerade das gefällt den Leuten. Manche erfahren das erst beim Bäcker an der Jakobstraße, zum Beispiel der Autobusfahrer Gerard, der einmal zufällig in den Brotladen an der Jakobstraße kam. »Sie sehen bedrückt aus«, sagte der alte Bäcker zum Omnibusfahrer. »Ich habe Angst um meine kleine Tochter«, antwortete der Busfahrer Gerard. »Sie ist gestern aus dem Fenster gefallen, vom zweiten Stock.«

»Wie alt?«, fragte der alte Bäcker. »Vier Jahre«, antwortete Gerard.

Da nahm der alte Bäcker ein Stück vom Brot, das auf dem Ladentisch lag, brach zwei Bissen ab und gab das eine Stück dem Busfahrer Gerard. »Essen Sie mit mir«, sagte der alte Bäcker zu Gerard, »ich will an Sie und Ihre kleine Tochter denken.« Der Busfahrer Gerard hatte so etwas noch nie erlebt, aber er verstand sofort, was der alte Bäcker meinte, als er ihm das Brot in die Hand gab. Und sie aßen beide ihr Brotstück und schwiegen und dachten an das Kind im Krankenhaus.

Zuerst war der Busfahrer Gerard mit dem alten Bäcker allein. Dann kam eine Frau herein. Sie hatte auf dem nahen Markt zwei Tüten Milch geholt und wollte nun eben noch Brot kaufen. Bevor sie ihren Wunsch sagen konnte, gab ihr der alte Bäcker ein kleines Stück Weißbrot in die Hand und sagte: »Kommen Sie, essen Sie mit uns: Die Tochter dieses Herrn liegt schwer verletzt im Krankenhaus, sie ist aus dem Fenster gestürzt. Vier Jahre ist das Kind. Der Vater soll wissen, dass wir ihn nicht allein lassen.«

Und die Frau nahm das Stückchen Brot und aß mit den beiden. So war es oft in dem Brotladen, in dem der alte Bäcker die Kunden bediente. Aber es passierte auch anderes, über das sich die Leute noch mehr wunderten. Da gab es zum Beispiel einmal die Geschichte mit Gaston: An einem frühen Morgen wurde die Ladentür aufgerissen und ein großer Kerl stürzte herein. Er lief vor jemandem fort; das sah man sofort und da kam der offene Bäckerladen gerade recht. Er stürzte also herein, schlug die Tür hastig hinter sich zu und schob von innen den Riegel vor. »Was tun denn Sie da?«, fragte der alte Bäcker. »Die Kunden wollen zu mir herein, um Brot zu kaufen. Machen Sie die Tür sofort wieder auf.« Der junge Mann war ganz außer Atem. Und da erschien vor dem Laden auch schon ein Mann wie ein Schwergewichtsboxer, in der Hand eine Eisenstange. Als er im Laden den jungen Mann sah, wollte er auch hinein. Aber die Tür war verriegelt. »Er will mich erschlagen«, keuchte der junge Mann.

»Wer? Der?«, fragte der Bäcker. »Mein Vater!«, schrie der Junge und er zitterte am ganzen Leibe.

»Er will mich erschlagen. Er ist jähzornig. Er ist auf neunzig!«

»Das lass mich nur machen«, antwortete der alte Bäcker, ging zur Tür, schob den Riegel zurück und rief dem schweren Mann zu: »Guten Morgen, Gaston! Am frühen Morgen regst du dich schon so auf? Das ist ungesund. So kannst du nicht lange leben. Komm herein, Gaston! Aber benimm dich! Lass den Jungen in Ruh! In meinem Laden wird kein Mensch umgebracht.«

Der Mann mit der Eisenstange trat ein. Seinen Sohn schaute er gar nicht an. Und er war viel zu erregt, um dem Bäcker antworten zu können. Er wischte sich mit der Hand über die feuchte Stirn und schloss die Augen. Da hörte er den Bäcker sagen: »Komm, Gaston, iss ein Stück Brot, das beruhigt. Und iss es zusammen mit deinem Sohn; das versöhnt. Ich will auch ein Stück Brot essen, um euch bei der Versöhnung zu helfen.« Dabei gab er jedem ein Stück Weißbrot. Und Gaston nahm das Brot, auch sein Sohn nahm das Brot. Und als sie davon aßen, sahen sie einander an und der alte Bäcker lächelte beiden zu. Als sie das Brot gegessen hatten, sagte Gaston: »Komm, Junge, wir müssen an die Arbeit!«

Heinrich A. Mertens

Jesus, der Herr, nahm in der Nacht, in der er ausgeliefert wurde, Brot, sprach das Dankgebet, brach das Brot und sagte: Das ist mein Leib für euch. Tut dies zu meinem Gedächtnis!
Ebenso nahm er nach dem Mahl den Kelch und sprach: Dieser Kelch ist der Neue Bund in meinem Blut. Tut dies, sooft ihr daraus trinkt, zu meinem Gedächtnis!
Denn sooft ihr von diesem Brot esst und aus dem Kelch trinkt, verkündet ihr den Tod des Herrn, bis er kommt.
1 Kor 11,23-26

- Was Jesus an seinem letzten gemeinsamen Abend mit seinen Freunden getan hat, lässt sich auch als Beziehungs-Zeichen verstehen ...
- Schreibt einmal in einer Liste auf, welche Beziehungs-Zeichen es bei einer gemeinsamen Mahlzeit gibt. Um es euch zu verdeutlichen, könnt ihr auch ein Essen pantomimisch spielen. Das geht aber nur, wenn ihr bereit seid das Spiel seinem Ziel entsprechend ernst zu nehmen.

7 Zeichen auf dem Lebensweg

Ein wichtiger »Knotenpunkt« des Lebens ist die Entscheidung, mit einem Partner oder einer Partnerin zusammen zu leben. Auch hier geht es um »erwachsene Beziehung« zu einem anderen Menschen, um gelingendes Leben. Beziehungs-Pflege, Zusammenhalten auch in schweren Zeiten, Vertrauen und Treue sind nicht immer leicht und gelingen nicht selbstverständlich. Die Partner spenden sich gegenseitig das Ehesakrament und stellen ihre Liebe in Gottes Segen und Schutz – auch im Blick auf die Kinder, die ihnen geschenkt werden. Sie tun dies öffentlich vor der Gemeinschaft der Kirche, die durch den Pfarrer oder einen beauftragten Priester oder Diakon und die mitfeiernden Christen vertreten wird.

Ein Beziehungs-Zeichen: die Eheringe.
»Trag diesen Ring als Zeichen unserer Liebe und Treue: Im Namen des Vaters und des Sohnes und des Heiligen Geistes.«

Ein Beziehungs-Zeichen: Verbundenheit mit der ganzen Kirche – die Handauflegung durch den Bischof.

Priester und Ordensleute wollen ihr Leben ganz der Kirche und dem Glauben widmen. Priester übernehmen in der Kirche besondere Aufgaben. Sie sorgen für die Verkündigung des Glaubens und spenden die Sakramente, feiern mit den Glaubenden gemeinsam die Gottesdienste, leiten die Gemeinden. Den Auftrag dazu erhalten sie vom Bischof in der Priesterweihe. Auch ihr verantwortungsvoller »priesterlicher Dienst« in der Gemeinschaft der Kirche wird in den Segen und Schutz Gottes gestellt.

Nicht nur an den Höhepunkten des Lebens gibt es ein Zeichen der Nähe Gottes. Gerade auch in einer schweren gesundheitlichen Lebenskrise soll das Vertrauen der Menschen in Gott gestärkt werden. Für diese Situationen gibt es das Sakrament der Krankensalbung. Der Priester kommt zu der oder dem Kranken nach Hause oder in das Krankenhaus. Angehörige sollten dabei sein, um auch ihre Gemeinschaft und Nähe zu zeigen. Stärkung erfährt die oder der Kranke auch durch Schriftlesung, Gebete, eine Salbung und, wenn es möglich ist, durch die Kommunion.

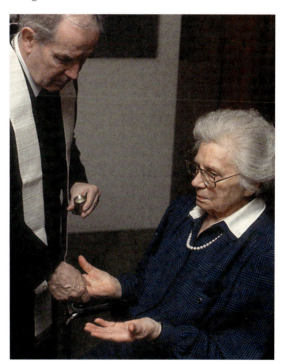

Beziehungs-Zeichen: Stärkung in einer Lebenskrise – die Salbung der Hände.

- *Vom Sakrament der Buße handelt das Kapitel 4 »Lebens-Chancen – ein neuer Anfang« S. 47-60.*

Ein Glaubens-Zeichen: gemeinsam unterwegs sein

Ein wichtiges Beziehungs-Zeichen des Glaubens ist es, wenn Menschen die Sicherheit ihrer Heimat verlassen und sich auf den Weg machen. Sie suchen dann oft besondere Orte auf, an denen die heilsame Nähe Gottes besonders spürbar ist. An diesen Orten kann man auch die Gemeinschaft von Menschen erleben, die auf einer ähnlichen Suche nach Gott und nach einem Sinn des Lebens sind. Man nennt einen solchen Weg Wallfahrt oder Pilgerfahrt.

Seit über tausend Jahren pilgern Menschen aus ganz Europa zum Beispiel zum Grab des Apostels Jakobus nach Santiago de Compostela in Nordspanien. Im Mittelalter war Europa mit einem Netz von Pilgerwegen überzogen, die Millionen von Pilgern dorthin führten (s. Karte) – ein Zeichen für eine lange bestehende »Europäische Gemeinschaft«. In den letzten Jahren ist diese alte Wallfahrt »wieder entdeckt« worden. Heute machen sich in jedem Jahr wieder Tausende von Menschen allein oder in Gruppen auf den Weg zu diesem alten Wallfahrtsort. Das traditionelle Zeichen der Jakobspilger/innen ist die Jakobsmuschel.

Ein »Wallfahrtsort« aus unserer Zeit: Taizé in Südfrankreich. Hier treffen sich jedes Jahr Zehntausende von Jugendlichen zu Gebet und Gespräch. Angezogen werden sie von der Ausstrahlung der »Communauté de Taizé«, insbesondere ihres 2005 getöteten Gründers Frère Roger.

- Verfolgt einmal auf der Karte den Weg aus eurer Heimat nach Santiago. Ihr könnt auch wichtige Stationen aufschreiben und die Länge des Weges schätzen. Wie lange wäret ihr wohl zu Fuß unterwegs?
- Informiert euch über Wallfahrtsorte in eurer Umgebung. Vielleicht besucht ihr gemeinsam einen dieser Orte und schreibt anschließend über eure Eindrücke einen kleinen Bericht.
- Über Santiago, Taizé und andere Wallfahrtsorte (z. B. S. 44) könnt ihr euch gut im Internet informieren. Versucht auch herauszufinden, warum diese Orte zu Wallfahrtsorten geworden sind.

Aus der Ansprache von Papst Johannes Paul II. zum Weltjugendtreffen in Rom am 20. August 2000

Wir sind am Höhepunkt des Weltjugendtages angelangt. Gestern haben wir, liebe Jugendliche, unseren Glauben an Jesus Christus bekräftigt, den Sohn Gottes, den der Vater gesandt hat. Mit der heutigen Eucharistiefeier führt uns Jesus in die Erkenntnis einer besonderen Seite seines Geheimnisses ein. Im Evangelium haben wir einen Abschnitt der Rede gehört, die er in der Synagoge von Kafarnaum gehalten hat, nachdem er das Wunder der Brotvermehrung gewirkt hatte. Darin enthüllt er sich als das wahre Brot des Lebens: das Brot, das vom Himmel herabgekommen ist, um der Welt das Leben zu geben (vgl. Joh 6,51). Diese Rede haben die Zuhörer nicht verstanden. Die Einstellung, in der sie sich bewegen, ist zu materiell; so können sie nicht erfassen, was Christus wirklich sagen will. Sie halten sich für Leute mit gesundem Menschenverstand, die mit beiden Beinen auf dem Boden stehen. Deshalb schütteln sie den Kopf und gehen nacheinander grollend weg. Die Volksmenge des Anfangs schrumpft zusammen. Schließlich bleibt nur noch die winzige Gruppe der treusten Jünger übrig. Doch wenn es um das »Brot des Lebens« geht, ist Jesus nicht bereit nachzugeben. Vielmehr nimmt er in Kauf, dass sogar die Menschen, die ihm am nächsten stehen, Abstand nehmen: »Wollt auch ihr weggehen?« (Joh 6,67).

»Auch ihr?« Die Frage Jesu durchzieht die Jahrhunderte bis in unsere Zeit. Sie berührt uns persönlich und ruft zur Entscheidung heraus. Was antworten wir? Liebe Jugendliche, wir sind heute hier, weil wir uns wiederfinden in den Worten, die der Apostel Petrus bekräftigt hat: »Herr, zu wem sollen wir gehen? Du hast Worte ewigen Lebens« (Joh 6,68).
Wenn ich am Ende dieser Feier auf euch schaue und eure jungen Gesichter und eure ehrliche Begeisterung sehe, dann möchte ich aus tiefem Herzen Gott aufrichtig Dank sagen für das Geschenk der Jugend, das durch euch in der Kirche und in der Welt bleibt.
Vertrauensvoll blicke ich auf diese neue Menschheit, die durch euch im Kommen ist; ich blicke auf diese Kirche, die vom Geist Jesu Christi ständig sich verjüngt und sich heute über eure Vorsätze und euren Einsatz freut. Ich schaue in die Zukunft ...

- Die Geschichte von der Brotvermehrung und der ablehnenden Reaktion der Leute auf die Worte Jesu steht in Joh 6,1-15.48-69 (vgl. dazu S. 128-129).
- In der Rede des Papstes an die Jugend könnt ihr zwei Möglichkeiten entdecken, wie Menschen selbst für andere zum Glaubens-Zeichen werden können. Vielleicht fallen euch noch mehr Möglichkeiten ein ...

9 Glaubens-Zeichen aus Stein

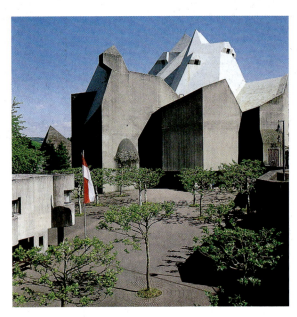

Bauwerke und Gebäude können das Lebensgefühl und die Grundhaltungen der Menschen ausdrücken, die sie bewohnen oder nutzen. Man kann das gut an der Architektur von alten Schlössern, Bahnhöfen und Fabrikgebäuden oder an modernen »Versicherungspalästen«, Bankenhochhäusern und Sportarenen sehen. Auch gläubige Menschen in allen Religionen haben immer das Bedürfnis gehabt, ihren Glauben »in Stein« darzustellen. So sind etwa im Mittelalter die gotischen Kathedralen entstanden, an denen alles in die Höhe strebt. So wollten diese Bauwerke den Blick der Menschen von der Erde zum Himmel richten. In der modernen Architektur versucht man neue Ausdrucksformen mit den Baumaterialien unserer Zeit. Der Mariendom in Neviges etwa erinnert an den Anblick einer Stadt – der Stadt Gottes, von der auch in der Bibel die Rede ist (z. B. Offb 21,10-26).

- Wenn ihr Bilder von modernen Bauwerken aus Zeitungen, Zeitschriften, Kalendern sammelt und betrachtet, bekommt ihr ein Gefühl dafür, was sie ausdrücken sollen.
- Stellt euch vor, ihr geht auf eine der beiden abgebildeten Kirchen zu. Wie wirkt ihr Anblick auf euch? Wie stellt ihr euch das Innere vor?
- Den besten Eindruck von einem Kirchenbau bekommt ihr natürlich, wenn ihr selber eine Kirche in eurer Umgebung besucht. Lasst euch das Gebäude am besten von jemandem erklären, der sich gut damit auskennt.
- Ein lohnendes Projekt: Entwerft selbst eine Kirche nach euren Vorstellungen.
  Überlegt vorher, was euch wichtig ist. Ihr könnt sie zeichnen oder einfache Modelle bauen und ausstellen. Interessant wird es auch sein, eure Ideen einem Pfarrer zu zeigen.
- Worauf es bei einer Kirche wirklich ankommt, kann der Cartoon von Ivan Steiger verdeutlichen.

Ein Fest der Sinne

- Das Innere einer Kirche soll so gestaltet sein, dass die gottesdienstlichen Feiern und die Begegnung mit Gott darin gefördert werden. Dabei werden alle Sinne angesprochen. Vieles trifft sicher nicht euren Geschmack, aber ihr könnt vielleicht trotzdem Verständnis aufbringen für die Ausdrucksformen, die man für den Glauben gewählt hat. Ihr könnt auch überlegen, was ihr anders machen würdet. Welche Musik würdet ihr wählen, welches Licht …?
- Auch der Geschmackssinn wird in der Kirche nicht ausgespart. Lest dazu S. 40.

10 Das Glaubenszeichen der Christen: das Kreuz

Das erste christliche Kreuz, das wir kennen, ist ein antichristliches. Das »Spottkreuz vom Palatin« wurde zwischen 244 und 283 auf einer Kasernenwand der Praetorianer-Garde eingeritzt.

Seit dem 4. Jahrhundert wird es bei den Christen üblich, Darstellungen des Kreuzes aufzuhängen oder aufzustellen. Dabei wurde das Kreuz (ohne Corpus, also ohne das Bild des Gekreuzigten) zuerst vor allem als Siegeszeichen verstanden. Im Mittelalter finden wir häufig Kreuze, die Jesus in aufgerichteter oder gar herrscherlicher Haltung zeigen. Später tritt das Bild des leidenden Menschen in den Vordergrund. Mit ihm konnten sich Menschen in ihrer Krankheit und ihrem Schmerz identifizieren. Der gekreuzigte Jesus wird auch in der modernen Kunst immer wieder neu dargestellt.

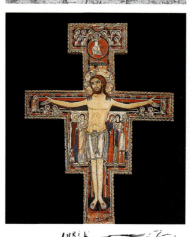

- *Könnt ihr auch im Kreuz das »Beziehungs-Zeichen« entdecken?*
- *Sammelt Darstellungen des Kreuzes. Vielleicht könnt ihr daraus eine kleine Ausstellung machen.*
- *Der Kirchenlehrer Augustinus sagt: »Nicht den Maler, sondern den Täter seiner Zeichen sucht Gott.« Wie versteht ihr das am Ende dieser Unterrichtsreihe?*

4 Geschenkter Neu-Anfang
Schuld und Versöhnung

1 Wozu ich berufen bin

Geburtstagsgedicht
Dem Kind aufzusagen

Vom vielen Bücken
wird man krumm,
vom vielen Nicken
wird man dumm,
vom vielen Wegschaun
wird man blind.
Werd anders, Kind.

Geh aufrecht und frag dich,
ob alles stimmt.
Auch wenn man das Fragen
dir übel nimmt:
Scher dich nicht
um die Übelnehmer.
Sei unbequemer.

Das wird nicht ganz
ohne Narben abgehn.
Aber möchtest du erst
die unsern sehn?
Du sollst uns nicht bös sein
und uns nicht verlachen.
Du sollst es
einfach besser machen.
Wolf Harranth

Pablo Picasso, 1920

So kann der Mensch sein:
... wie ein Baum,
der an Wasserbächen gepflanzt ist,
der zur rechten Zeit seine Frucht bringt
und dessen Blätter nicht welken.
Alles, was er tut, wird ihm gut gelingen.

Ps 1,3

- *Sammelt aus der Werbung Bilder von Menschen. Welche Idealvorstellungen von Menschen werden uns durch die Werbung nahegelegt? Was findet ihr daran gut, was nicht?*
- *Auch hinter den Texten und dem Bild dieser Seite stecken Vorstellungen davon, wie Menschen sein können und sein sollen. Lest dazu auch einmal den ganzen 1. Psalm.*

¹⁴Es ist wie mit einem Mann, der auf Reisen ging: Er rief seine Diener und vertraute ihnen sein Vermögen an. ¹⁵Dem einen gab er fünf Talente Silbergeld, einem anderen zwei, wieder einem anderen eines, jedem nach seinen Fähigkeiten. Dann reiste er ab.
Sofort ¹⁶begann der Diener, der fünf Talente erhalten hatte, mit ihnen zu wirtschaften, und er gewann noch fünf dazu. ¹⁷Ebenso gewann der, der zwei erhalten hatte, noch zwei dazu. ¹⁸Der aber, der das eine Talent erhalten hatte, ging und grub ein Loch in die Erde und versteckte das Geld seines Herrn.
¹⁹Nach langer Zeit kehrte der Herr zurück, um von den Dienern Rechenschaft zu verlangen. ²⁰Da kam der, der die fünf Talente erhalten hatte, brachte fünf weitere und sagte: Herr, fünf Talente hast du mir gegeben; sieh her, ich habe noch fünf dazugewonnen. ²¹Sein Herr sagte zu ihm: Sehr gut, du bist ein tüchtiger und treuer Diener. Du bist im Kleinen ein treuer Verwalter gewesen, ich will dir eine große Aufgabe übertragen. Komm, nimm teil an der Freude deines Herrn! ²²Dann kam der Diener, der zwei Talente erhalten hatte, und sagte: Herr, du hast mir zwei Talente gegeben; sieh her, ich habe noch zwei dazugewonnen. ²³Sein Herr sagte zu ihm: Sehr gut, du bist ein tüchtiger und treuer Diener. Du bist im Kleinen ein treuer Verwalter gewesen, ich will dir eine große Aufgabe übertragen. Komm, nimm teil an der Freude deines Herrn!
²⁴Zuletzt kam auch der Diener, der das eine Talent erhalten hatte, und sagte: Herr, ich wusste, dass du ein strenger Mann bist; du erntest, wo du nicht gesät hast, und sammelst, wo du nicht ausgestreut hast; ²⁵weil ich Angst hatte, habe ich dein Geld in der Erde versteckt. Hier hast du es wieder. ²⁶Sein Herr antwortete ihm: Du bist ein schlechter und fauler Diener! Du hast doch gewusst, dass ich ernte, wo ich nicht gesät habe, und sammle, wo ich nicht ausgestreut habe. ²⁷Hättest du mein Geld wenigstens auf die Bank gebracht, dann hätte ich es bei meiner Rückkehr mit Zinsen zurückerhalten. ²⁸Darum nehmt ihm das Talent weg und gebt es dem, der die zehn Talente hat! ²⁹Denn wer hat, dem wird gegeben, und er wird im Überfluss haben; wer aber nicht hat, dem wird auch noch weggenommen, was er hat. ³⁰Werft den nichtsnutzigen Diener hinaus in die äußerste Finsternis! Dort wird er heulen und mit den Zähnen knirschen.

Mt 25,14-30

Die Frage der Fragen

Vor dem Ende sprach Rabbi Sussja: In der kommenden Welt wird man mich nicht fragen: »Warum bist du nicht Mose gewesen?« Man wird mich fragen: »Warum bist du nicht Sussja gewesen?«

Chassidische Geschichte

Patrick hat diese alte jüdische Geschichte umgeschrieben:

Worauf es wirklich ankommt
Wenn einmal die Bilanz meines Lebens gezogen wird, dann werde ich nicht gefragt: »Warum bist du nicht Elvis oder Schumi oder Martin Luther King gewesen?« Dann muss ich mich fragen lassen: »Warum bist du nicht Patrick gewesen?«

- Mithilfe des Anhangs in einer Bibelausgabe kann man ausrechnen, welche gewaltige Summe sich hinter einem »Talent« verbirgt ...
- Es lohnt sich, einmal darüber nachzudenken, welche Talente du hast. Setze dich in Ruhe eine halbe Stunde lang hin und schreibe sie für dich selbst auf. Lasse dir Zeit, auch wenn du zuerst denkst, du findest keine. Sei sicher, dass dir einige einfallen werden!
- Ihr könnt auch in eurer Lerngruppe über eure Talente nachdenken. Kann jede/r von jeder und jedem ein Talent nennen? Seid eine Zeit lang aufmerksam für die Talente der anderen. Dann sagt oder schreibt einander, was euch aufgefallen ist; z. B. so: Schreibt eure Beobachtungen auf kleine Zettel mit dem Namen der betreffenden Person. Euer Lehrer/eure Lehrerin kann sie einsammeln, nach Adressaten ordnen und austeilen.
Wichtig: Nur Positives aufschreiben! Sprecht auch darüber, wie es euch damit ging.
Wie war es, die Talente der anderen wahrzunehmen und aufzuschreiben; wie war es, die Zettel zu lesen?
- Schreibe eine eigene Fassung der Geschichte »Worauf es wirklich ankommt« – mit deinem eigenen Namen.
- Was kann heißen: »Ich selber sein«? Vgl. das Kapitel »Für das eigene Leben verantwortlich werden«, S. 5 ff.

Ich bin nicht immer, wie ich sein sollte

Kopfhaut

Am Busbahnhof steigen drei Glatzköpfe ein mit den üblichen schwarzen Lederklamotten. Mit ihren »Springerstiefeln« treten sie heftig auf und reden so laut, dass Steffen sofort hinschauen muss. Sie beratschlagen, wo und was sie gleich essen wollen. Dabei geben sie eine Menge unappetitlicher Wörter und Geräusche von sich. Die anderen Leute wenden sich schnell ab und sehen durch die beschlagenen Scheiben; der Mann mit der Aktentasche vertieft sich wieder in seine Computerzeitschrift. Der vordere Kahlschädel, ein eher dünner Typ mit einer Hakennase, hat Frankie gleich ins Auge gefasst und winkt seine Kumpel mit einer Kopfbewegung heran. Steffen spürt, wie Frankie bleich wird, obwohl er nur seinen Nacken sehen kann. »Guckma, Atze, wen wir hier haben!« Der Zweite, ein Brecher mit einem Nacken wie ein Gorilla, schiebt sich hinter ihm vor; der Dritte guckt mit offenem Mund über seine Schulter. »Ein Nigger auf'm Sitzplatz und Deutsche müssen stehen!« Frankies Stimme hört sich an, als hätte er den ganzen Tag nichts getrunken: »Ich bin auch ein …« »Halt's Maul, Nigger! Dich hat keiner gefragt. Ist hier irgendeiner, der diesen Nigger nicht für einen Nigger hält?« Die drei blicken drohend in die Runde und rücken ein Stück vor, sodass der Gorilla jetzt neben Frankie steht. Der Hakennasige beugt sich vor, sodass Steffen sein T-Shirt direkt vor der Nase hat. Er riecht seinen Körperschweiß. Steffen wird es in seiner Jacke zu eng, plötzliche Hitze steigt in ihm auf, bis unter die Kopfhaut. Er schaut schnell weg, als Frankie sich halb zur Seite wendet. Der Mann mit der Aktentasche blättert um. »Na also. Ich glaube, dir ist schlecht, Nigger.« »Er ist schon ganz blass«, lässt sich der Grinsende vernehmen. »Du möchtest bestimmt lieber aussteigen …« Der Gorilla reißt mit einem Ruck Frankies Rucksack von seinem Schoß. Als Frankie protestieren will, hält er ihm genauso ruckartig den Zeigefinger der linken Hand vor das Gesicht und stiert drohend mit den Augen. »Raus jetzt, Nigger!«, stößt er leise hervor. Er hebt seine Hand, als wolle er Frankie an unsichtbaren Fäden hochziehen. Die Hakennase drückt auf den Knopf »Haltewunsch« und macht eine kleine Lücke zum Ausstieg frei. Frankie steht auf. Als er sich umdreht, sieht Steffen die Tränen in seinen Augen. Sein Gesicht ist voller dunkler Flecken. Der Bus hält. Frankie steigt aus; der Dicke wirft seinen Rucksack in hohem Bogen auf den Gehsteig. Der Mann mit der Aktentasche schaut über die Schulter nach draußen und schüttelt mit dem Kopf. Steffen ist wie gelähmt. Der Bus fährt weiter. Die drei Glatzköpfe stehen gegenüber vom Ausstieg und lachen hämisch. Dann reden sie wieder darüber, wo und was sie gleich essen wollen.

Steffen kann an nichts anderes mehr denken. Er sitzt an seinem Schreibtisch und müsste Mathe machen, aber er kommt nicht von der Stelle. Er hat seinen Freund im Stich gelassen. Die Kopfhaut zieht sich ihm grauenvoll zusammen, so schämt er sich. Immer wieder läuft in seinen Gedanken die Szene aus dem Bus ab. Immer wieder hört er die lauten Stimmen der drei Typen. Immer wieder spürt er, wie ihm der Schweiß ausbricht. Er weiß nicht, was er hätte machen sollen. Sagen: »Lasst ihn in Ruhe, er hat euch nichts getan« oder »Das ist mein Freund und er ist ebenso gut ein Deutscher wie ihr«? Was hätten die dann mit ihm gemacht? Oder wenigstens mit Frankie aussteigen und ihn trösten? Hätten die ihn dann festgehalten? Oder bei nächster Gelegenheit in die Mangel genommen? Irgendetwas hätte er machen müssen, nicht nur die eigene Haut retten. Die anderen Leute um Hilfe bitten? Zum Busfahrer gehen? Das Schlimmste war, dass Frankie ihn beim Vorbeigehen nicht angesehen hat. Wie soll er jetzt wieder mit Frankie reden? Wie wird es morgen früh an der Bushaltestelle sein? In der Schule? Was wird aus der Verabredung zum Eislaufen? Er weiß nicht einmal, wie es Frankie jetzt geht. Ob er verzweifelt ist? Ob er zu Hause etwas gesagt hat? Ob er auch so vor einer leeren Heftseite sitzt und nichts hinbekommt? Was wird er von ihm denken? Und was wird sein, wenn diese Typen wieder auftauchen? Wollten die nur einmal ihren Spaß haben oder würden die nun immer wieder Frankie aufs Korn nehmen, ihn hetzen? Und was sollte er selbst dann machen?

Steffen hält es am Schreibtisch nicht mehr aus. Er läuft durch das Haus. Er hat nicht einmal Lust, sich an den Computer zu setzen, auch der Fernseher reizt ihn nicht. Er schaut aus dem Fenster. Am Ende der Straße wohnt Frankie, aber niemand ist dort zu sehen. Auf dem Tisch liegt das Telefon. Steffen starrt minutenlang darauf. Wenn man nur über alles mit jemandem reden könnte. Wenn es nur jemanden gäbe, der einem hilft.

- *Steffen denkt darüber nach, was er hätte tun können. Ihr könnt euch weitere Möglichkeiten für ihn überlegen.*
- *Steffen braucht auch Rat, was er jetzt tun soll. Schreibt ihm eure Meinung.*
- *Denkt euch ein persönliches Gespräch oder Telefongespräch zwischen Steffen und Frankie aus, das im Anschluss an die Geschichte stattfindet. Stellt euch vor, wie die beiden sich versöhnen könnten. Besonders hilfreich ist es, wenn ihr das Gespräch vorspielt. Ihr könnt auch eine Fortsetzung der Geschichte schreiben.*

Was innen ist, zeigt sich außen:

den Kopf hängen lassen
sich klein fühlen
gekrümmt gehen
gebeugt gehen
sich abkapseln
sich verschließen
sich verkriechen
sich zurückziehen
die Hände vors Gesicht schlagen
dem anderen nicht in die Augen
sehen können
sich hängen lassen
sich verstohlen umsehen
lichtscheu sein
wie gelähmt sein
…

Max Spring, 1986

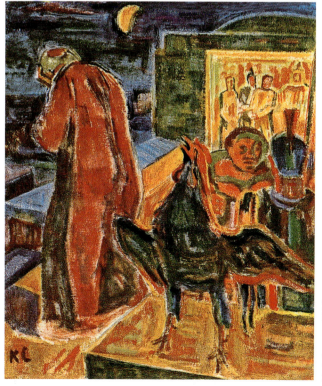

Karl Caspar, 1948

- Beschreibt die Haltung der Personen auf den Bildern. Was könnte in ihnen vorgehen?
- Was innen ist, zeigt sich außen – vielleicht findet ihr weitere Beispiele dafür.
- Probiert die verschiedenen Haltungen aus (z. B. als »Skulpturen«) und redet darüber, was dabei in euch vorgeht.
  Findet »Gegenhaltungen«.
  Was können sie ausdrücken?
- Eine passende biblische Geschichte findet ihr auf S. 127.

3 Zu mir stehen – umkehren

>¹Er sagte zu mir: Stell dich auf deine Füße, Menschensohn; ich will mit dir reden.
>²Als er das zu mir sagte, kam der Geist in mich und stellte mich auf die Füße. Und ich hörte den, der mit mir redete.
>
>*Ez 2,1-2*
>
>¹⁴Nachdem man Johannes ins Gefängnis geworfen hatte, ging Jesus wieder nach Galiläa; er verkündete das Evangelium Gottes ¹⁵und sprach: Die Zeit ist erfüllt, das Reich Gottes ist nahe. Kehrt um und glaubt an das Evangelium!
>
>*Mk 1,14-15*

T: Alfred Delp/M: F. R. Daffner

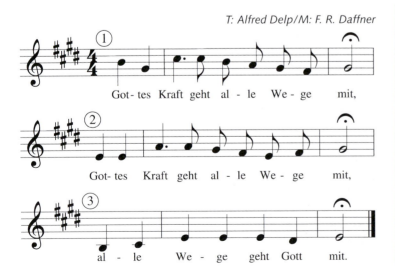

① Got-tes Kraft geht al-le We-ge mit,
② Got-tes Kraft geht al-le We-ge mit,
③ al-le We-ge geht Gott mit.

- Werdet aufmerksam für Körper-Sprache:
  – sich einen Ruck geben
  – einen wichtigen Schritt, einen schweren Schritt tun
  – eine andere Richtung einschlagen
  – ...
  Könnt ihr weitere Beispiele finden?
- Stellt die Bewegungen, die ihr gefunden habt, in kleinen Skizzen dar. Eine Anregung gibt euch die Grafik von Keith Haring, S. 53.
- Wenn ihr Platz genug habt, z. B. auf dem Schulhof, könnt ihr die Bewegungen selber ausführen. Zunächst geht ihr einzeln, ohne besonderes Ziel (»absichtslos«) umher; bis jemand eine Anweisung ruft: z. B. »geradeaus laufen – vor einem Hindernis anhalten«, »die Richtung ändern« ...

Der erste Schritt ist schwer – Was Steffen tun kann

An der Haustür rumort es. Steffens Vater ist von der Arbeit zurück. Kurze Zeit später hört man die Toilettenspülung, Schritte im Flur, ein Ruf: »Niemand zu Hause?« Steffen rührt sich nicht. Dann Topfklappern in der Küche, die Kühlschranktür wird geöffnet und geschlossen. Plötzlich geht die Tür zum Wohnzimmer auf, der Vater kommt herein. Er hält die Tageszeitung in der Hand und liest im Gehen, eine Wasserflasche klemmt zwischen Mittel- und Ringfinger. Jetzt sieht er Steffen. »Hi, bist ja doch da.« Sofort geht sein Blick zur Zeitung zurück. Er nimmt ein Glas aus dem Schrank, wirft noch einmal einen Blick auf Steffen. Jetzt schaut er ihn aufmerksam an. Steffen hat den Kopf gesenkt. »Ist was passiert?« Steffen weiß, dass der erste Satz der schwerste ist. Er presst die Lippen zusammen und zieht die Mundwinkel hoch. Der Vater stellt Flasche und Glas ab und legt die Zeitung auf den Tisch. Er schaut Steffen ruhig an. Steffen atmet heftig durch die Nase aus. »Mit Frankie … heute im Bus …«
Als Steffen mit dem ersten Erzählen fertig ist, gießt der Vater Wasser in das Glas.
»Was du erzählst, geht mir ganz schön unter die Haut. … Und du fühlst dich jetzt ziemlich mies oder?«
»Mmh …«
»Du meinst, du hättest Frankie irgendwie helfen sollen …?«
Steffen schaut immer noch zu Boden. Er nickt kaum wahrnehmbar.
»Ich finde das wichtig, dass du dir solche Gedanken machst. Ein schlechtes Gewissen kann helfen das Richtige zu sehen. Aber erst einmal sind es diese miesen Typen gewesen …«
»Ja, … sicher.«
Der Vater schiebt ihm das Glas hin. Jetzt merkt Steffen erst, wie trocken seine Kehle ist. Er trinkt einen Schluck.
»Den Helden konntest du nicht spielen, wie in einem Film. Da hattest du keine Chance gegen die drei Brecher. Die hätten euch spielend fertig gemacht.«
Steffen nickt.
»Und die anderen Leute haben sich verkrochen. Von denen hätte auch mal einer laut werden können!«
Steffen sieht seinen Vater an.
»Aber du hättest Frankie gern irgendwie gezeigt, dass du zu ihm hältst, nicht wahr?«
»Ja …« Steffen stößt wieder die Luft aus.
»Vielleicht sitzt er zu Hause und wartet, dass du genau das tust. … Und wenn du willst, könnte ich heute Abend mit dir hingehen und mit Frankie und seinen Eltern besprechen, ob sie einen Zeugen für eine Anzeige brauchen.«
Der Vater hebt die Nase. Aus der Küche riecht es brenzlig. Er stürzt hinaus. »Verflixter Mist!«, hört man ihn schimpfen. Er reißt die Fenster auf.
Steffen muss lächeln. Da fällt sein Blick auf den Tisch. Dort liegt das Telefon.

53

4 Versöhnen – unsere Möglichkeit und Aufgabe

»Denn solange wir nicht vergeben, kreisen wir in unserem Denken und Fühlen ja um den anderen. Der andere hat dann Macht über uns, er bestimmt uns. Vergebung tut also auch uns gut. Simonton, ein amerikanischer Krebsarzt, meint, Groll und Wut seien Stressfaktoren, die unsere körperlichen Abwehrkräfte schwächen. Er setzt daher die Vergebung in der Krebstherapie ein.«

Anselm Grün

> ²¹Da trat Petrus zu ihm und fragte: Herr, wie oft muss ich meinem Bruder vergeben, wenn er sich gegen mich versündigt? Siebenmal? ²²Jesus sagte zu ihm: Nicht siebenmal, sondern siebenundsiebzigmal.
>
> *Mt 18,21-22*

> ²³Wenn du deine Opfergabe zum Altar bringst und dir dabei einfällt, dass dein Bruder etwas gegen dich hat, ²⁴so lass deine Gabe dort vor dem Altar liegen; geh und versöhne dich zuerst mit deinem Bruder, dann komm und opfere deine Gabe.
>
> *Mt 5,23-24*

> **Gott hat uns durch Christus mit sich versöhnt und uns den Dienst der Versöhnung aufgetragen.**
>
> *2 Kor 5,18*

Zeichen, die sagen:
Es soll wieder gut sein, es ist wieder gut:

sich in die Augen sehen
die Hand geben
wieder zusammen spielen
etwas gemeinsam tun
sich entschuldigen
ein freundliches Wort sagen
etwas verschenken
wieder miteinander reden
freundlich anschauen
einen Brief schreiben
bei einer Arbeit helfen
…

- *Euch fallen sicher noch weitere Möglichkeiten ein, Zeichen der Versöhnung zu geben …*
- *Wenn ihr euch eine Situation ausdenkt, in der jemand schuldig wird, dann ist es gar nicht schwierig, sich Entschuldigungen und Ausreden für diese Person auszudenken.*
Fallen euch auch Worte ein, mit denen derjenige zu dem stehen kann, was er getan hat, und Worte, mit denen er versuchen kann, die Sache wieder in Ordnung zu bringen?

Streit schlichten

Große Pause in der Realschule Sundern. Klaus aus der Klasse 7c sitzt auf einer Bank des Schulhofs und lernt in einem Buch. Sein Klassenkamerad Torsten kommt hinzu und beschimpft ihn: »Na, du Spinner, wieder am Streben?« Dabei schlägt er Klaus das Buch aus der Hand. Der beschwert sich: »Was soll das?« Ein Wort gibt das andere und plötzlich liegen beide am Boden und kämpfen miteinander. Mitschülerinnen und Mitschüler stehen dabei und klatschen und johlen. Die Lehrerin Frau Breuer ist auf dem Weg zur Sporthalle, wo ihre Klasse 5 auf sie wartet. Sie wird auf den Tumult aufmerksam, trotz ihrer Eile läuft sie hin und trennt die Streithähne.

Bis hierher ein Vorfall, wie er in den meisten Schulen so oder ähnlich immer wieder passieren kann. Frau Breuer würde sich nun wohl schnell ein Bild von dem Vorfall machen und eine Strafe oder sonstige Maßnahme verordnen. Mindestens einer der beiden Schüler könnte sich dabei ungerecht behandelt fühlen, seinen Groll mit sich in den Unterricht tragen und womöglich auf eine Gelegenheit warten, es dem anderen heimzuzahlen. Nicht so an der Realschule Sundern. Hier schickt Frau Breuer die Kontrahenten zur so genannten Streitschlichtung.

In einem eigens dafür hergerichteten Raum sitzen ältere Schüler und Schülerinnen, die als Streitschlichter ausgebildet sind. Eine oder einer von ihnen führt mit Klaus und Torsten ein Schlichtungsgespräch. Der Schlichter verhält sich dabei völlig neutral und achtet nur auf die Einhaltung von Gesprächsregeln und auf den festgelegten Gesprächsablauf.

Klaus und Torsten stellen nun nacheinander ihre Sicht des Vorfalls dar, ohne dass sie vom anderen unterbrochen werden. Sie reden dabei auch über ihre Beweggründe und Gefühle. Der Schlichter hilft ihnen ihre eigenen Anteile an dem Konflikt zu erkennen und zu entdecken, was sie anders hätten machen können. Jeder von beiden schreibt dann auf Kärtchen, welche Lösungen für den Konflikt er sich vorstellen kann. Diese Lösungen werden dann miteinander verglichen. Der Schlichter hilft wieder, dass sie sich auf eine gemeinsame Lösung verständigen können. Diese wird dann als schriftliche Vereinbarung festgehalten und von beiden unterschrieben. In zwei Wochen werden sich Klaus und Torsten wieder mit dem Schlichter treffen, um gemeinsam zu schauen, ob die Vereinbarung eingehalten wurde.

Da die beiden ihre Lösung selbst gefunden haben, gibt es keinen Sieger oder Verlierer. Klaus und Torsten können sich wieder in die Augen sehen, sich die Hand reichen und mit einem guten Gefühl zum Unterricht zurückkehren.

- Ihr habt sicher einige Ideen, welchen Anlass es für das Verhalten von Torsten gegeben haben könnte ...
- Ihr könnt für beide Beteiligten die Beweggründe und Gefühle aufschreiben, ihre Anteile am Konflikt, andere Verhaltensmöglichkeiten und Lösungsvorschläge.
- Bei folgender Adresse könnt ihr euch genauer über die Streitschlichtung informieren: learn:line.de; dann »streitschlichter« suchen.

5 Mitmachen, was alle tun? – Soziale Sünde

Aufmarsch von Rechtsradikalen: Wer macht den Mund auf?

Massentierhaltung: Wer verzichtet deshalb auf Fleisch?

Waldsterben: Wer verzichtet deshalb auf das Auto?

Kinderarbeit: Wer verzichtet deshalb auf billige Textilien?

In unserer Welt gibt es neben der persönlichen Schuld von Menschen auch die so genannte »soziale Sünde«, bei der für ein Unrecht nicht einzelne Personen klar verantwortlich gemacht werden können. Die Auswirkungen der sozialen Sünde sind aber nicht weniger schlimm, als wenn ein bestimmter Mensch anderen Böses tut. Das ist etwa der Fall, wenn

- Vorurteile gegen Minderheiten bestehen bleiben;
- die wirtschaftliche Benachteiligung von Menschengruppen in Kauf genommen wird;
- Arbeit so organisiert wird, dass sie Leben und Gesundheit schädigt;
- lebensnotwendige Grundstoffe sorglos verbraucht werden;
- Menschen Rechte vorenthalten werden.

Häufig werden so genannte »Sachzwänge« vorgeschoben, die es angeblich verhindern, dass Menschen uneingeschränkt zu ihrem Lebensrecht kommen.
Der Begriff der »sozialen Sünde« weist darauf hin, dass Menschen auch für die Gemeinschaften verantwortlich sind, in denen sie leben. An Unrecht kann man auch beteiligt sein, wenn man kritiklos mitmacht, was alle machen, wenn man sich unkritisch täuschen lässt, wenn man wegsieht, um jede Unbequemlichkeit zu meiden, oder wenn man feige zurückweicht.

- *Mit der Hilfe eures Lehrers/eurer Lehrerin könnt ihr weitere konkrete Beispiele finden und Material dazu sammeln.*

Auch die Kirche braucht Umkehr und Neuanfang

Am 12. März, dem 1. Fastensonntag des Jahres 2000, sprach Papst Johannes Paul II. im Petersdom im Namen der ganzen Kirche ein Schuldbekenntnis und eine Bitte um Vergebung für die Verfehlungen der Kirche aus. Die sieben Teile des Schuldbekenntnisses lauteten:
Lass unser Bekenntnis und unsere Reue vom Heiligen Geist beseelt sein. Unser Schmerz sei ehrlich und tief. Und wenn wir in Demut die Schuld der Vergangenheit betrachten und unser Gedächtnis ehrlich reinigen, dann führe uns auf den Weg echter Umkehr.
Lass jeden von uns zur Einsicht gelangen, dass auch Menschen der Kirche im Namen des Glaubens und der Moral in ihrem notwendigen Einsatz zum Schutz der Wahrheit mitunter auf Methoden zurückgegriffen haben, die dem Evangelium nicht entsprechen. Hilf uns Jesus Christus nachzuahmen, der mild ist und von Herzen demütig.
Lass das Eingeständnis der Sünden, die die Einheit des Leibes Christi verwundet und die geschwisterliche Liebe verletzt haben, den Weg ebnen für die Versöhnung und die Gemeinschaft aller Christen.
Lass die Christen der Leiden gedenken, die dem Volk Israel in der Geschichte auferlegt wurden. Lass sie ihre Sünden anerkennen, die nicht wenige von ihnen gegen das Volk des Bundes und der Seligpreisungen begangen haben, und so ihr Herz reinigen.
Lass die Christen auf Jesus blicken, der unser Herr ist und unser Friede. Gib, dass sie bereuen können, was sie in Worten und Taten gefehlt haben. Manchmal haben sie sich leiten lassen von Stolz und Hass, vom Willen, andere zu beherrschen, von der Feindschaft gegenüber den Anhängern anderer Religionen und den gesellschaftlichen Gruppen, die schwächer waren als sie, wie etwa den Einwanderern und den Sinti und Roma.
Lasst uns für alle beten, die in ihrer menschlichen Würde verletzt und deren Rechte unterdrückt wurden. Lasst uns beten für die Frauen, die allzu oft erniedrigt und ausgegrenzt werden. Wir gestehen ein, dass auch Christen in mancher Art Schuld auf sich geladen haben, um sich Menschen gefügig zu machen.
Lasst uns beten für alle Menschen auf der Erde,

besonders für die Minderjährigen, die missbraucht wurden, für die Armen, Ausgegrenzten und Letzten. Lasst uns für diejenigen beten, die am wenigsten Schutz genießen, für die ungeborenen Kinder, die man im Mutterleib tötet, oder jene, die gar zu Forschungszwecken von denen benützt werden, die Missbrauch getrieben haben mit den von der Biotechnologie gebotenen Möglichkeiten. So haben sie die Ziele der Wissenschaft entstellt.

- *Im Gespräch könnt ihr gemeinsam mit eurem Religionslehrer/eurer Religionslehrerin herausfinden, welche Schuld von Christen in den einzelnen Abschnitten konkret gemeint ist.*
- *Es gibt christliche Organisationen, die sich dem Dienst der Versöhnung widmen: das Maximilian-Kolbe-Werk, pax christi (s. S. 102) und andere. Aktuelle Informationen findet ihr im Internet.*

6 Versöhnung erfahren und feiern

Beichten war ich eigentlich schon lange nicht mehr ...

... aber ich weiß auch gar nicht, warum ich dies tun sollte. Wenn ich jemanden umgebracht hätte ... Aber dann würde die Beichte auch nicht weiterhelfen. Überhaupt, was soll ich eigentlich beichten?

... Ich finde, wenn ich etwas falsch gemacht habe, dann ist es meine Sache, dies in Ordnung zu bringen. Warum soll ich das dem Priester im Beichtstuhl sagen?

... Und überhaupt: Wer kann denn heute noch sagen, was gut und böse – was Sünde ist?

... Sicher gibt es manchmal Situationen, da kann ich Dinge nicht mehr wiedergutmachen. Da wäre ich froh, wenn es wieder in Ordnung käme. Da wünschte ich mir, dass mir jemand verzeihen könnte.

In der Kirche gibt es viele Formen der Versöhnung

Aus dem Vaterunser:	»... und vergib uns unsere Schuld, wie auch wir vergeben unseren Schuldigern«	s. Gotteslob Nr. 2,4
Aus dem »Allgemeinen Schuldbekenntnis« in der Messe:	»Ich bekenne Gott, dem Allmächtigen, und allen Brüdern und Schwestern ...«	s. Gotteslob Nr. 353, 3-6
Aus dem »Credo«:	»Ich glaube an den Heiligen Geist ... die Vergebung der Sünden ...«	s. Gotteslob Nr. 2,5
Bußgottesdienste:		s. S. 59, vgl. auch Gotteslob Nr. 55-57
Beichte:		s. S. 59, vgl. auch Gotteslob Nr. 58-66

All das verdeutlicht: Gott will immer wieder einen neuen Anfang schenken!

Größer als unser Herz

Wir schwingen uns gerne
zum Richter auf über andere:
Vor allem wissen wir,
was schlecht an ihnen ist
und wofür sie bestraft werden müssen.
Auch von uns selbst
wissen wir genau,
was nicht in Ordnung ist.
Wir halten es am liebsten geheim,
damit sich niemand
zum Richter aufschwingen kann
über uns.

Du aber sagst:
Ich richte nicht;
denn ich bin nicht gekommen,
um die Welt zu richten,
sondern um sie zu retten.
Du bist der Schöpfer einer neuen Zukunft,
Gott,
denn du willst uns vergeben.
Wenn unser Herz uns auch verurteilt:
Du bist größer als unser Herz.

- Vielleicht wollt ihr zum Thema »Versöhnung mit Gott« einmal einen Priester in euren Unterricht einladen.
- Gott will sich immer mit uns versöhnen. Wir müssen nur zulassen, dass er Verbindung mit uns aufnehmen kann: im Gebet, in seinem Wort, in der Kommunion, in einem Menschen, der Hilfe braucht ...
»Gott sendet immer, nur sind wir nicht immer auf Empfang«: Überlegt, wie sich dieser Satz darstellen lässt: als Bild, als Grafik, als Rap, als Standbild ...

Das Sakrament der Versöhnung

Es tut Menschen gut, wenn sie Vergebung erfahren und anderen vergeben können. Das haben euch die Texte und Bilder dieses Kapitels gezeigt. Gott vergibt immer. Die Frage ist, wie die Menschen daran glauben können. Die Kirche hat die Möglichkeit und den Auftrag, Gottes Versöhnung weiterzuschenken und die Freude über diese Versöhnung zu feiern.

Dazu gehören vier Merkmale:
– *Reue:* Wenn es einem Menschen leidtut, was er getan oder wie er sich verhalten hat, dann wird daran deutlich, dass er zukünftig anders handeln will.
– *Persönliches Bekenntnis:* Zu seinen Fehlern zu stehen bedeutet persönlich auszusprechen, was nicht in Ordnung war, und dafür Verantwortung zu übernehmen.
– *Wiedergutmachung:* Der Ernst des Willens zum Neuanfang zeigt sich in der Bereitschaft, dafür auch etwas zu tun.
– *Lossprechung:* Die feierlichen Worte des Priesters machen deutlich, dass Gottes Versöhnung wirklich gilt, sie bewirken Vergebung.

Für die sakramentale Feier der Versöhnung gibt es zwei Möglichkeiten:

Das Beichtgespräch
Es kann in einem Nebenraum der Kirche oder im Pfarrhaus stattfinden. Für viele ist die Atmosphäre eines Gesprächs persönlicher und vertrauter. Im Laufe der Aussprache bekennt der Beichtende seine Schuld und zeigt seine Bereitschaft zur Wiedergutmachung. Der Priester spricht die Vergebungsworte und legt dabei dem Beichtenden die Hände auf.

Die Beichte im Beichtstuhl
Sie ist die traditionelle Form der Beichte. Besonders in alten Kirchen ist der Beichtstuhl oft prunkvoll ausgestattet. Dies unterstreicht die Bedeutung des Sakraments. Der Priester handelt im Namen Christi und im Namen der kirchlichen Gemeinschaft. Nach dem Bekenntnis der Sünden spricht der Priester ein kurzes Wort der Verkündigung, auf das ein Gespräch folgen kann. Dann nennt er eine Buße, die die Bereitschaft zur Wiedergutmachung verdeutlichen soll, und er erteilt die Lossprechung mit den Worten, die du rechts oben lesen kannst:

> **Gott, der barmherzige Vater, hat durch den Tod und die Auferstehung seines Sohnes die Welt mit sich versöhnt und den Heiligen Geist gesandt zur Vergebung der Sünden. Durch den Dienst der Kirche schenke er dir Verzeihung und Frieden. So spreche ich dich los von deinen Sünden im Namen des Vaters und des Sohnes und des Heiligen Geistes. Amen.**

Welche Form der Beichte der Christ auch wählt, er braucht keine Sorge zu haben, dass er etwas falsch macht. Wenn er ernsthaft die Aussöhnung mit Gott und den Menschen, mit Jesus Christus und seiner Kirche sucht, wird jeder Priester ihm gerne dabei behilflich sein. Dies gilt für Kinder, die zum ersten Mal dieses Sakrament empfangen, ebenso wie für Jugendliche und Erwachsene, die nach langer Zeit wieder zur Beichte gehen.

Der gemeinsame Bußgottesdienst

Dies ist eine weitere Form der Versöhnungsfeier. Sie macht deutlich, dass Umkehr und Hinwendung zu Gott auch für die Gemeinschaft notwendig sind.
Im Bußgottesdienst bekennt die Gemeinde ihre Schuld und bittet Gott um Verzeihung. Im Hören und in der Auslegung des Wortes Gottes begegnet sie Jesus Christus und kommt dadurch auch zur Einsicht in ihre persönliche Schuld und Reue.
Auch wenn der Bußgottesdienst keine Form des Bußsakraments ist, so werden den Einzelnen dank der Fürbitte der Kirche wirklich ihre Sünden vergeben. Die Vergebung von schweren Sünden ist der persönlichen Beichte und Lossprechung vorbehalten.
In vielen Gemeinden werden vor allem in der Advents- und Fastenzeit Bußgottesdienste gefeiert.

Schuld kann lähmen,
geschenkte Vergebung kann befreien:

> **¹⁰Ihr sollt aber erkennen,
> dass der Menschensohn die Vollmacht hat,
> hier auf der Erde Sünden zu vergeben.
> Und er sagte zu dem Gelähmten:
> ¹¹Ich sage dir: Steh auf, nimm deine Tragbahre und geh nach Hause!
> ¹²Der Mann stand sofort auf, nahm seine Tragbahre und ging vor aller Augen weg.
> Da gerieten alle außer sich; sie priesen Gott und sagten:
> So etwas haben wir noch nie gesehen.**
>
> Mk 2,10-12

ein Stein fällt mir vom Herzen
ich springe befreit auf
mir ist leicht ums Herz
ich fühle mich erleichtert
ich könnte Luftsprünge machen,
mache Luftsprünge

...

5 Ich und du
Identität – Freundschaft – Liebe

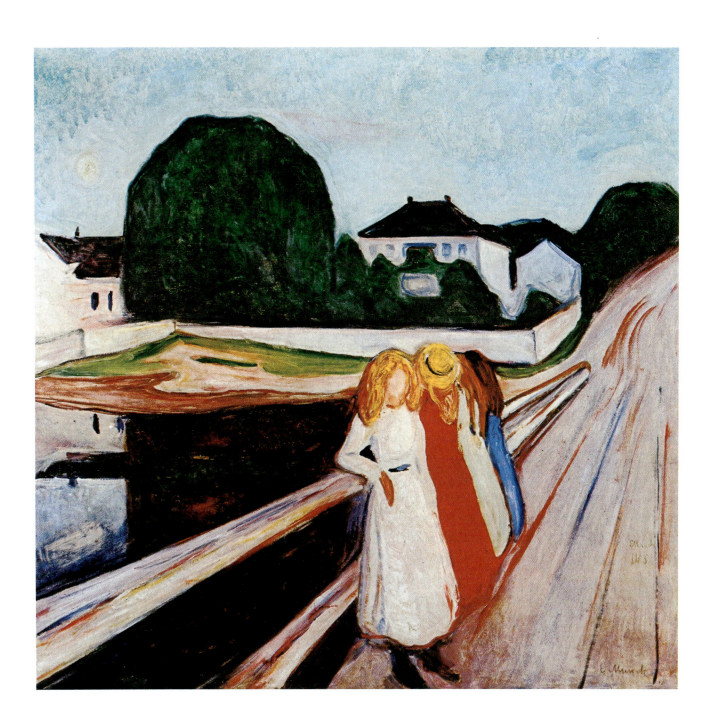

Leben lernen

Ist das ein Leben?

Es war einmal ein Regenwurm, der war sein ganzes Leben lang krank. Kaum hatte ihn seine Mutter auf die Welt gebracht, war er schon krank. Man merkte es an seiner unlustigen Art, dass ihm etwas fehlte. Der Wurmdoktor kam mit seinem Köfferchen gekrochen und fühlte ihm den Puls.
»Was fehlt ihm?«, fragte die Mutter ängstlich. »Er ist krank«, sagte der Wurmdoktor und machte ein besorgtes Gesicht. Die Mutter wickelte ihn in warme Sauerampferblätter ein und brachte ihm Schneckenschleim. Aber der Regenwurm blieb krank und zeigte keine Lebensfreude. Wenn die anderen Würmer spielen gingen, lag er krank in seinen Sauerampferblättern unter der Erde, er wusste nicht einmal, was Sonne und Regen sind. Er blieb auch krank, als er größer wurde. Nie verließ er sein Plätzchen unter der Erde, sondern lag immer in seinen Sauerampferblättern und aß traurig seinen Schneckenschleim. Drum wurde er auch nie von einer Amsel gefressen wie fast alle seine Kameraden und blieb die längste Zeit am Leben. Aber sagt mir selbst – ist das ein Leben?

Franz Hohler

Puppenspieler

Der alte Puppenspieler ist tot, riefen die Puppen in ihrem windigen Häuschen auf dem Pincio, die Königin, der Präsident, die Blumenkinder, der Hanswurst und das Krokodil. Endlich können wir uns bewegen, wie wir wollen, wir zappeln nicht mehr an seinen Drähten, seine Finger stecken nicht mehr in unseren Armen, Daumen und kleiner Finger und sein Mittelfinger in unserem Kopf. Die Stücke, die wir spielen, sind nicht mehr seine Erfindung, sie fangen nicht mehr an, wenn er den Vorhang aufzieht, und enden nicht mehr, wenn er ihn herunterlässt. Er kann uns, wenn wir ausgedient haben, nicht mehr in die Mülltonne stecken, wir sind nicht mehr seine Kreaturen, auch nicht seine lieben Kinder, er hat keine Macht mehr über uns, er ist tot. Damit schickten die Puppen sich an, ihr erstes Stück zu spielen, das »Das Begräbnis des Puppenspielers« hieß. Sie gingen hinter einer schäbigen Kiste her, der sie von Zeit zu Zeit kräftige Fußtritte versetzten. Dazu sangen sie Spottlieder und weinten heuchlerische Tränen, die keines besser zustande brachte als das Krokodil. Dieses Stück gefiel den Puppen so gut, dass sie es unaufhörlich wiederholten. Den Zuschauern gefiel es auch, aber mit der Zeit wurden sie unruhig. Sie hätten auch gern einmal etwas anderes gesehen.

Marie Luise Kaschnitz

- Erklärt die »Krankheit« des Regenwurms.
- Nehmt Stellung zu seinem Verhalten.
- Woher rührt die Freude der Puppen über den Tod des Puppenspielers?
- Worin unterscheidet sich das Verhalten der Marionetten vom Verhalten des Regenwurms?
- Wie wäre euer Verhalten/euer Empfinden während des Zuschauens gewesen?
- Klebt vorsichtig Fäden auf ein Blatt Papier. Denkt in Ruhe darüber nach, welche »Fäden« für euch wichtig sind, und schreibt dies in Stichworten dazu.

Raus aus dem Nest

Der Adler war nun alleine im Nest. Jedes Mal, wenn die Eltern in die Nähe des Nestes kamen, schrie er ärgerlich nach Nahrung. Doch sie kamen stets mit leeren Füßen – und das Junge wurde immer dünner. Es nagte die Knochenreste ab, die noch im Nest lagen. Es beobachtete einen Mistkäfer, pickte ihn heißhungrig auf und verschlang ihn. Seine erste eigene Beute. Tage vergingen – und während das Jungtier an Gewicht verlor, wurden seine Bewegungen immer schneller. Wenn der Wind nun über das Nest blies, schwebte es ab und zu für einen Moment in der Luft. Oft flogen die Eltern mit erbeuteten Tieren dicht am Nest vorbei, einmal mit einem kleinen Kaninchen, einmal mit einer Ratte. Obwohl das Adlerjunge nun fast immer hungrig war, wurde es zunehmend spielerischer. Und es war fast immer alleine im Nest. Auch des Nachts wurde es nun nicht mehr durch die Eltern gewärmt. Ein später Nachtfrost kam und der kalte Wind blies durch seine Federn und den ganzen Körper. Wenn die Sonne wieder hervorkam, wärmte es sich an ihren Strahlen auf – und wieder wiegte es seinen ganzen Körper im warmen Wind, nun leicht und muskulös. Dicht am Nest flog ein Elternvogel vorbei – mit einem Murmeltier zwischen den Krallen. Fast verlor das Junge sein Gleichgewicht, so sehr gierte es nach der Beute. Die Eltern kamen zurück – als wollten sie es locken ... und leicht wie der Wind schwebte es durch die Lüfte, zum ersten Mal in seinem Leben. Der junge Adler segelte durch das Tal, begann nach Beute zu schauen – und landete hart auf dem Boden. Als er sich aufrappelte, ließ der Elternvogel das Murmeltier neben ihm fallen. Halb stolpernd, halb fliegend stürzte er sich auf die Beute und fraß sich satt.

Frances Hamerstrom

Der Aufbruch

Ich befahl mein Pferd aus dem Stall zu holen. Der Diener verstand mich nicht. Ich ging selbst in den Stall, sattelte mein Pferd und bestieg es. In der Ferne hörte ich eine Trompete blasen, ich fragte ihn, was das bedeute. Er wusste nichts und hatte nichts gehört. Beim Tore hielt er mich auf und fragte:
»Wohin reitest du, Herr?«
»Ich weiß es nicht«, sagte ich, »nur weg von hier, nur weg von hier. Immerfort weg von hier, nur so kann ich mein Ziel erreichen.«
»Du kennst also dein Ziel?«, fragte er.
»Ja«, antwortete ich, »ich sagte es doch: ›Weg-von-hier‹, das ist mein Ziel.«
»Du hast keinen Essvorrat mit«, sagte er.
»Ich brauche keinen«, sagte ich, »die Reise ist so lang, dass ich verhungern muss, wenn ich auf dem Weg nichts bekomme. Kein Essvorrat kann mich retten. Es ist ja zum Glück eine wahrhaft ungeheure Reise.«

Franz Kafka

- Erstellt in Gruppen eine Collage mit Bildern, Texten und Zeichnungen zu dem Thema »Lebensschule«. Macht deutlich, wo gute und wo schlechte »Fäden« sind.
- Auf welche Reise begibt sich der Ich-Erzähler aus dem Text »Der Aufbruch«? Wo liegt »Weg-von-hier«?

Das Leben suchen ...

In seinem Sing-Spiel »Tabaluga oder die Reise zur Vernunft« erzählt der Rocksänger Peter Maffay folgende Geschichte mit Bildern aus der Tierwelt: Tyrion schickt seinen Sohn, den kleinen, verspielten Drachen Tabaluga, fort ins Leben: »Wer erwachsen werden will, der muss auch vernünftig werden. Suche die Vernunft!« Tabaluga begegnet auf seiner Reise verschiedenen Wesen mit unterschiedlichsten Meinungen und Einstellungen zum Leben.

Der alte Drache

Tabaluga, hör mir zu,
heut bist du noch klein,
aber schneller, als du denkst,
wirst du erwachsen sein.
Du bist nicht als Lamm geboren
und nicht als Schmetterling,
damit du das nie vergisst,
geb ich dir diesen Ring.

Refrain
Genieße jeden Tag deiner Kinderzeit,
aber wenn der Ring zerspringt,
dann mach dich bereit.
Genieße jeden Tag, jeden Augenblick,
denn in deine Kinderwelt
gibt es kein Zurück.

Tabaluga, hör mir zu,
wer seine Macht nicht kennt,
der wird mit dem Feuer spielen,
bis er sich selbst verbrennt.
Sieh den Adler, der dort
oben auf dem Felsen sitzt,
er wird keinen Kampf riskieren,
solang der Ring dich schützt.

Die Ameisen

Stell dir vor, du wirst geboren,
irgendwo frei wie der Wind,
wär dein Leben nicht verloren,
noch bevor es recht beginnt?
Nutzlos wären deine Tage,
all dein Tun wär ohne Ziel,
verstehst du jetzt, das ist die Frage,
nur gemeinsam sind wir viel.

Arbeit ist das halbe Leben,
das liegt halt bei uns so drin,
Ordnung ist die andre Hälfte,
nur mit Ordnung hat das Leben Sinn.
Gehorsam dienen, Pflicht und Macht.
Alles muss geregelt sein,
wenn es geht auch Tag und Nacht,
so nur kann der Staat gedeih'n.

Pünktlich morgens aufzustehn
und sich in die Schar zu reihn,
die dann froh zur Arbeit gehn,
so muss die Gemeinschaft sein.
Straßen bauen und reparieren,
Hand in Hand und Frau und Mann,
und mit Sauberkeit sich zieren,
dass man sich drin spiegeln kann.

All das ist nur durchzuführen,
schafft man Zukunft mit System,
Tag für Tag und Jahr für Jahr,
das ist außerdem bequem.
Der Einzelne braucht nicht zu denken,
wenn die Führung funktioniert,
dieses Glücksgefühl zu schenken,
wird vom Staate garantiert.

Kaulquappenschule

Gut gehüpft ist halb gesprungen
und was nicht schiefging, ist gelungen.
Brennt die Sonne glühend heiß,
rinnt der Schweiß auch ohne Fleiß.

Halt deinen Mund so gut es geht,
wenn dir das Wasser bis zum Hals steht.
Riskiere niemals Kopf und Kragen,
drum bade nicht mit vollem Magen.

Das Leben ist zum Weinen
und zum Lachen,
man muss sich nur den rechten Reim
drauf machen.
Das Schicksal ist viel leichter
zu ertragen,
mit einem Spruch für alle Lebenslagen.

Wenn noch so schön die Sterne funkeln,
trau niemals einem Storch im Dunkeln.
Sei jederzeit bereit zum Sprung,
bei Nacht und in der Dämmerung.

Steck deinen Kopf nicht in den Sand,
gib jedermann die rechte Hand.
Verwechsle niemals Dein und Mein
und lass mal fünfe gerade sein.

Die alte Schildkröte

Ich wollte nie erwachsen sein,
hab immer mich zur Wehr gesetzt.
Von außen wurd ich hart wie Stein
und doch hat man mich oft verletzt.

Irgendwo tief in mir bin ich ein Kind
geblieben.
Erst dann, wenn ich's nicht mehr spüren
kann,
weiß ich, es ist für mich zu spät,
zu spät, zu spät.

Unten auf dem Meeresgrund,
wo alles Leben ewig schweigt,
kann ich noch meine Träume sehn
wie Luft, die aus der Tiefe steigt.

Ich gleite durch die Dunkelheit
und warte auf das Morgenlicht.
Dann spiel ich mit dem Sonnenstrahl,
der silbern sich im Wasser bricht.

- *Welche unterschiedlichen Ratschläge erhält Tabaluga?*
- *Welchen Ratschlag würdest du Tabaluga geben? Welche Tierrolle würdest du dazu wählen?*

... sich selbst finden

Cool sein

Manchmal sagen mir die Leute
man darf sein Gefühl nicht zeigen
denn die andern wünschten heute
lächelndes Geschwätz und Schweigen
    Und wer dieses Spiel nicht spielt
    wird daran zugrunde gehen
    weil man auf die Schwächen zielt
    dürfen andre sie nicht sehn

»Cool« ist eins der Lieblingsworte
Gut getarnt scheint halb gewonnen
Eisgesicht aus der Retorte
Produktion hat schon begonnen
    Wenn man weint, ist man kein Mann
    Kummer darf nie offen sein
    weil nicht sein darf, was nicht kann
    also heule stets allein

Lächerlich will ich mich machen
dass die Leute endlich merken
nur wer weint, kann wirklich lachen
nur wer schwach ist, hat auch Stärken
    Nur wer seine Trauer zeigt
    Wut und Angst und Liebe auch
    wer sein Fühlen nicht verschweigt
    kriegt dafür auch, was er braucht

Wir sind nicht dazu geboren
um uns ewig zu verstellen
Wirklich sind wir nur verloren
wenn wir mit Hunden bellen
    Und Enttäuschungen tun not
    was man gibt, kriegt man zurück
    wer nicht leiden kann, ist tot
    nur wer Trauer kennt, kennt Glück

Nur wer schreien kann, ertrinkt nicht
nur wer fällt, wird aufgehoben
nur wer Dunkel kennt, der kennt Licht
nur wer unten war, kennt oben
    Grade, wer verletzlich bleibt
    und wer Angst und Hoffnung kennt
    wer sich an sich selber reibt
    ist, was man den Menschen nennt

Bettina Wegner

Peter Blake, 1968

- Was bedeutet für dich »cool« sein?
- Suche aus Illustrierten und Prospekten Menschen und Lebensbedingungen, die »cool« sind.
- Der Text gibt Hinweise darauf, dass zum Menschsein mehr gehört ...
- Erstellt gemeinsam eine lebensgroße Umrisszeichnung eines Menschen auf Tapete oder Packpapier und ergänzt sie mit Bildern und Begriffen, die zum Menschsein gehören. Gibt es Unterschiede für Mädchen und Jungen bzw. Frauen und Männer?

In einen neuen Lebensabschnitt übergehen

Wenn ich allein sein will

Damals saß sie oft auf dem Klo. »Immer sitzt sie auf dem Klo!«, behauptete ihre Mutter. »Nur wenn ich alleine sein will, gehe ich aufs Klo!«, erklärte sie und ihre Mutter schnaubte verächtlich durch die Nase und verdrehte die Augen – einmal im Kreis herum – mit einem doppelten Lidschlag. Das hieß: O guter Gott im Himmel, so hör dir das an, allein will sie sein, wozu will sie denn allein sein, was braucht ein Kind allein zu sein? »Wenn sie auf dem Klo ist«, sagte ihr Vater, »dann muss ich wenigstens die verdammte Negermusik nicht anhören!« Sie drehte das Radio ab. »Lass es! Gleich kommen die Nachrichten!«, rief der Vater. Sie drehte das Radio an und ging aufs Klo.

Das Klo war auf dem Gang. Drei Schritte vor ihrer Wohnungstür. Gegenüber der Tür der Frau Simon. Die Klotür war kornblumenblau gestrichen, mit weißen Rändern an den Türfüllungen. Die Klotür hatte ein großes Schlüsselloch, zu dem ein riesiger schwarzeiserner Schlüssel passte. Der riesige schwarzeiserne Schlüssel riss angeblich die großen Löcher in ihre Hosentaschen. Sie holte den riesigen schwarzeisernen Schlüssel aus der Hosentasche und sperrte das Klo auf. Das Klo gehörte ihr. Der Herr Hauser hatte es ihr geschenkt.

Für drei Milchkaramellen die Woche. Zuerst hatte sie den Untermietvertrag nur abgeschlossen, weil ihre Eltern und die Berger so sehr dagegen waren. Inzwischen gehörte das Klo seit einem Jahr ihr. Inzwischen brauchte sie das Klo …

Sie hatte einen Stoß Bücher auf dem Klo und eine Menge Comics, eine Taschenlampe, weil kein elektrisches Licht dort war, und eine alte Strickjacke, weil es oft ziemlich kalt dort war. Sie las selten. Meistens saß sie auf der Muschel und dachte darüber nach, wie man das Klo gemütlich einrichten könnte. Mit Klappbett und Stehlampe und Sessel und Klapptisch. Jede Kleinigkeit plante sie. Sogar an ein Türschild dachte sie. An ein rosarotes Türschild mit der violetten Schrift: LOTTE PRIHODA. Oder sie schrieb Briefe auf dem Klo. Briefe an ihre Mutter und die alte Berger und die Lehrerin und die alte Meier. Wütende, beleidigende Briefe mit allen Schimpfwörtern, die sie kannte. Auch mit denen, die sie nie laut zu sagen wagte. Dann nahm sie ein Zündholz, zündete die Briefe an und warf die brennenden Papierfetzen in die Klomuschel. Am liebsten aber tat sie gar nichts. Saß hinter der verriegelten Tür, die Ellbogen auf die Knie gestützt, den Kopf in die Handflächen gelegt. Den Kloschlüssel hatte sie abgezogen. Niemand wusste, dass sie hinter der Klotür hockte. Sie hörte Schritte, Schritte weit weg, Schritte an der Klotür vorbei, Schritte im Hof unten, hörte Stimmen, Keifen, Gelächter, Türgeklingel und Türschlagen, Mistkübeldeckel auf- und zuklappen, Teppichklopfen, Kanarienvogelgepiepse und Klospülungen über und unter ihr. Von ihr aber hörte niemand etwas und das war angenehm für sie. Manchmal rauchte sie auf dem Klo …

Christine Nöstlinger

- Wo fällt es dir leicht, für Lotte Verständnis aufzubringen?
- Was würdest du kritisieren?
- Spielt die Szene »Lotte und ihre Eltern beim Abendbrot«. Welche Gespräche könnten entstehen? Wie reagieren Lottes Mutter und Lottes Vater?
- Klärt gemeinsam den Unterschied zwischen Alleinsein und Einsamkeit.

Mutter und Tochter

In meiner Heimatstadt lebte eine Frau mit ihrer Tochter. Beide wandelten im Schlaf.
Eines Nachts, als alle Welt schlief, trafen sich Mutter und Tochter schlafwandelnd in ihrem nebelverhangenen Garten.
Und die Mutter sprach: »Endlich hab ich dich, Feindin! Du warst es, die meine Jugend zerstörte und auf den Ruinen meines Lebens bist du groß geworden. Ich möchte dich töten!«
Und die Tochter erwiderte: »Verhasstes Weib, selbstsüchtige Alte! Immer noch stehst du meiner Freiheit im Weg. Mein Leben soll wohl immer ein Echo deines Lebens sein? Ach, wärest du doch tot!«
In diesem Augenblick krähte der Hahn und beide Frauen erwachten. Voller Sanftmut fragte die Mutter: »Bist du es, mein Herz?«
Und die Tochter antwortete sanftmütig: »Ja, liebe Mutter.«

Khalil Gibran

Der kleine Krebs und die Sonne

Auf dem Meeresboden wühlte sich ein kleiner, emsiger Krebs durch den Sand. Wie die meisten Lebewesen, die lange Zeit im Finstern leben müssen, war er kurzsichtig. Er stolperte umständlich um große und kleine Muschelhäuser und stieß mit seiner Nase gegen manche Wasserpflanze, ehe er staunend vor einem goldbraun schimmernden Bernstein verharrte, der in all der Dunkelheit freundlich funkelte und glitzerte. Der kleine Krebs kniff seine sehschwachen Augen zusammen, putzte seine Brille und glaubte, seinem Blick nicht mehr trauen zu können. So etwas hatte er noch nie gesehen.
»Du leuchtest so schön, kleiner Stein!«, begrüßte er ihn freundlich. »Wie machst du das?«
»Ich mache es nicht«, antwortete ihm der Stein. »Ich lasse es an mir geschehen. Es kommt von etwas Größerem, als ich es selber bin. Ich öffne mich ganz dem Licht der Sonne, die weit hinter der Oberfläche des Meeres verborgen ist. Ihre Strahlen reichen aber bis auf den dunklen Meeresboden. Eigentlich leben wir alle hier unten von ihr, aber nur die wenigsten wollen das glauben. Sie sagen: ›Es gibt nur das, was man sehen kann. Die Sonne kann man nicht sehen, also gibt es sie auch nicht.‹ Wieder andere sagen: ›Wenn es die Sonne wirklich gibt, warum ist es dann hier bei uns so dunkel? Nein, wenn es sie wirklich gäbe, dann müsste es doch viel heller und freundlicher auf dem Meeresboden aussehen. In dieser Dunkelheit können wir jedenfalls nicht an das Licht glauben.‹ Schade ist das!«, fuhr der kleine Stein traurig fort. »Dabei könnte das Leben hier unten so freundlich, hell und schön sein. Nein, diese Dunkelheit müsste wahrhaftig nicht sein.«
»Auch ich habe von der Sonne nur in einigen Kindermärchen gehört. Gibt es sie denn wirklich?«, fragte der kleine Krebs erstaunt.
»Aber ja«, antwortete der Bernstein. »Wie sonst könnte ich funkeln? Ich will dir ein Geheimnis verraten: Du musst durchsichtig werden für die Sonne, die hinter dir verborgen ist. Du wirst spüren, wie sie dich durchleuchtet – sehen können es aber nur die anderen. Wenn du dir auch noch so klein vorkommst, kleiner Krebs, wenn das Licht der Sonne dich erst durchleuchtet, wirst du groß und wichtig sein. Durch dein lebendiges Wesen wird die Sonne hier in der Finsternis sichtbar werden. Du musst dich nur ergreifen lassen. Wer das Licht nämlich nicht an sich herankommen lässt, in den wird es auch niemals eindringen.«
Dankbar verließ der kleine Krebs diesen Ort und weil die Freude die Schwester der Dankbarkeit ist, hüpfte, sprang und tänzelte er über den sandigen Meeresboden.

Weil er sich so freute, fiel er einem Seepferdchen auf, das ebenso vornehm wie hochnäsig seine Bahnen zog.
»Sag, was hast du hässlicher Krebs für einen Grund, dich so zu freuen? Bin am Ende ich es, der dir in seiner Anmut und Schönheit solche Freude abnötigt?«
Voller Begeisterung erzählte der Krebs von seiner Begegnung und seine Stimme überschlug sich beinahe vor Eifer: »Wir brauchen nur durchsichtig zu werden für die Sonne. Sie liegt hinter uns verborgen – über der Oberfläche.«
»Durchsichtig werden für etwas, das hinter mir verborgen ist? So ein Quatsch!«, zirpte das Seepferdchen empört. »Hinter mir ist nichts mehr, ich habe an mir selbst genug. Ich selbst bin das Größte, in mir fange ich an und in mir höre ich auf. Was soll mir dein Gerede?« Darauf hob es seinen Kopf noch höher und schwamm stolz weiter.
»In mir fange ich an und in mir höre ich auf«, wiederholte der kleine Krebs nachdenklich die letzten Worte des Seepferdchens.
Auch einem dicken Tintenfisch erzählte der Krebs von seiner Begegnung und seiner neuen Erfahrung. Der Tintenfisch aber lachte nur laut grunzend über so viel jugendliche Einfalt. Dann nahm er den kleinen Krebs väterlich in einen seiner zahlreichen Arme und klärte ihn auf. »Mein lieber Junge, du musst erwachsen werden. Der Kampf ist die Wirklichkeit unseres Lebens. Jeder muss für sich allein und gegen alle kämpfen, um sich Leben und Lebensraum zu sichern. Ohne Kampf gibt es kein Überleben; fressen oder gefressen werden! Dabei müssen wir uns mit unserer Einsamkeit abfinden. Das ist zwar traurig, aber nicht zu ändern. Um ein geschickter Kämpfer sein zu können, habe ich einige Düsen, durch die ich tintenfarbenen Nebel gegen meine Gegner versprühen kann. In solch einer tiefblauen Wolke kann ich mich dann verstecken. Es ist eine Schwäche und somit gefährlich, erkannt oder sogar durchschaut zu werden. Solche Schwachstellen, mein Lieber, werden zum Angriff genutzt. Durchsichtig werden? Sieh dich nur vor, sonst wird dein Leben ein kurzer Traum!«, sprach der Tintenfisch und stieß eine so gewaltige Tintenwolke aus, dass es dem kleinen Krebs noch schwärzer vor Augen wurde, als es ihm ohnedies schon war.
Es gäbe noch viel zu erzählen von der Wanderung des kleinen Krebses über den Meeresgrund. Er musste lernen, wie schwer es ist von einer Wirklichkeit zu erzählen, die man nicht sehen kann, weil sie verborgen ist. Auf offene Ohren stieß der kleine Kerl nur bei den so genannten kleinen Fischen.
Manchmal verlor er beinahe den Mut und den Glauben an die Sonne. Aber dann tat es ihm gut, mit den

anderen Kleinen zusammenzuhocken und den großen Traum zu träumen:
Einmal werden sich alle Lebewesen im großen Meer dem Licht der Sonne geöffnet haben und lebendige Bilder der verborgenen Wirklichkeit sein. Einmal wird es hell und freundlich auf dem dunklen Meeresboden sein und es wird Spaß machen zu leben. Der kleine Krebs merkte es kaum, aber mit der Zeit wurde er immer durchsichtiger und leuchtender. Eines Tages starb er.
Es mag ein Wunder sein, denn genau an der Stelle, an der man ihn begrub, bildete sich ein kleiner Bernstein. Dieser Stein ist wie der Gestalt gewordene Glaube des kleinen Krebses und erzählt noch heute von seinem Traum.

Ulrich Peters

Odilon Redon, 1898

- *Der Krebs ist ein Schalentier – Sprecht über die symbolische Bedeutung.*
- *Wofür wurde der kleine Krebs »durchsichtig«?*
- *Was würde bei dir sichtbar, wenn du »durchsichtig« wärst?*
- *Sprecht darüber, warum es vielen Menschen schwerfällt, »durchsichtig« zu werden.*
- *Falte ein Blatt Papier zur Hälfte und schreibe auf die eine Seite, was von dir sichtbar ist oder sichtbar werden kann. Auf der anderen Seite notiere das, was du verborgen halten möchtest.*
  Denke darüber nach, wann und wem gegenüber sich eine Veränderung der Aufteilung ergeben kann.

Lieben lernen

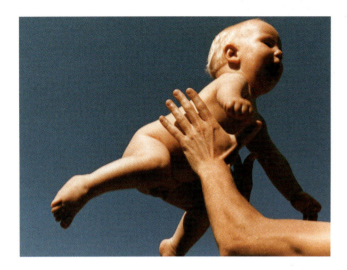

Empfangen und weitergeben

Kinder lernen ihr Leben

Ein Kind, ständig benörgelt und bekrittelt –,
es lernt andere zu verachten.
Ein Kind, ständig lächerlich gemacht und bloßgestellt –,
es lernt, sich nichts zuzutrauen.
Ein Kind, ständig in seinen Gefühlen beschämt –,
es lernt, sich schuldig zu fühlen.
Ein Kind, auch mit seinen Unarten ertragen –,
es lernt geduldig zu sein.
Ein Kind, ermutigt zum Wagnis –,
es lernt vertrauen.
Ein Kind, für seinen Einsatz gelobt –,
es lernt die anderen zu schätzen.
Ein Kind, fair als Partner behandelt –,
es lernt gerecht zu sein.
Ein Kind, beschützt in der Verlässlichkeit seiner Welt –,
es lernt den Glauben an das Gute.
Ein Kind, angenommen in gegenseitiger Anerkennung –,
es lernt, sich für wertvoll zu halten.
Ein Kind, geborgen in Freundlichkeit und Zuneigung –,
es lernt die Liebe in der Welt zu entdecken.

Was bedeutet das: zähmen?

»Guten Tag«, sagte der Fuchs. »Guten Tag«, antwortete höflich der kleine Prinz, der sich umdrehte, aber nichts sah.
»Ich bin da«, sagte die Stimme, »unter dem Apfelbaum …«
»Wer bist du?«, sagte der kleine Prinz. »Du bist sehr hübsch …«
»Ich bin ein Fuchs«, sagte der Fuchs.
»Komm und spiel mit mir«, schlug ihm der kleine Prinz vor. »Ich bin so traurig …«
»Ich kann nicht mit dir spielen«, sagte der Fuchs. »Ich bin noch nicht gezähmt!«
»Ah, Verzeihung!«, sagte der kleine Prinz.
Aber nach einiger Überlegung fügte er hinzu: »Was bedeutet das: ›zähmen‹?« …
»Das ist eine in Vergessenheit geratene Sache«, sagte der Fuchs. »Es bedeutet: sich vertraut machen.«
»Vertraut machen?«
»Gewiss«, sagte der Fuchs. »Du bist für mich noch nichts als ein kleiner Knabe, der hunderttausend kleinen Knaben völlig gleicht. Ich brauche dich nicht und du brauchst mich ebenso wenig. Ich bin für dich nur ein Fuchs, der hunderttausend Füchsen gleicht. Aber wenn du mich zähmst, werden wir einander brauchen. Du wirst für mich einzig sein in der Welt. Ich werde für dich einzig sein in der Welt … Bitte … zähme mich!«
»Was muss ich da tun?«, sagte der kleine Prinz. »Du musst sehr geduldig sein«, antwortete der Fuchs. »Du setzt dich zuerst ein wenig abseits von mir ins Gras. Ich werde dich so verstohlen, so aus dem Augenwinkel anschauen und du wirst nichts sagen. Die Sprache ist die Quelle der Missverständnisse. Aber jeden Tag wirst du dich ein bisschen näher setzen können …«

Antoine de Saint-Exupéry

- »Jeder Mensch kann nur so viel Liebe weitergeben, wie er selbst in seinem eigenen Leben empfangen hat.« Was sagst du dazu?
- Der Fuchs erklärt dem kleinen Prinzen, was »zähmen« bedeutet. Wie sieht »zähmen« im menschlichen Miteinander aus?
- *Wie kannst du umschreiben, was für dich »Liebe« bedeutet?*

Keith Haring, 1988

Von mir aus

Ich habe zwei kleine Kieselsteine gefunden,
die waren so grau wie deine Augen.

Ich habe meine Hand in ein Wasser gehalten,
das war so weich wie deine Haut.

Mir hat ein Wind ins Gesicht geweht,
der war so warm wie dein Atem.

Ich habe mir ein kleines Feuer angezündet,
das war so rot wie deine Haare.

Ich habe einen glänzenden Käfer gefangen,
der war so schwarz wie deine Seele.

Jetzt brauchst du nicht mehr bleiben,
jetzt kannst du gehen.

Christine Nöstlinger

Herzklopfen

Wenn ich ich bin,
weil ich ich bin,
und du du bist,
weil du du bist,
dann bin ich ich,
und dann bist du du,
Wenn aber ich ich bin,
weil du du bist,
und du du bist,
weil ich ich bin,
dann bin ich nicht ich,
und du bist nicht du

Rabbi Mendel

Annäherung

Auch eine Liebesgeschichte

Britta steht auf dem Hof. Sie steht alleine und sie sieht mies aus. Seit Tagen ist es immer dasselbe: Mit dem Pausengong erhebt sie sich, durchquert die Klasse, geht auf den Hof und bleibt dort, fast regungslos, am immer gleichen Platz stehen. Wenn einer kommt, sie anquatscht, dann reagiert sie entweder gar nicht oder sie sagt: »Lass mich in Ruhe!« Immer nur: »Lass mich in Ruhe!«
Bert hat es auch schon ein paar Mal probiert. Ist zu ihr hingelaufen, hat so was wie »Lass uns doch reden!« gesagt.
»Lass mich in Ruhe!« Also gut, hat er gedacht, dann lassen wir sie halt, die Gnädigste! Die anderen haben alles beobachtet. Sie versuchen zwar, sich nichts anmerken zu lassen, aber Bert spürt es genau.
»Wer nicht will, der hat schon!«, sagt er. Er spürt, dass sie denken, er sei an allem schuld. Sie sagen nichts. Sie tun, als wäre nichts. Sie verhalten sich scheinbar so völlig normal. Aber nur scheinbar!
In Wirklichkeit verständigen sie sich untereinander: mit den Augen, mit irgendeinem bedeutungsvollen Grinsen ...
Bert steht bei den andern und fühlt sich allein. Obwohl er versucht, an etwas anderes zu denken, muss er immer wieder zu Britta hinüberschauen. Wahrscheinlich haben das alle längst bemerkt, wahrscheinlich feixen sie jetzt wieder hinter seinem Rücken. Sie werden denken, dass er einen Stich hat.
Plötzlich läuft er einfach los. Sein Gang hat etwas Roboterhaftes. Unbeholfen und eckig sind die ersten Schritte und er spürt hunderttausend Blicke in seinem Rücken. Sie werden ihn jetzt nicht aus den Augen lassen! Es ist ihm egal. Er geht direkt in Brittas Richtung.
Sie hat nur einmal kurz hochgeschaut. Als sie ihn hat kommen sehen, hat sie seinen Blick gemieden. »Ich halte das nicht aus!« Eigentlich ist das gar nicht er, der da redet. Einer in ihm hat das gesagt.
Sie sagt nichts. Steht da, starrt auf den Boden und sagt nichts. Sagt nichts, tut nichts, steht nur blöde rum! Ihm kommen schon wieder alle Zweifel der Welt. Hat er das denn eigentlich nötig? Vielleicht sollte ich sie wirklich in Ruhe lassen.
Und dann fasst er sie plötzlich an. Mitten in seine Überlegungen hinein berühren seine Fingerspitzen ihren Arm. Dann legt er seine Hand flach auf ihre Schulter.
Das war wieder nicht er! So wie diese Stimme einfach anfängt zu reden, so fasst jetzt plötzlich einer nach ihrer Schulter. Mein Gott ist das blöd! Sie wird gleich losbrüllen: »Lass deine Pfoten bei dir!«
Aber sie brüllt nicht. Sie reagiert überhaupt nicht. Vielleicht, denkt Bert, hat sie gar nicht bemerkt, dass ich hier bin. Es sieht fast so aus. Seine Gedanken gehen kreuz und quer. Da steht er nun, der großartige Bert Höppes, mit ausgestrecktem Arm Richtung Britta Steiger. Das wird ein Bild sein! Wahrscheinlich versammeln sie sich jetzt überall in großen Lästerhaufen: »Guck doch mal da, ist das nicht rührend!«
Es ist ihm egal. Hauptsache, sie schreit nicht gleich los. Hauptsache, sie – ach, er weiß ja selber nicht, was. Für einen kleinen Moment verstärkt er den Druck auf ihre Schulter. Diesmal war's kein Fremder in ihm, diesmal war er's selber: Er drückt sie sanft und lässt sie wieder los. Sollen die andern doch denken, was sie wollen. Hauptsache, sie – er will halt –, er rückt noch ein bisschen näher an sie ran.
In diesem Augenblick hebt Britta ihren Kopf ein ganz, ganz klein wenig. Also hat sie doch etwas gemerkt. Sie ist also doch nicht so ganz und gar abwesend. Sie hat, denkt Bert, und plötzlich lächelt sie ihn an. Es ist ein kaum wahrnehmbares Lächeln. Es ist noch kaum zu sehen, aber es kommt ganz langsam immer näher!

Wolfgang Rudelius

- Versetze dich in die Lage von Bert und schildere aus Berts Sicht die Stufen der Annäherung. Welche Gefühle entwickeln sich?
- Was veränderte sich, wenn die Rollen vertauscht wären, und Britta auf Bert zuginge?

Pablo Picasso, 1954

Verliebt?

Stefan sitzt in der Bank neben Melanie. Alle andern Jungen sitzen neben Jungen. Nur Stefan sitzt neben einem Mädchen. Er sitzt gern neben Melanie.
Die Jungen hänseln Stefan und Melanie. Auch die Mädchen hänseln sie. Sie sagen: Stefan ist verliebt in Melanie! Oder: Melanie ist verliebt in Stefan.
Stefan wird rot und auch Melanie wird rot.
Sie getrauen sich gar nicht mehr miteinander zu sprechen. Am liebsten möchte Stefan nicht mehr neben Melanie sitzen, obwohl er sie mag. Woher wissen die, dass ich in Melanie verliebt bin, denkt Stefan. Er selbst weiß nicht, ob er verliebt ist. Er weiß überhaupt nicht, wie Verliebtsein ist.
Er fragt seine Mutter: Wie ist das, wenn man verliebt ist? Es kribbelt im Bauch und rumort in der Herzgegend herum, sagt sie.
Mich sticht es in die Seite, sagt Stefan. Das kommt nicht von der Liebe, das kommt vom Fußballspielen, sagt die Mutter.
Diese Blödmänner, denkt Stefan, ich bin doch gar nicht verliebt in Melanie! Ich mag sie! Und fertig!

Karin Gündisch

Die erste Liebe

Christine war siebzehn, als ihr Vater Gedanken wälzte, die er sich bisher nicht zu machen brauchte. Chris war ein hübsches Mädchen. Außenstehende mochten sich darüber wundern, wie sehr sie immer noch an den Eltern hing. Jetzt aber blieb Christine schon seit einiger Zeit nicht mehr sonntags bei ihren Eltern. Sie besuchte auch nicht ihre Freundin Helga, sondern sie ging – wie sie sagte – allein durch den Park. Sie blieb lange aus, nutzte regelmäßig die Ausgeherlaubnis bis zehn Uhr abends, die der Vater seinem großen Mädchen erteilt hatte. Noch etwas war den Eltern aufgefallen: Chris verschwand immer ohne rechten Abschiedsgruß an den Sonntagen. Nur bevor die Tür zufiel, tönte ein lautes »Tschau«, dann sahen Vater und Mutter sie erst spätabends wieder. Die Mutter hatte auch bemerkt, dass Lippenstift, Augenbrauenstift und anderes aus ihrem Make-up verhältnismäßig rasch schwanden.

An einem Sonntag aber wurden die Gedanken des Vaters dringender: Chris war um elf noch nicht zu Hause. Das war nun völlig neu. Vater ging, sie zu suchen. Er musste nicht weit gehen. Der Park begann dicht vor dem Haus, in dem sie wohnten, und dort, auf einer Bank sah er ein Liebespaar, das sich küsste und ihn gar nicht bemerkte. Die weibliche Hälfte des Paares war seine Tochter Christine. Er ging zurück, überredete die Mutter, sich ins Bett zu legen. Dann setzte er sich an seinen Schreibtisch und schrieb diese Geschichte:

»Es war einmal ein Apfel, der war grün und unreif, denn es war früh im Jahre. Der kleine Apfel aber hatte sich unsterblich verliebt in die weißen Zähne des Briefträgers, der jeden Morgen vorbeiradelte. Wenn die alten Äste, die viele Jahre Erfahrungen mit jungen Äpfeln gesammelt hatten, den kleinen Apfel auch warnten und ihm sagten, dass er für ein normales Apfelschicksal noch zu grün sein, so sehnte sich der kleine Apfel doch übermächtig. Er gab sich Mühe, besonders reif zu sein, und sagte den Ästen: ›Ihr seid ja so holzig!‹

Als eines Tages ein Maler den Zaun vor dem Baum mit roter Farbe bemalte, gelang es dem Äpfelchen, eine Wange an den Zaun zu schmiegen, sodass es einseitig die rechte Reifefarbe mitbekam. Auf diesen Trick fiel der Briefträger glatt herein. Er pflückte das Äpfelchen und schlug seine blitzweißen Zähne in die rote Wange. Das tat so richtig schmerzhaft gut. Aber dann spuckte der Briefträger und warf das angebissene Äpfelchen auf die Straße.

Da lag es nun, klein, unreif, verloren. Ein Junge kam, spielte Fußball mit ihm. Als die anderen Äpfel reif waren und mit Liebe und Sorgfalt gepflückt wurden, da war es braun und faulig geworden, sodass selbst Wespen und Fliegen, wenn sie ein bisschen probiert hatten, spottend weiterflogen.«

Die Geschichte legte der Vater auf den Küchentisch, dann ging auch er zu Bett. Schlafen konnte er natürlich nicht. Er wusste auch nicht, ob er sich richtig verhalten hatte. Lange nach zwölf erst kam Christine. Sie hatte Angst, dass der Vater schelten würde. Aber es gab keine Schelte. Nur die Geschichte fand sie auf dem Küchentisch. Sie las sie und verstand auch, denn mit siebzehn weiß man viel vom Leben, nur nicht aus Erfahrung. Lange überlegte Christine, dann klopfte sie leise an die Tür zum Elternschlafzimmer: »Schlaft ihr schon?« – »Nein«, sagte der Vater. –

»Ich wollte euch nur noch vorm Schlafengehen sagen, dass ich euch lieb habe und dass ihr gar nicht holzig seid und dass ich sehr auf mich aufpassen werde«, flüsterte Christine. Und nach einer Pause fügte sie hinzu: »Darf ich euch nächste Woche Peter vorstellen? Vielleicht mögt ihr ihn auch.«

»Wir würden uns sehr freuen«, sagte Vater, »gute Nacht.«

- Was will der Vater seiner Tochter mit der Geschichte vom Äpfelchen erklären?
- »Die Herzen, die sich am schnellsten geben, nehmen sich am schnellsten wieder zurück«. – Erfindet zu diesem chinesischen Sprichwort eine Beispielgeschichte.
- Schreibt ein Gedicht oder einen Tagebucheintrag, in dem die Gedanken der Person, die auf dem Bild von Hundertwasser aus dem Haus schaut, deutlich werden.
- Wer von euch kennt ein Lied, das zu dem Bild passt?
- Lest Gen 1,26-28; 2,7-25 und sprecht über die Bedeutung der Zuneigung und Sexualität als Geschenk Gottes an die Menschen.

Friedensreich Hundertwasser, Mit der Liebe warten tut weh, wenn die Liebe woanders ist, 1971 630 A

**²⁴Darum verlässt der Mann Vater und Mutter,
bindet sich an seine Frau und sie werden *ein* Fleisch.
²⁵Beide, Adam und seine Frau, waren nackt,
aber sie schämten sich nicht voreinander.**

Gen 2,24-25

Grenzen wahren

Unsere religiösen Einkehrtage verbrachten wir in Soest, einer alten Stadt in Westfalen. Ein Programmpunkt lautete »Die Mauern einer Stadt«. Wir begaben uns zu der Stadtmauer und erfuhren, wozu Menschen von jeher Mauern brauchten: Sie boten Schutz vor Feinden, geboten Fremden Einhalt, schufen Gemeinschaft ... Doch was hatte das mit uns zu tun?
Auch wir brauchen Mauern, die unser Innerstes schützen, wenn uns jemand zu nahe kommt. Wir brauchen Zeit, bis wir jemanden durch unser »Tor« zu uns kommen lassen. Bevor wir uns öffnen, brauchen wir das Vertrauen, dass es gut geht.
Unser Blick und unsere Körperhaltung können wie eine Mauer sein, wenn wir verletzt wurden. Wir schließen unser »Tor« und gewähren keinen Zugang zu unserem Innersten.

Die Stachelschweine

Eine Gesellschaft Stachelschweine drängte sich an einem kalten Wintertage recht nahe zusammen, um durch die gegenseitige Wärme sich vor dem Erfrieren zu schützen. Jedoch empfanden sie die gegenseitigen Stacheln; welches sie dann wieder voneinander entfernte. Wann nur das Bedürfnis der Erwärmung sie wieder näher zusammenbrachte, wiederholte sich das zweite Übel, sodass sie zwischen beiden Leiden hin- und hergeworfen wurden. Bis sie eine mäßige Entfernung voneinander herausgefunden hatten, in der sie es am besten aushalten konnten.

Arthur Schopenhauer

- Denkt darüber nach, in welchen Situationen ihr »mauert«. Stellt Gesten dar, mit denen ihr eindeutig zeigt, dass ihr eine Mauer aufrichtet. Wann ist es notwendig? Wann erscheint es störend? Wann fallen unsere Mauern?
- Schreibe deinen Namen in die Mitte eines Papiers. Die Namen der Menschen, die dir nahe sind, schreibst du in deine Nähe. Menschen, zu denen du Distanz verspürst, erscheinen weiter weg.
- Jetzt stelle dir vor, du wärst mit jemandem, der entfernt zu dir steht, allein auf einer einsamen Insel. Wie könnte ein möglicher Tagebucheintrag aussehen?
Wie sähe dieser Tagebucheintrag aus, wenn du mit jemandem, den du magst, auf dieser Insel wärst?

Drache und Salamander

T: Gregor Gottschalk / M: Peter Maffay

Kehrvers: Ich bin groß und du bist klein und wenn wir uns auch noch so ähnlich sind, jeder bleibt so, wie er ist, ein Drache kann kein Salamander sein.

Wär ich auch ganz lieb zu dir
und käm dir nur ein Stück zu nah,
wird das für dich tödlich sein,
denn meine Flammen sind zum Brennen da,
sind zum Brennen, sind zum Brennen,
sind zum Brennen da.

Und ist auch Platz für viele auf der Erde,
niemand ist dem anderen völlig gleich,
doch können wir nicht Freunde werden,
so wollen wir niemals Feinde sein,
niemals Feinde, niemals Feinde,
niemals Feinde sein.

Du und ich, wir passen nicht,
ich und du, wir sind zwei linke Schuh,
doch können wir nicht Freunde werden,
so wollen wir niemals Feinde sein,
niemals Feinde, niemals Feinde,
niemals Feinde sein.

6 Hoffen auf Heil
Die biblischen Schöpfungserzählungen

1 Heil und Unheil – Der Zustand unserer Welt

Quantitativer Irrtum

so reich
waren wir nie
wie heute
so habgierig aber
waren wir auch nie
wie heute

so viele kleider
hatten wir nie
wie heute
so ausgezogen
so nackt aber
waren wir auch nie
wie heute

so satt
waren wir nie
wie heute
so unersättlich aber
waren wir auch nie
wie heute

so schöne häuser
hatten wir nie
wie heute
so unbehaust
so heimatlos aber
waren wir nie
wie heute

so weit gereist
waren wir nie
wie heute
so eng aber
war für uns das land nie
wie heute

so viel zeit
hatten wir nie
wie heute
so gelangweilt aber
waren wir auch nie
wie heute

so vielwissend
waren wir nie
wie heute
so sehr die übersicht
verloren
haben wir nie
wie heute

so viel gesehen
haben wir nie
wie heute
so blind aber
waren wir nie
wie heute

so viel licht
hatten wir nie
wie heute
so dunkel aber
war es nie
wie heute

so risikolos
haben wir nie gelebt
wie heute
so isoliert aber
waren die menschen nie
wie heute

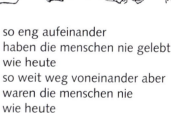

so eng aufeinander
haben die menschen nie gelebt
wie heute
so weit weg voneinander aber
waren die menschen nie
wie heute

so hoch entwickelt
waren wir nie
wie heute
so sehr am ende aber
waren wir nie
wie heute

Wilhelm Willms

- Die einzelnen Behauptungen dieses Textes wollen gründlich bedacht sein. Welche trifft zu, welche nicht? Ihr könnt sie auch durch Bilder, die ihr zum Thema sammelt, belegen oder widerlegen.
- Ihr könnt die Strophen von Wilhelm Willms in eine neue Reihenfolge bringen: eine Rangfolge der bedrückendsten Probleme aus eurer Sicht.
- Ihr könnt für eure Klasse/für euer Heft eine neue Collage mit aktuellen Bildern anfertigen.
- Sprecht darüber, was ihr dem »Heil« und was ihr dem »Unheil« zurechnet. Bei welchen Dingen ist die Entscheidung schwierig, bei welchen einfach?
- Interpretiert die Karikatur: Was signalisiert die Hand Gottes? Der Karikaturist hat ein anderes Gottesbild als der biblische Schriftsteller (vgl. Gen 6,18). Vergleicht, worin beide das »Unheil« bzw. das »Heil« sehen.

2 Wo geh ich hin? – die Frage nach der Zukunft

Wo geh ich hin, folg ich den Wolken?
Wo ist der Weg, den ich nicht seh?
Wer weiß die Antwort auf meine Frage,
warum ich lebe und vergeh?
Wo geh ich hin? Folg ich den Kindern?
Sehn sie den Weg, den ich nicht seh?
Gibt mir ihr Lächeln etwa die Antwort,
warum ich lebe und vergeh?
Folg ich dem Winde? Folg ich dem Donner?
Folg ich dem Neon,
das leuchtet im Blick derer, die lieben?
Tief in der Gosse, hoch unter Sternen
kann Wahrheit sein!
Wo geh ich hin?
Folg ich dem Herzen?
Weiß meine Hand, wohin ich geh?
Warum erst leben, um dann zu sterben?
Ich weiß nicht recht, ob ich das je versteh!
Wo komme ich her?
Wo geh ich hin?
Sag wozu?
Sag woher?
Sag wohin?
Sag worin
liegt der Sinn?

Aus dem Musical ›Hair‹

Zukunft

Meine Mutter sorgt emsig für meine Zukunft vor! Zwei Sparbücher hat sie für mich schon angelegt, damit ich mir, wenn ich groß bin, allerhand leisten kann.
Und auf eine sehr gute Schule schickt sie mich, damit ich später einmal auf der Universität nicht versage.
Und dreimal täglich soll ich mir die Zähne putzen, damit ich bis ins hohe Alter kein künstliches Gebiss brauche.
Und ein gutes Benehmen bringt sie mir bei, damit ich ein beliebter Mensch werde, den alle Leute sein Leben lang mögen.
Jetzt muss meiner Mutter noch etwas gegen Atomkraftwerke einfallen. Sonst könnte es unter Umständen sein, dass ihre ganze Vorsorge umsonst gewesen ist.

Christine Nöstlinger

- Schreibe einmal in Ruhe auf, welche Gefühle du mit Blick auf die Zukunft hast, was du erhoffst, was du befürchtest …
- Sprecht auch in der Klasse über eure Zukunftsvorstellungen.

»Die Zukunft liegt in unserer Hand –
aber nur, nachdem wir die Ärmel hochgekrempelt haben.«

Henryk Gulbinowicz, Kardinal und Erzbischof von Breslau

**Aufgrund des Glaubens gehorchte Abraham dem Ruf,
wegzuziehen in ein Land, das er zum Erbe erhalten sollte;
und er zog weg ohne zu wissen, wohin er kommen würde.**

Hebr 11,8

Gott, gib mir die Kraft
nicht zu verzagen
und immer auf deine Liebe zu vertrauen.
Gib mir die Kraft
jeden Tag auf deinem Weg zu gehen.
Komm mit dem heiligen Geist,
durchfließe mich mit deiner Liebe,
damit ich deine Liebe weitergeben kann.
Lass mich ein Fenster sein,
durch das dein Licht in die Welt scheint.

Miriam Gensowski, 17, Deutschland

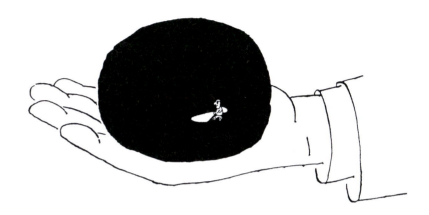

Nehmen wir eine Gruppe von Ausflüglern an, die aufgebrochen sind, einen schwierigen Gipfel zu ersteigen; und schauen wir uns diese Gruppe einige Stunden nach dem Aufbruch an. Zu diesem Zeitpunkt kann man sich vorstellen, dass die Mannschaft sich in drei verschiedenartige Menschen aufteilen lässt. Die einen bedauern, die Herberge verlassen zu haben. Die Müdigkeit, die Gefahren scheinen ihnen in keinem Verhältnis zu der Bedeutung des Gelingens zu stehen. Sie entscheiden sich zurückzukehren.
Die anderen ärgern sich nicht darüber, aufgebrochen zu sein. Die Sonne scheint und die Aussicht ist schön. Doch weshalb noch höher steigen? Ist es nicht besser, das Gebirge dort zu genießen, wo man sich befindet, mitten auf der Wiese oder mitten im Wald? – Und sie legen sich ins Gras oder streifen durch die Umgebung, in der Erwartung der Stunde des Picknicks.
Andre schließlich, die wahren Alpinisten, wenden ihre Augen nicht von den Gipfeln, die zu erreichen sie sich geschworen haben. Sie brechen von neuem auf.
Müde – Genießer – Begeisterte. Drei Menschentypen, die wir im Keim jeder in der Tiefe unserer selbst tragen ...

Pierre Teilhard de Chardin

3 Der prägende Anfang

Die Frage nach dem »Woher« und »Wohin« haben sich Menschen zu allen Zeiten gestellt. So wie auch wir heute haben sie Schönes und Gutes erlebt, aber auch Bedrohliches und Angsterregendes. Dabei kamen ihnen immer Fragen wie: Woher kommt das alles? Ist das Unheil in der Welt nicht stärker als das Glück, das wir da und dort erfahren? Worauf können wir uns in unserem Leben wirklich verlassen? Was lässt uns trotz allem zuversichtlich in die Zukunft blicken?

In allen Kulturen dachten Menschen über das Woher und Wohin der Welt nach. Sie versuchten, sich auf diese Fragen Antwort zu geben, indem sie in Bildern und Geschichten vom »Anfang« erzählten. »Anfang« bedeutet dabei nicht in erster Linie den zeitlichen Beginn der Welt, sondern das Grundprinzip, auf dem die Welt aufgebaut ist und in dem sie auch zur Vollendung kommt. Vergleichen könnte man das mit dem Bauplan eines Hauses, der als »Anfang« den späteren Bau prägt. Solche Geschichten vom Anfang nennt man Sagen oder Mythen. Vor etwa 3200 Jahren entstand das Epos »Enuma elisch« (= als droben) zur Verherrlichung des babylonischen Stadtgottes Marduk. Es besteht aus sieben Tafeln und befasst sich u. a. auch mit der babylonischen Kosmogonie. Das Epos umfasst fast 900 Verse und erzählt Folgendes über den Anfang der Welt: »Als droben ...«:

Als droben der Himmel noch nicht war
und unten nicht die Erde,
noch kein Strauchwerk, noch kein Rohrdickicht,
da wogten im All das süße Urmeer Apsu
und das salzige Urmeer Tiamat.
Apsu und Tiamat vermischten ihre Wasser
als Mann und Frau und es ward geschaffen Ea,
gewaltig an Kräften.
Keiner der Götter war ihm gleich.
Ea tötete Apsu, seinen Vater.
Und Ea zeugte einen Sohn.
Marduk war sein Name.
Marduk wurde groß und stark.
Er war ein mächtiger, weiser Gott.
Tiamat aber wollte Rache für Apsu,
ihren Mann.
Sie rüstete für den Kampf gegen Ea.
Tiamat wurde ein Drache.
Ea rief Marduk:
Du bist der Kühnste. Töte Tiamat!
Und Ea gab Marduk den Herrscherstab.
Und Marduk nahm eine Keule
und Pfeil und Bogen. Er nahm das Netz.
Er kam mit dem Wirbelwind.

Der Wind blähte Tiamats Körper auf.
Marduk entsandte den Pfeil.
Der drang durch den Panzer in ihr Herz.
Tiamat war tot.
Marduk zerschlug sie mit der Keule.
Er zerteilte Tiamat.
Er hob die eine Hälfte auf
und befestigte sie als Himmel.
Aus der anderen Hälfte schuf er die Erde,
das Wasser, die Flüsse und Seen.
Er teilte den Himmel in zwölf Zonen.
Zwölf Monate erhielt das Jahr.
Den Mondgott ließ er leuchten bei Nacht,
den Sonnengott bei Tag.
Dann ruhte der Held
von seinem Kampf,
von seinem Schöpfungswerk.
Und danach sprach Marduk:
Ich schaffe Neues.
Den Menschen will ich
schaffen,
ein Wesen, das uns dienen soll.
Aus Götterblut
erschuf er den Menschen.

Mythos: (griech.: Rede, Sage) ist eine Erzählung, in der Menschen sich die Entstehung, Erhaltung und Vollendung der Welt, den Sinn ihres Lebens und den Einfluss der göttlichen Kräfte zu erklären suchen. Sie tun das vor allem in Bildern, Vorstellungen und Dichtungen, die sich in der Vorzeit in der »Welt der Götter« zugetragen haben. Mythen beruhen auf Erfahrungen und Entdeckungen der Menschen. Diese werden nicht als (wissenschaftliche) Berichte, sondern als Erzählungen an nachfolgende Generationen weitergegeben.

- Ihr könnt sicher weitere Beispiele finden, wie der Anfang einer Sache ihren Fortgang und ihre spätere Gestalt prägt.
- Wie könnte die Weltanschauung der Babylonier von ihrer Anfangsgeschichte geprägt worden sein?

4 Das Wissen der Wissenschaften

Die Urknall-Theorie

Die Wissenschaft von der Entwicklung des Universums aus seinen ersten Anfängen heißt Kosmologie. Sie stützt sich auf die Beobachtung, dass das Weltall sich ausdehnt. Nach der Urknall-Theorie, die allerdings nicht von allen Wissenschaftlern geteilt wird, ist das Weltall vor mehreren Milliarden Jahren aus einer gigantischen Explosion entstanden. Die »Urmaterie« habe sich ausgedehnt, abgekühlt und verdünnt; schließlich seien aus ihr Galaxien, Sonnen, Planeten, Monde entstanden. Bei dieser Theorie geht die Kosmologie von einem einfachen und logischen Grundprinzip aus, das jedoch streng genommen nicht beweisbar ist: dass nämlich die Grundgesetze der Physik im ganzen Weltall gelten, sodass es grundsätzlich überall dieselben Eigenschaften besitzt. Ob der Urknall wirklich der Anfang war oder ob ihm eine Phase vorausging, von der wir nichts wissen: darauf kann die Wissenschaft keine Antwort geben. Sie stellt keinen Schöpfungsbericht dar.

- Mit der Abkühlung unserer Erde geht eine Entwicklung weiter, die zur Entstehung des Lebens führt. Von der Entstehung der Arten und der Entwicklung zum Menschen hin handelt die so genannte Evolutionstheorie.
- In Zusammenarbeit mit dem Biologie-Unterricht, durch Nachforschen in Büchern und im Internet könnt ihr euch die Evolutionstheorie erklären. Jemand von euch kann auch ein Referat dazu halten.
- Der Text unten verdeutlicht in bildhafter Weise die Arbeitsweise der Wissenschaft. Was ist mit dem »Netz des Physikers« gemeint?
- Stellt eine Liste von Fragen zusammen, auf die die Wissenschaft keine Antwort geben kann.

Das Netz des Physikers

Warum müssen Naturwissenschaftler bei ihrer Arbeit an Grenzen stoßen? Hans Peter Dürr beantwortet uns diese Frage in seinem Buch: »Das Netz des Physikers«. Hierin erzählt er folgende Geschichte:
Ein Fischkundler beschäftigt sich wissenschaftlich mit Fischen. Er sitzt am Meer, wirft sein Netz aus, das eine Maschenweite von fünf Zentimetern hat, zieht es nach einiger Zeit wieder an Land und untersucht seinen Fang. Er wiederholt das immer wieder. Eines Tages stellt er fest:

Alle Fische sind größer als fünf Zentimeter
und
alle Fische haben Kiemen.

Bei jedem Fang hat er diese Erfahrung gemacht. Deshalb geht er davon aus, dass das auch in Zukunft so sein wird. Seine Beobachtungen haben daher grundsätzliche Bedeutung. Alles, was fünf Zentimeter groß ist und Kiemen hat, ist für ihn ein Fisch.
Eines Tages kommt ein Wanderer vorbei und beobachtet den Fischkundler bei seiner Arbeit. Sie kommen miteinander ins Gespräch. Der Fischkundler teilt ihm stolz seine beiden Beobachtungen mit. Der Gesprächspartner ist damit nicht einverstanden. Dass alle Fische Kiemen haben, das ist für ihn verständlich. Dass aber alle Fische größer als fünf Zentimeter sind, das kann er nicht verstehen. Schließlich hat er auch kleinere Fische im Meer beobachtet. Der Fischkundler bleibt bei seiner Behauptung: »Was ich nicht fangen kann, ist kein Fisch!«
Zwischen dem Fischkundler und dem Wanderer gibt es eigentlich keine Widersprüche. Der Fischkundler ist von seinem Netz abhängig. Er kann nur das fangen, was ihm das Netz ermöglicht. Was er nicht fangen kann, fällt durch die Maschen des Netzes hindurch. Und das interessiert ihn nicht. Er betrachtet die Fischwelt unter ganz bestimmten Gesichtspunkten.
Anders der Wanderer. Er hat beobachtet, dass es auch andere Fische im Wasser gibt.

Dieses Gleichnis vom Fischkundler macht deutlich, um was es hier geht: Die Naturwissenschaft hat ihre eigene Methode, die Welt zu betrachten. Ihre Ergebnisse sind kontrollierbar und daher wahr. Sie sind in zahlreichen Handbüchern nachzulesen. Und doch fehlen wichtige Gesichtspunkte. Vieles »schlüpft« durch ihre Maschen hindurch. Es ist mit ihrer durchaus berechtigten Methode nicht zu erfassen. Doch was kann das sein, das durch die Maschen hindurchfällt? Naturwissenschaftler denken in Kategorien von Experiment und nachprüfbaren Ergebnissen. Für sie ist die Natur eine erkennbare und messbare Realität, in der alles auf Ursachen zurückgeführt werden kann. Aber ist das die gesamte Wirklichkeit?

Erwin Neu

5 Eine biblische Erzählung vom Anfang

Auch das biblische Schöpfungslied handelt vom »Anfang«. Priester der Israeliten haben es aufgeschrieben, als sie um 500 v. Chr. in Babylon im Exil lebten. Die Babylonier hatten die Israeliten besiegt, die Stadt Jerusalem und das Nationalheiligtum der Juden, den Tempel, zerstört und sie in die Gefangenschaft nach Babylon verschleppt. Dort lebten die Israeliten als Fremdlinge unter Menschen, die an andere Götter glaubten (s. Mythos von Ea, Tiamat und Marduk, S. 82).

Der Glaube der Israeliten geriet in Babylon in eine schwere Belastungsprobe. Ihre Hoffnung wurde immer schwächer, jemals wieder in dem von Jahwe verheißenen Land in Frieden und Wohlstand leben zu können. Ihr Glaube an Jahwe, der sie aus der Knechtschaft Ägyptens befreit hatte und mit dem sie im Laufe ihrer Geschichte so viele gute Erfahrungen gemacht hatten, geriet ins Wanken. Den Israeliten stellten sich viele Fragen:
Sind die Götter der Babylonier, die die Welt ins Chaos stürzen, stärker als Jahwe? (Gen 1,2-10);
Sind die Gestirne göttliche Wesen? (Gen 1,14-18);
Wie versteht sich der Mensch? Gibt es nur Herrscher und Untergebene? (Gen 1,26-27);
Wie können wir unseren Glauben an Jahwe fern vom Tempel in der Fremde bewahren? (Gen 2,1-3).

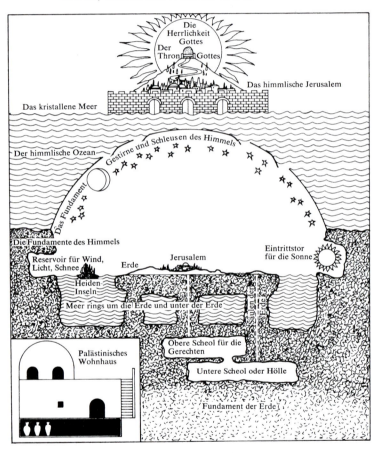

Die Israeliten haben ihren Schöpfungsglauben entsprechend dem altorientalischen Weltbild ausgesagt. Sie haben auf den aktuellsten Kenntnisstand ihrer Zeit zurückgegriffen. Über die scheibenförmige Erde, die der Lebensraum von Pflanzen, Tieren und Menschen ist, wölbt sich wie eine Glaskuppel das Firmament.
Sie hält die tödlichen Wasser des Urozeans fern.
Darüber ist der Bereich Gottes. Unter der Erde liegt die Welt der Toten.
Modell für den dreistöckigen Aufbau der Welt ist das orientalische Wohnhaus. Der Kosmos wird also als Haus für alle verstanden.
Im Unterschied zu anderen Völkern des alten Orients waren die Israeliten der Überzeugung, dass Gott die Welt nicht ein für alle Mal geschaffen hat, um sie dann ihrer Entwicklung zu überlassen. Sie glauben: Die Welt ruht in Gottes Händen; sein schöpferisches Tun geht immer weiter. Eine wichtige Rolle als »Repräsentant« Gottes auf der Erde spielt der Mensch (s. S. 88).

- Ihr könnt herausfinden, an welchen Stellen des Schöpfungsliedes das altorientalische Weltbild sich ausdrückt.
- Ein gutes Mittel, um den Aufbau des biblischen Schöpfungsliedes herauszufinden, sind die sich ständig wiederholenden Formulierungen ...
- Welche Antworten gibt das biblische Schöpfungslied auf die Fragen der Israeliten (s. o.)?
- Wie Marduk seine Welt baut – wie Jahwe die Welt erschafft. Ein Vergleich macht euch die Besonderheit der biblischen Vorstellung deutlich.
- Ein anderes Schöpfungslied findet ihr in Ps 104.

Das ist die Entstehungsgeschichte von Himmel und Erde, als sie erschaffen wurden.

Gen 2,4a

Im Anfang schuf Gott Himmel und Erde ...

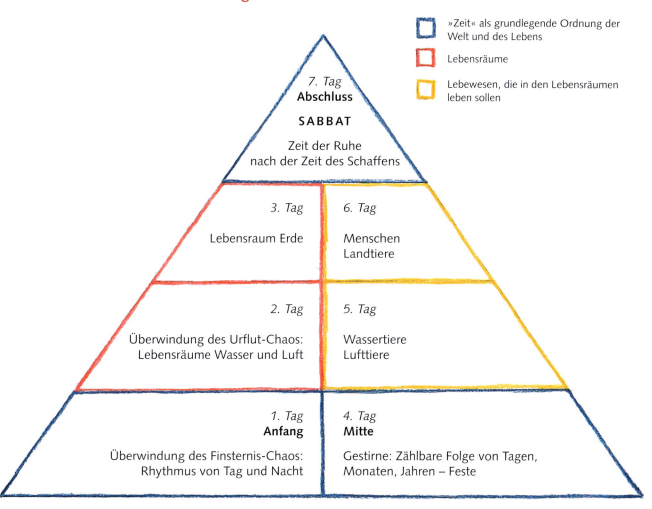

- Gen 1,1-2,4a ist einer der wichtigsten Texte der ganzen Bibel. Er steht nicht zufällig ganz am Anfang der heiligen Schrift. Nehmt euch Zeit ihn in Ruhe ganz zu lesen oder zu hören (vielleicht von verschiedenen Sprechern vorgetragen).
- Noch intensiver wirkt der Text, wenn ihr zu den einzelnen Abschnitten passende Bilder oder passende Musik sucht. Dazu ist eine Zusammenarbeit mit den Fächern Kunst und Musik möglich. Ihr könnt das Schöpfungslied auch pantomimisch oder tänzerisch gestalten.
- Der »fortwirkende Anfang«: Könnt ihr das von diesem Text her verstehen? »Anfang« bedeutet aber auch, dass etwas noch weitergehen muss, dass noch etwas ergänzt werden muss ... (vgl. dazu die folgende Seite).
- Die Ordnung der Zeit – Ordnung für unser Leben. Findet ihr dafür Beispiele?

6 Der Mensch – die Statue Gottes im Haus der Welt

> **Gott schuf den Menschen als seine Statue.**
> **Als Gottesstatue erschuf er ihn.**
> **Männlich und weiblich erschuf er sie.**
>
> *Gen 1,27*

Der bekannte Bibeltext ist hier ungewöhnlich übersetzt. Wo hier von »Statue« die Rede ist, steht in eurer Bibelausgabe wahrscheinlich »Ebenbild«. Aber das Wort »Statue« kann das in der Genesis Gemeinte besser verdeutlichen. Die Menschen der Bibel haben die Welt verstanden als Haus (vgl. S. 84), genauer noch als ein Heiligtum Gottes, als einen Tempel. In einen Tempel gehört ein Götterbild. Diese Aufgabe soll der Mensch übernehmen. Er ist im Tempel der Welt wie eine Statue Gottes, wie ein Denkmal. Mit einer Statue ist jemand dargestellt. An ihn soll man sich erinnern, wenn man die Statue sieht. Er ist selbst nicht da, aber die Statue ruft ihn in Erinnerung. So soll der Mensch in der Schöpfung Gott in Erinnerung rufen.

In der Umwelt Israels, aber auch in der Bibel, sind Könige Repräsentanten Gottes auf Erden: Saul, David, Salomo ... bis hin zum Messias. In der Bibel ist es die Menschheit insgesamt, Männer und Frauen. So bekommt jeder Mensch eine königliche Rolle. Wie ein guter König oder eine gute Königin sollen die Menschen für die anvertrauten Lebewesen sorgen. Damit bekommen sie auch die Rolle eines Hirten innerhalb der Schöpfung.

> ²Herr, unser Herrscher, wie gewaltig ist dein Name auf der ganzen Erde;
> über den Himmel breitest du deine Hoheit aus.
> ³Aus dem Mund der Kinder und Säuglinge schaffst du dir Lob,
> deinen Gegnern zum Trotz; deine Feinde und Widersacher müssen verstummen.
> ⁴Seh ich den Himmel, das Werk deiner Finger, Mond und Sterne, die du befestigt:
>
> ⁵Was ist der Mensch, dass du an ihn denkst,
> des Menschen Kind, dass du dich seiner annimmst?
> ⁶Du hast ihn nur wenig geringer gemacht als Gott,
> hast ihn mit Herrlichkeit und Ehre gekrönt.
> ⁷Du hast ihn als Herrscher eingesetzt über das Werk deiner Hände,
> hast ihm alles zu Füßen gelegt:
> ⁸All die Schafe, Ziegen und Rinder und auch die wilden Tiere,
> ⁹die Vögel des Himmels und die Fische im Meer,
> alles, was auf den Pfaden der Meere dahinzieht.
> ¹⁰Herr, unser Herrscher, wie gewaltig ist dein Name auf der ganzen Erde!
>
> *Ps 8,2-10*

- Wenn die Menschen wie ein/e gute/r König/in und ein Hirte sein sollen, dann hat das Konsequenzen für das Verhältnis zu allen Lebewesen, besonders zu den Tieren ...
- Wenn Männer und Frauen gemeinsam Gottes »Statue« sind, dann hat das Konsequenzen für das Verhältnis der Geschlechter ...
- In Gen 6-9 wird nicht verschwiegen, dass die Menschen ihrer Rolle nicht immer gerecht werden und welche Konsequenzen das für die ganze Schöpfung hat.
- Seht euch im Zusammenhang mit dem Text oben das Bild auf der nächsten Seite an. Ein Gegen-Bild lässt sich als Collage gestalten.

Marc Chagall

7 Der Mensch – ein »hoffnungsloser Fall«?

»Niemand kann deine Schönheit bewundern«,
sprach der Teufel zu Gott in der Höh.
»Und ich hab mich selbst an die Wand gemalt,
auch das kann niemand sehen!
Wozu diese ewige Finsternis?
Entschuldige, du Gott, ich verstehe das nicht!«
»Du hast Recht!«, rief der Herr zum Teufel
und er sprach: »Es werde Licht!«

»Gut«, sprach der Teufel zum Herrn,
»du hast Tag und Nacht geschaffen,
doch wenn es Tag ist, wo wirst du spielen,
wenn es Nacht ist, wo wirst du schlafen?«
»Du hast Recht!«, rief der liebe Gott,
»du weißt, der Herr baut nie auf Sand!«
Und er nahm sich sogleich den Himmel
und setzte ihn instand.

»Gut gemacht«, sprach der Teufel,
»du wohnst jetzt, wie sich's gehört.
Nur der Ausblick, den du hast,
der ist deiner noch nicht wert!«
»Ja, bunte Blumen sollen blühen auf der Erde,
ich will Farben sehen«, rief der Herr.
Und er schuf auch die grünen Wälder
und er schuf das blaue Meer.

»Sei gepriesen!«, rief der Teufel,
»du hast ein Wunder vollbracht!
Du hast die Erde da unten
schöner als deinen eigenen Himmel gemacht.«
Schöner als den eigenen Himmel?
Das hörte der Herr nicht gerne
und er schmückte ihn schnell mit Juwelen,
das waren Sonne, Mond und Sterne.

»Welch eine Pracht!«, jubilierte der Teufel,
»Psalmen sollen erklingen,
doch das Problem ist, edler Herr,
es ist niemand da sie zu singen!«
»Dann müssen Sänger her!«, rief Gott,
»die zu mir schnattern, miauen, tirilieren,
die zu mir bellen, die zu mir röhren!«
Und der Herr schuf die Tiere.

»Geliebter Herr«, schleimte der Teufel,
»fünf Wunder hast du vollbracht,
aber fehlt nicht noch ein Wesen,
nach deinem Ebenbild gemacht?«
»Das mach dir selbst!«, sprach Gott,
»ich bin müde, ich will schlafen!«
Und so hat am sechsten Tag
der Teufel den Menschen erschaffen.

Ludwig Hirsch

A. Paul Weber

Bist du ein Mensch?

Am Tag, als das Gras nach unten wuchs und die Vögel rückwärts flogen, berief der König der Tiere eine Vollversammlung ein. Auf der Tagesordnung stand als einziges Thema: »Was ist der Mensch?« Allgemeine Zustimmung fand ein gemeinsamer Vorschlag der Läuse und Flöhe – denn die haben am meisten mit den Menschen zu tun –, die Tiere sollten doch einen offenen Tag durchführen, um die Menschen kennen zu lernen. Nachdem das Risiko sorgfältig durchgesprochen war, denn es ist immer ein Risiko, Menschen zu begegnen, beschlossen die Tiere einen Tag der offenen Tür.

Die Vögel hatten die Einladung in alle Welt zu tragen; und so geschah es. Es sollte ein Fest der Begegnung werden, ein Fest der fröhlichen Kreatur. Die Hyänen bekamen den Auftrag an den Grenzen Posten zu stehen, Wache zu halten und jeden Gast, der vorgab, ein Mensch zu sein, nach seinem Ausweis zu fragen, um die Identität zu prüfen.

Nun kam der erste Mensch an die Grenze der Tiere. Würdevoll erhob sich die Hyäne, ging auf den Fremdling zu und fragte ihn:

»Bist du ein Mensch?«

»Ja«, sagte der Zweibeiner.

»Womit kannst du dich als Mensch ausweisen?«, fragte die Hyäne. »Nenne mir drei unveränderliche Kennzeichen.«

Ohne zu zögern antwortete der Gefragte: »Du siehst, ich gehe aufrecht, du siehst, dass ich wie ein Mensch aussehe, du hörst, dass ich wie ein Mensch spreche! Ich bin ein Mensch.«

»Das genügt uns nicht«, sagten die Tiere und wiesen den Gast ab.

Nach kurzer Zeit kam ein anderer und wollte in das Reich der Tiere. Auch ihm wurde gesagt, er solle sich durch drei unveränderliche Kennzeichen als Mensch ausweisen. Er überlegte einen Augenblick und sagte: »Ich bin von zwei Menschen gezeugt und von einem Menschen geboren, also bin ich ein Mensch; ich denke über die Vergangenheit nach und ich plane für die Zukunft! Also bin ich ein Mensch.«

»Schon besser«, sagte die Hyäne, »wir wollen es mit dir versuchen, obwohl auch du uns die eigentliche Antwort schuldig geblieben bist.«

Noch viele kamen an die Grenze der Tiere und ihre Antworten waren: Ich fühle, ich habe einen Beruf, ich habe Geld, ich habe Macht, ich habe eine Wohnung, ich habe Waffen und vieles andere mehr.

Aber die Tiere waren enttäuscht. Schon wollten sie den Tag der offenen Tür absagen, da kamen drei singende Kinder.

»Warum singt ihr?«, fragte die Hyäne.

»Weil wir uns freuen«, antworteten die Kinder.

»Warum seid ihr gekommen?«, fragte die Hyäne weiter.

»Weil wir euch danken«, antworteten die Kinder.

»Und warum kommt ihr zu dritt?«, wollte die Hyäne wissen.

»Weil wir uns lieben«, riefen die Kinder, überschritten einfach die Grenze und wurden herzlich aufgenommen.

»Ja, das sind Menschen!«, sagte die weise Eule, »denn sie reden nicht von Kennzeichen, sondern sie sind es selbst: Freude, Dank und Liebe.«

Es wurde ein herrlicher Tag und die Tiere begannen zu hoffen.

Peter Spangenberg

- *Ein Mensch, der dem Song von Ludwig Hirsch entspricht, würde sich so verhalten ... – ein Mensch, der dem biblischen Schöpfungslied entspricht, würde sich so verhalten ...*
- *Was spricht für die eine Sicht vom Menschen, was für die andere?*
- *Die Menschen in der Geschichte von Peter Spangenberg haben auch eine unterschiedliche Sicht von sich selbst. Wie werden sie sich jeweils verhalten?*

8 Hoffen auf Heil

Was schwerer wiegt

In unserer Stadt lebte eine Mutter. Drei Söhne waren in den Krieg gegangen. Keiner war zurückgekehrt. Sie sprach mit ihnen, als seien sie da. Endlich fasste sie einen Entschluss. Sie legte ihr schwarzes Tuch um die Schultern und verließ die Stadt. Am Abend des dritten Tages erreichte sie ein weites, ödes Feld. Nur ein Zelt stand darauf. Wie eine Mauer standen Krieger im Kreis und hielten Wacht.
»Wo willst du hin?«
»Ich suche meine Söhne«, sagte sie.
Man ließ sie eintreten. Im Zelt war es kalt und dunkel. Auf einem Stuhl saß ein Mann, der eine blanke Rüstung trug. Er saß vornübergebeugt und hatte den Kopf in seine Hände gestützt. Als er aufblickte, stockte der Herzschlag der Mutter. Sie wagte kaum zu atmen, so feindlich war sein Blick.
»Was willst du von mir?«, fragte er.
»Bitte gib mir die Kinder zurück.«
Der Mann erhob sich langsam und trat auf sie zu.
»Wir wollen spielen, wir wollen wägen, wer deine Söhne haben soll.«
Er winkte seinen Männern und sie brachten ihm eine Waage mit großen Schalen. Die stellte er auf einen Tisch und ließ die Mutter nähertreten.
»Nun wollen wir sehen, wer Sieger wird. Lege du in die eine Schale, was du zu geben hast. Mir gehört die andere. Wessen Seite tiefer sinkt, der trägt den Sieg davon.«
Die Mutter nickte und der Mann legte das erste Stück in eine der Schalen.
»Tote Soldaten«, sagte er und die Schale sank tief.
»Ich lege die Tränen hinein, die um die Toten geweint werden.«
»Gewehre und Kanonen!«, sagte der Mann.
»Liebe«, antwortete die Frau.
»Hungernde und Schwerverletzte«, sagte der Mann.
»Leid und Schmerz«, sagte die Frau.
»Zerstörte Städte«, sagte der Mann und seine Augen triumphierten.
»Frieden«, sagte die Mutter und ihre Augen folgten den Schalen, die auf- und abstiegen.
Es war so still im Zelt, dass man das Atmen der beiden hören konnte. Der Kampf dauerte so lange, bis der Schein des Morgens durch einen Spalt des Zelteinganges kroch.

Da hatte der Mann nichts mehr, was er in seine Schale legen konnte. Die Waagschalen aber standen auf einer Ebene. Fragend blickte er auf die Mutter.
»Ich lege ein Kinderlachen hinein, das erste Lachen meiner Kinder«, sagte sie und ganz langsam senkte sich ihre Schale tiefer und tiefer und blieb zitternd stehen. Da weinte die Frau vor Freude, doch der Mann schreckte sie auf: »Geh zurück«, befahl er, »du hast zwar gesiegt. Doch freue dich nicht zu früh.«
Die Mutter ging schweigend den langen Weg zurück. Drei Tage wartete sie bang. Da klopfte es an die Türe und als sie öffnete, kamen ihr die Söhne entgegen, ausgehungert, abgerissen, elend.
Lange hielt sie ihre Söhne in den Armen. Dann sah sie den Jüngsten an. Er konnte nicht mehr weinen und hatte harte Gesichtszüge bekommen. Sie spürte, dass die beiden Älteren mehr verloren hatten. Der Älteste hatte die Zärtlichkeit verloren, war brutal geworden und grausam. Der Zweite war krank an Leib und Seele. Er starrte nur vor sich hin und konnte sich nicht mehr freuen. War es richtig gewesen, die Söhne zurückzufordern? Viele Jahre lang quälten sich alle. Und sehnten sich nach Glück.
»Ich will es suchen«, sagte die Mutter. Und wieder ging sie und kam in ein Land, wo es nirgends Spuren von Krieg und Verwüstung gab.
Dort sah sie ein Haus und vor dem Haus saß ein Mensch. Der sah ihr müdes Gesicht und sagte: »Setz dich zu mir.« Er wartete lange, bis sie sprechen konnte. Er hörte ihr zu, strich über ihr Haar und sagte: »Geh nach Hause. Schicke mir deine Söhne.«
Die Mutter dankte und ging heim. Zu Hause angekommen teilte sie den Söhnen mit, was der Fremde geraten hatte.
Sie gingen fort und fanden den seltsamen Menschen in dem unzerstörten Land.
»Habt ihr mir mitgebracht, um was ich eure Mutter bat?«
Die Brüder nickten. Der Jüngste trat näher und gab dem Alten seine tränenlosen Augen und seine harten Gesichtszüge. Mit den Händen machte der Alte ein Loch in die Erde und legte beides hinein. Als er das Loch mit Erde bedeckte, geschah etwas Wundersames. Vor ihren Augen wuchs aus dem Boden ein langer Halm. Und an dem Halm war eine schwere Ähre. Der Mann hielt seine Hand darunter und schüttelte viele, viele Körner heraus. Die gab er dem Jüngsten mit den Worten: »Es haben

viele gehungert im Krieg. Säe und ernte und backe Brot für alle Hungrigen.«

Der Zweite gab ihm seine Brutalität und Grausamkeit. »Wir wollen sie begraben.«

Da geschah zum zweiten Mal etwas Wundersames: Ein Rebstock wuchs aus dem Boden und er trug eine schwere Traube. »Viele litten Durst. Pflanze einen Rebstock an den Berg und sorge, dass alle zu trinken haben.«

Nun war der Dritte an der Reihe und er gab dem wartenden Menschen seine Krankheit. Der grub wieder ein Loch und bedeckte die Krankheit mit Erde. Da wuchs eine Tanne auf, hoch und schlank, und sie trug einen braunen Zapfen. Der Alte brach ihn ab und legte ihn dem dritten Bruder in die Hand. »Eure Wälder sind verwüstet worden. Die Bäume liegen am Boden. Richte sie auf, pflanze neue, damit wir alle atmen können.«

Die Sonne ging auf. Der Himmel glühte. Die Brüder blickten auf, doch als sie dem merkwürdigen Menschen danken wollten, waren er und sein Haus verschwunden. Da machten sie sich verwundert auf den Heimweg und das erste Mal nach langer Zeit konnten sie miteinander sprechen. Und wenn sie nicht gestorben sind, dann sprechen die Brüder noch heute miteinander und mit der Mutter über die Samenkörner, die Trauben und den Baum.

Sibylle Mews

- Der Mann mit der Rüstung und die Mutter legen sehr unterschiedliche Dinge in die Waagschale ...
- Der »Mann, der eine blanke Rüstung trug« und der »seltsame Mensch in dem unzerstörten Land« – wer könnte damit gemeint sein?
- Vielleicht gibt es auch in deinem Leben Dinge, die du am liebsten »begraben« möchtest. Überlege dir, was stattdessen wachsen sollte. Nimm dir Zeit darüber nachzudenken.
  Vielleicht kannst du für dich selbst ein Bild dazu malen oder einen Text dazu aufschreiben.
- Der Text auf S. 92 kann euch dazu anregen, ein eigenes »Hoffnungsbekenntnis« zu formulieren.

Ein neuer Glaube

Ich glaube nicht
an das Recht des Stärkeren
an die Sprache der Waffen
an die Macht der Mächtigen

Doch ich will glauben
an das Recht des Menschen
an die offene Hand
an die Gewaltlosigkeit

Ich will nicht glauben
an Rasse oder Reichtum
an Vorrecht
an die etablierte Ordnung

Doch ich will glauben
dass alle Menschen Menschen sind
dass die Ordnung des Unrechts
Unordnung ist

Ich glaube nicht
dass ich die Unterdrückung
bekämpfen kann
wenn ich Unrecht bestehen lasse

Doch ich will glauben
dass das Recht ungeteilt ist, hier und dort
dass ich nicht frei bin
solange noch ein Mensch Sklave ist

Ich glaube nicht
dass Liebe Selbstbetrug
Freundschaft unzuverlässig
und alle Worte Lügen sind

Doch ich will glauben
an die Liebe, die erträgt
an den Weg von Mensch zu Mensch
an ein Wort
das sagt, was es sagt

Ich glaube nicht
dass Krieg unvermeidlich ist
und Friede unerreichbar

Doch ich will glauben
an die kleine Tat
an die Macht der Güte
an den Frieden auf Erden

Ich glaube nicht
dass alle Mühe vergeblich ist
dass der Tod das Ende sein wird

Doch ich wage zu glauben
an den neuen Menschen
an Gottes eigenen Traum:
einen neuen Himmel
und eine neue Erde
wo die Gerechtigkeit wohnt.

Frans Cromphout

7 Ein Prophet redet ins Gewissen
Jeremia

1 Von Gott in Dienst genommen

Gegen Ende des 7. Jahrhunderts v. Chr. treten die Könige aus Babylon ihren Siegeszug in den Vorderen Orient an. Das kleine Reich Juda erkennt die Gefahr nicht. Die herrschenden Kreise meinen, sie könnten sich mit klugen politischen Schachzügen gegen diese Übermacht behaupten. Es kommt zur Katastrophe: 587 erobern die Babylonier Jerusalem und zerstören es, der Tempel wird entweiht, die führende Schicht des Volkes wird nach Babylon verschleppt. Die nationale Erniedrigung stellt den Glauben der Israeliten auf eine harte Probe: Ist Gott noch auf unserer Seite? Hat er überhaupt die Macht uns zu schützen und zu retten?

Um 627 vernimmt ein junger Mann aus dem Dorf Anatot bei Jerusalem den Ruf Gottes:

> ⁴Das Wort des Herrn erging an mich: ⁵Noch ehe ich dich im Mutterleib formte, habe ich dich ausersehen, noch ehe du aus dem Mutterschoß hervorkamst, habe ich dich geheiligt; zum Propheten für die Völker habe ich dich bestimmt. ⁶Da sagte ich: Ach, mein Gott und Herr, ich kann doch nicht reden, ich bin noch zu jung. ⁷Aber der Herr erwiderte mir: Sag nicht: Ich bin noch zu jung! Wohin ich dich sende, sollst du gehen, und was ich dir auftrage, sollst du verkünden. ⁸Fürchte dich nicht vor ihnen; denn ich bin mit dir und werde dich retten. ⁹Dann streckte der Herr seine Hand aus, berührte meinen Mund und sagte: Hiermit lege ich meine Worte in deinen Mund. ¹⁰Sieh her! Am heutigen Tage setze ich dich über Völker und Reiche; du sollst ausreißen und niederreißen, vernichten und einreißen, aufbauen und einpflanzen.
> ¹⁷Du aber gürte dich, tritt vor sie hin und verkünde ihnen alles, was ich dir auftrage.
>
> *Jer 1,4-10.17*

> ⁷Du hast mich betört, o Herr, und ich ließ mich betören; du hast mich gepackt und überwältigt. Zum Gespött bin ich geworden den ganzen Tag, ein jeder verhöhnt mich.
> ⁸ᵇDenn das Wort des Herrn bringt mir den ganzen Tag nur Spott und Hohn.
> ⁹Sagte ich aber: Ich will nicht mehr an ihn denken!, so war es mir, als brenne in meinem Herzen ein Feuer, eingeschlossen in meinem Innern. Ich quälte mich es auszuhalten und konnte nicht.
>
> *Jer 20,7.8b.9*

DIE WELTREICHE ZUR ZEIT JEREMIAS (UM 585 V. CHR.)

- *Ihr könnt diesen jungen Mann besser verstehen, wenn ihr euch einmal in seine Situation versetzt und euch in seine Gedanken einfühlt. Wie würde es euch wohl mit einem solchen Auftrag gehen? Was würde euch daran gefallen, welche Bedenken hättet ihr?*
- *Die Spannungen, die der junge Mann aushalten muss, lassen sich gut sichtbar machen: Klebt einmal das Bild eines jungen Mannes mitten auf ein Blatt und schreibt auf beide Seiten, was ihn hin- und herzieht. Anregungen dazu findet ihr auch im Text oben.*

Der junge Mann, von dem bisher die Rede war, ist der Prophet Jeremia.
Was ein Prophet ist, erklärt euch der folgende Text:

Prophet: »Bin ich denn ein Prophet?« Mit dieser Redewendung reagiert häufig jemand, von dem man erwartet, über die Zukunft Bescheid zu wissen. Aber die Frauen und Männer, die in der Bibel Propheten genannt werden, haben nicht die Aufgabe von Hellsehern oder Wahrsagern. Die biblischen Propheten reden und handeln für die Gegenwart. Sie treten als von Gott erwählte »Rufer« auf, die in seinem Auftrag in Zeiten politischer und religiöser Krisen dem Volk Gottes ins Gewissen reden. Sie sind vielen lästig, weil sie zur Umkehr aufrufen und für das Recht der Armen eintreten. Sie stiften Unruhe, weil sie vor drohendem Unheil warnen, aber auch kommendes Heil ankündigen. Propheten erfüllen ihren Auftrag in Wort und Zeichen, seien sie gelegen oder ungelegen.
In das Alte Testament sind die Schriften von 16 Propheten aufgenommen. Je nach dem Umfang dieser Schriften spricht man von »großen« und »kleinen« Propheten.

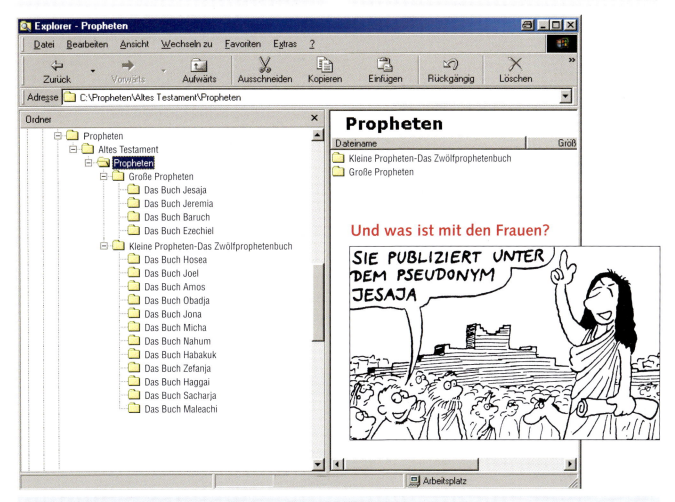

- Mithilfe der Einleitungen in einer Bibelausgabe könnt ihr ein kleines Prophetenlexikon erstellen. Die Propheten lassen sich auch in eine Zeitleiste und in eine Karte Israels eintragen.
- Ihr könnt euch auch in Gruppen auf einzelne Propheten spezialisieren und dann den anderen in der Klasse »euren« Propheten vorstellen. Dazu gehört auch ein Wort dieses Propheten, das euch besonders beeindruckt hat.
- Es gibt in der Bibel auch Prophetinnen. Diese könnt ihr näher kennen lernen: Mirjam (Ex 12-15; Num 12), Deborah (Ri 4-5), Hulda (2 Kön 22 f.), Noadja (Neh 6).

2 Jeremia verkündet im Auftrag Gottes

Aus den Reden des Jeremia

Im Jahre 627, während der Regierungszeit des Königs Joschija, beginnt Jeremia seinen prophetischen Dienst.

> ¹Hätte ich doch eine Herberge in der Wüste!
> Dann könnte ich mein Volk verlassen
> und von ihm weggehen.
> Denn sie sind alle Ehebrecher,
> eine Rotte von Treulosen.
> ² Sie machen ihre Zunge
> zu einem gespannten Bogen;
> Lüge, nicht Wahrhaftigkeit herrscht im Land.
> Ja, sie schreiten von Verbrechen zu Verbrechen;
> mich aber kennen sie nicht – Spruch des Herrn.
> ³ Nehmt euch in Acht vor eurem Nächsten,
> keiner traue seinem Bruder!
> Denn jeder Bruder betrügt,
> und jeder Nächste verleumdet.
> ⁴ Ein jeder täuscht seinen Nächsten,
> die Wahrheit reden sie nicht.
> Sie haben ihre Zunge ans Lügen gewöhnt,
> sie handeln verkehrt,
> zur Umkehr sind sie zu träge.
> ⁵ Überall Unterdrückung, nichts als Betrug!
> Sie weigern sich mich zu kennen –
> Spruch des Herrn.
> ⁶ Darum – so spricht der Herr der Heere:
> Ja, ich werde sie schmelzen und prüfen;
> denn wie sollte ich sonst verfahren
> mit der Tochter, meinem Volk?
> ⁷ Ein tödlicher Pfeil ist ihre Zunge,
> trügerisch redet ihr Mund;
> »Friede« sagt man zum Nächsten,
> doch im Herzen plant man den Überfall.
>
> *Jer 9,1-7*

König Jojakim (609–598), ein Sohn des Joschija, herrscht wie ein orientalischer Fürst. Er lässt seinen Palast aufstocken und mit kostbarsten Materialien ausschmücken, obwohl die Staatskasse leer ist. Sein Land hatte nämlich wegen einer Niederlage noch einen Tribut von 100 Talenten Silber und Gold (1 Talent = 34,2 kg) an den ägyptischen Pharao Necho zu zahlen.

So erlegt Jojakim dem Volk eine Sondersteuer auf. Er zwingt die Männer zur Fronarbeit am Tempel, ohne ihnen ihren Lohn zu zahlen. Da erhält Jeremia vom Herrn den Auftrag: »Geh hinab in den Palast des Königs von Juda und rede dort folgende Worte« (Jer 22,1):

»Fruchtbarkeitsgöttin« aus der Zeit des Propheten Jeremia

> ¹³Weh dem, der seinen Palast mit Ungerechtigkeit baut, seine Gemächer mit Unrecht,
> der seinen Nächsten ohne Entgelt arbeiten lässt
> und ihm seinen Lohn nicht gibt,
> ¹⁴ der sagt: Ich baue mir einen stattlichen Palast
> und weite Gemächer.
> Er setzt ihm hohe Fenster ein,
> täfelt ihn mit Zedernholz
> und bemalt ihn mit Mennigrot.
> ¹⁵ Bist du König geworden,
> um mit Zedern zu prunken?
> Hat dein Vater nicht auch gegessen und getrunken,
> dabei aber für Recht und Gerechtigkeit gesorgt?
> Und es ging ihm gut.
> ¹⁶ Dem Schwachen und Armen verhalf er zum Recht.
> Heißt nicht das mich wirklich erkennen?
> – Spruch des Herrn.
> ¹⁷ Doch deine Augen und dein Herz
> sind nur auf deinen Vorteil gerichtet,
> auf das Blut des Unschuldigen, das du vergießt,
> auf Bedrückung und Erpressung, die du verübst.
> ¹⁸ Darum spricht der Herr über Jojakim,
> den Sohn Joschijas, den König von Juda:
> Man wird für ihn nicht die Totenklage halten:
> Ach, mein Bruder! Ach, Schwester!
> Man wird für ihn nicht die Totenklage halten:
> Ach, der Herrscher! Ach, seine Majestät!
> ¹⁹ Ein Eselsbegräbnis wird er bekommen.
> Man schleift ihn weg und wirft ihn hin,
> draußen vor den Toren Jerusalems.
>
> *Jer 22,13-19*

Götzen

> Ich bin Jahwe, dein Gott, der dich aus Ägypten geführt hat, aus dem Sklavenhaus. Du sollst neben mir keine anderen Götter haben. Du sollst dir kein Gottesbild machen und keine Darstellung von irgendetwas am Himmel droben, auf der Erde unten oder im Wasser unter der Erde.
>
> *Ex 20, 2-4*

So beginnt der Dekalog (»Zehn Gebote«), in dem die grundlegenden Weisungen für das Gottesvolk gebündelt sind. Die Israeliten waren immer wieder in der Versuchung, sich den fremden Göttern zuzuwenden. In ihrer Umgebung in Kanaan wurden in eindrucksvollen Statuen und mit faszinierenden Zeremonien vor allem Fruchtbarkeitsgötter und -göttinnen verehrt (vgl. die Abbildungen auf dieser Doppelseite). Der Kampf gegen diese »Götzen« war eine ständige Herausforderung für die Propheten.

> So spricht der Herr:
> ² Gewöhnt euch nicht an den Weg der Völker,
> erschreckt nicht vor den Zeichen des Himmels,
> wenn auch die Völker vor ihnen erschrecken.
> ³ Denn die Gebräuche der Völker sind leerer Wahn.
> Ihre Götzen sind nur Holz, das man im Wald schlägt,
> ein Werk aus der Hand des Schnitzers,
> mit dem Messer verfertigt.
> ⁴ Er verziert es mit Silber und Gold,
> mit Nagel und Hammer macht er es fest,
> sodass es nicht wackelt.
> ⁵ Sie sind wie Vogelscheuchen im Gurkenfeld.
> Sie können nicht reden;
> man muss sie tragen, weil sie nicht gehen können.
> Fürchtet euch nicht vor ihnen;
> denn sie können weder Schaden zufügen
> noch Gutes bewirken.
> ¹⁰ Der Herr aber ist in Wahrheit Gott,
> lebendiger Gott und ewiger König.
> Vor seinem Zorn erbebt die Erde,
> die Völker halten seinen Groll nicht aus.
> ¹¹ Von jenen dagegen sollt ihr sagen:
> Die Götter, die weder Himmel noch Erde erschufen,
> sie sollen verschwinden
> von der Erde und unter dem Himmel.
>
> *Jer 10, 2-5.10-11*

Der kanaanitische »Fruchtbarkeitsgott« Baal

- Lest gemeinsam die Rede des Jeremia S. 96 oben. Der Kontrast zwischen Gottes Weisungen (vgl. Ex 20,2-17) und dem Verhalten des Volkes (Jer 9,1-7) wird gut deutlich, wenn ihr beides nebeneinander aufschreibt.
- Malt euch die Reaktion des Königs auf Jeremias drastische Worte aus. Vielleicht könnt ihr die kleine Szene in der Klasse spielen. Für Jeremia könntet ihr einen neuen Text schreiben, in dem er auf den Katalog von Pflichten des Königs in der Tora verweist (Dtn 17,17-20).
- Auch heute sind Menschen in der Gefahr, Dinge zu vergötzen, die sie von Gott wegführen: Geld, Konsum, Karriere ... Sammelt solche Götzen. Ihr könnt eine prophetische Rede gegen den heutigen Götzendienst verfassen.

3 Der Prophet provoziert durch Zeichenhandlungen

Jeremia muss die Erfahrung machen, dass seine Reden und bitteren Klagen, seine öffentliche Kritik an Volk und König die Menschen nicht erreichen und zur Umkehr bewegen. Er stellt fest, dass Worte allein nicht ausreichen, um die Lage zu verändern.

> ^{1}Da sprach der Herr zu mir: Geh und kauf dir einen irdenen Krug und nimm einige Älteste des Volkes und der Priester mit dir! ^{2}Dann geh hinaus zum Tal Ben-Hinnom am Eingang des Scherbentors! Dort verkünde die Worte, die ich dir sage. ^{3}Du sollst sagen: Hört das Wort des Herrn, ihr Könige und ihr Einwohner Jerusalems! So spricht der Gott Israels: Seht, ich bringe solches Unheil über diesen Ort, dass jedem, der davon hört, die Ohren gellen. ^{4}Denn sie haben mich verlassen und anderen Göttern geopfert, die ihnen, ihren Vätern und den Königen von Juda früher unbekannt waren. Mit dem Blut Unschuldiger haben sie diesen Ort angefüllt. ^{5}Sie haben dem Baal eine Kulthöhe gebaut, um ihre Söhne als Brandopfer für den Baal im Feuer zu verbrennen, was ich nie befohlen oder angeordnet habe und was mir niemals in den Sinn gekommen ist. ^{6}Seht, darum werden Tage kommen, da wird man diesen Ort nicht mehr Tal Ben-Hinnom nennen, sondern Mordtal. ^{7}Dann vereitle ich die Pläne Judas und Jerusalems an diesem Ort. Ich bringe sie vor den Augen ihrer Feinde durch das Schwert zu Fall und durch die Hand derer, die ihnen nach dem Leben trachten.
> ^{10}Dann zerbrich den Krug vor den Augen der Männer, die mit dir gehen.
>
> Jer 19,1-7.10

- Die Erklärung für die Zeichenhandlung Jeremias findet sich in Jer 19,11. Ihr könnt aber auch selbst eine Erklärung überlegen.
- Jeremias Aktion bleibt nicht folgenlos. Näheres dazu findet ihr in Jer 20,1-2.
- Eine weitere Zeichenhandlung Jeremias wird in Jer 27,1-22 und 28,1-17 beschrieben. Auch sie lässt sich in der Klasse spielen oder als Bilderfolge darstellen (gezeichnet, als Fotoserie, als Videofilm …).
  Eine weitere Möglichkeit besteht darin, das Tagebuch von Jeremias Freund und Schüler Baruch über diese Ereignisse zu schreiben.
- Anhand der Texte und Bilder dieses Kapitels könnt ihr einen Lebenslauf des Jeremia schreiben.

Zur Zeit der Regierung des Königs Zidkija (597–586) mischt sich Jeremia wieder in die politischen Verhältnisse des Landes ein. Er rät seinem Volk die Fremdherrschaft der Babylonier vorübergehend zu ertragen. Die Mehrheit des Volkes jedoch träumt von der einstigen Größe des eigenen Königreiches Juda und plant mithilfe der Ägypter den Aufstand gegen die babylonischen Besatzer.
König Zidkija hört nicht auf Jeremia und seine prophetische Botschaft. Er setzt seine Hoffnung auf das Militärbündnis mit den Ägyptern. Die Folgen sind verheerend: Jerusalem wird im Dezember 589 v. Chr. von den Babyloniern belagert. Als jedoch die ägyptische Armee am Horizont auftaucht, glauben die Belagerten, die Befreiung sei nahe. Die Babylonier brechen die Belagerung für kurze Zeit ab. Auch jetzt noch warnt Jeremia vor falscher Sicherheit: »So spricht der Herr: Täuscht euch nicht selbst mit dem Gedanken: Die Babylonier ziehen endgültig von uns ab. Nein, sie ziehen nicht ab« (Jer 37,9). Und er verheißt ihnen, Jerusalem werde von den Babyloniern endgültig zerstört werden. Da schlägt dem Propheten der ganze aufgestaute Hass seines Volkes entgegen und er wird als Verräter in eine wasserlose Zisterne geworfen (vgl. Jer 38,2-6).

Jerusalem wird zerstört, das Volk verschleppt, die Familie des Königs getötet. Die Spur des großen Mahners Jeremia verliert sich im Exil in Ägypten.

Ernst Alt, 1973

jeremia und der töpfer in jerusalem

es war einmal ein mann, der hieß jeremia. er musste immer predigen, im tempel, in der kirche. jeremia war ganz verzweifelt.

die leute in jerusalem waren nicht so, wie jeremia sich das vorstellte. die leute in jerusalem waren eben so, wie die leute so sind, so wie die leute in kempen, in krefeld, in hüls und anderswo.

sie waren manchmal böse. sie wussten alles besser. sie taten unrecht und hatten streit untereinander. und wenn jeremia im tempel von gott erzählte, dann merkte er, wie die leute, die so fromme gesichter machten, gähnten und an was ganz anderes dachten. –

und jeremia überlegte und überlegte; wie kannst du das bloß machen, dass die leute im tempel aufpassen und richtig die ohren spitzen? die spannendsten geschichten waren für die leute in jerusalem langweilig. und sie dachten und sie sagten es auch manchmal laut: was hat man denn davon!? und wenn jeremia sie an gott erinnerte, dann merkte er, wie sie lächelten und dachten: was soll das denn, gibt es den denn überhaupt?

eines tages ging jeremia in jerusalem an der stadtmauer spazieren, da sah er den töpfer, der saß an der stadtmauer und hatte rund um seine töpferscheibe ganz viele krüge stehen: große, kleine, graue, bunte … und der töpfer saß an der drehscheibe und töpferte, aus lehm machte er vasen, teller, krüge, schüsseln …

jeremia sah also den töpfer in jerusalem an der stadtmauer sitzen. er sah dem töpfer zu, wie er arbeitete. er sah, wie sich die scheibe drehte. er sah, wie der töpfer einen klumpen lehm auf die scheibe legte. und jeremia sah, wie unter der hand des töpfers ein krug entstand. ein schöner krug.

als jeremia sich das lange angesehen hatte, da kam ihm eine idee. für ihn war der töpfer plötzlich in seiner fantasie zu gott geworden, der uns menschen aus lehm gemacht hat. und das leben, diese erde – so dachte jeremia – ist ja auch wie eine drehscheibe, auf der wir menschen entstehen. mit uns geht es ja auch ganz schön rund, bis wir ganz fertig sind.

so überlegte er. und dann suchte er sich einen ganz schönen krug aus von denen, die da herumstanden. er fragte den töpfer nach dem preis, bezahlte schnell, nahm den krug und eilte weg. er lief zum tempel. da warteten schon die leute aus jerusalem auf den gottesdienst und auf die predigt wie üblich.

und als jeremia mit dem riesenkrug unterm arm in den tempel kam, da warteten schon alle auf ihn und reckten nun die hälse und machten stielaugen: was will der mit dem krug?!

oben angekommen, stellte jeremia sich etwas höher als sonst auf eine stufe. und dann begrüßte er die leute kurz, hob den krug ganz hoch und sagte: »seht ihr den krug? der ist schön, und der ist auch sehr teuer, ich habe 100 euro dafür bezahlt. er ist aus lehm, so wie wir aus lehm sind. der töpfer hat ihn gemacht – unten an der stadtmauer, so wie gott uns gemacht hat.«

»oh …schön«, hörte jeremia von großen und auch von kleinen leuten sagen. und ein kleines mädchen ganz vorne in der ersten bank sagte laut: »schön verziert ist der krug.« und jeremia sagte: »ja, aber noch schöner hat gott euch verziert: euer gesicht, eure augen, eure hände! so … schön hat euch gott gemacht – denkt mal: aus lehm, aus dreck!« und dann holte jeremia tief atem, er seufzte und fügte hinzu: »so schön seid ihr gar nicht mehr, weil ihr böse seid und lügt und unrecht tut und betrügt und ungehorsam seid und neidisch seid … wenn ein krug nicht so ist, wie der töpfer will – wisst ihr, was der töpfer dann tut mit dem krug?« »ja«, sagte ein kleiner junge. »dann schlägt der töpfer den krug kaputt.«
»richtig«, sagte jeremia. »richtig, er schlägt ihn kaputt und macht einen neuen krug.«

und dann hob jeremia den krug hoch, damit alle gut sehen konnten, und warf ihn auf den tempelboden, dass die scherben durch den ganzen tempel klirrten.

»so kann gott auch mit uns verfahren«, sagte jeremia zu den leuten. »wir alle sind in gottes hand wie töpfergeschirr. überlegt euch das. ich gehe jetzt, dass ihr ruhe und zeit habt zum nachdenken.«
und jeremia ging. und alle blieben noch lange sitzen. sie gähnten nicht. sie hatten gut aufgepasst. und dann gingen sie still nach hause.

Wilhelm Willms

4 Prophetisch handeln – heute

... und Lehrer griffen zur Schere

Raketen werden zu Beginn der 80er Jahre in Deutschland stationiert, zuerst im Osten, dann – die »Nachrüstung« – im Westen. In Bonn demonstrieren ungehindert Hunderttausende für Frieden und Abrüstung. In der DDR erscheint im Januar 1982 der »Berliner Appell – Frieden schaffen ohne Waffen«.

Der Berliner Jugendpfarrer Rainer Eppelmann, der Verfasser des Aufrufs, beginnt mit dem Satz: »Es kann in Europa nur noch einen Krieg geben, den Atomkrieg.« Jeder, der unterschreibt, riskiert Arbeitsplatz, Karriere, Ausbildung – und trotzdem tun es in wenigen Wochen mehrere Tausend. 6000 Menschen versammeln sich in Dresden am 13. Februar 1982 zu einem »Friedensforum«, um der Vernichtung der Stadt im Zweiten Weltkrieg zu gedenken.

»Schwerter zu Pflugscharen« – ein Bibelspruch macht die Runde. Tausende tragen inzwischen das Bild von einem Mann, der sein Schwert mit wuchtigen Hammerschlägen zu einem Pflug umschmiedet, als Aufnäher am Anorak oder an der Tasche. Manchmal reißen es Polizisten brutal ab, in vielen Fällen gehen Lehrer mit der Schere gegen das Emblem vor. Ganz wagt es niemand zu verbieten: Die Bronzeplastik, die auf dem Bild zu sehen ist, steht vor der UNO in New York – ein Geschenk der Sowjetunion aus dem Jahre 1959.

Die Friedensbewegten der 80er Jahre treffen sich in Kirchen und Gemeindesälen. Ohne die Kirchen hätten sie keinen Ort gefunden, wo sie sich versammeln können. Die Pfarrer verlangen keine polizeiliche Voranmeldung, hier muss der Staat draußen bleiben (natürlich hat er abgehört). Am 1. September 1982 wird in Jena Roland Jahn, einer der Aktivisten der Friedensbewegung, »zugeführt« (verhaftet) und nach fünf Monaten Isolationshaft zu einem Jahr und zehn Monaten Freiheitsentzug verurteilt. Ein Dutzend weitere Friedensaktivisten wird im Januar 1983 verhaftet. Westliche Proteste führen zu ihrer Entlassung einen Monat darauf. Doch dann werden die zwölf und Jahn, der sich heftig dagegen wehrt, in den Westen abgeschoben.

Die Pfarrer, die ihre Kirchen für Bluesmessen, Dichterlesungen und Friedensworkshops öffnen, bleiben in der Minderheit. Die Kirchenführung schwankt zwischen Duldung und Staatstreue. Eine Untersuchung der Stasi kommentiert: »Der Missbrauch der Kirchen für provokatorisch-demonstrative Aktionen (stößt) zunehmend auf Widerspruch bis Ablehnung.« Eine »wachsende Zahl von Kirchenvertretern« bemühe sich, den »staatlichen Erwartungshaltungen hinsichtlich der Wahrung des religiösen Charakters von kirchlichen Veranstaltungen zu entsprechen«. Anfang 1986 scheint die unabhängige Friedensbewegung am Ende zu sein. »Allerdings«, so Stefan Wolle, »hatten die Gruppen den Boden für künftige Oppositionsbewegungen bereitet. Ohne die Freiräume der Kirche wäre die friedliche Erhebung in dieser Form nicht möglich gewesen.« Als am 7. Oktober 1989 auch Kirchenvertreter mit dem Staatsratsvorsitzenden auf den 40. Jahrestag der DDR anstoßen, brennen wenige hundert Meter entfernt vor der Gethsemanekirche, wo sich Oppositionelle versammelt hatten, mahnende Kerzen. Argwöhnisch beobachtet von Mielkes [Chef der Stasi] Einsatzkommandos. Elf Tage später tritt Erich Honecker zurück.

Volker Thomas

- *Der Text von Wilhelm Willms handelt noch einmal von der Zeichenhandlung des Jeremia. An einigen Stellen könnt ihr bemerken, dass er aber auch auf unsere heutige Zeit anspielt. Vergleicht die dichterische Gestaltung des Textes auch mit dem Bibeltext in Jer 18,1-17.*
- *Die folgenden Seiten handeln von prophetischen Aktionen aus unserer Zeit.*

pax christi – Eintreten für den Frieden

In der katholischen Kirche gibt es inzwischen in vielen Ländern Gruppen engagierter Christinnen und Christen, die sich für den Frieden einsetzen. Auch in der Bundesrepublik Deutschland gibt es in fast allen großen Städten Pax-Christi-Gruppen. Sie setzen sich ein für
- Versöhnung und Verständigung
- Abrüstung
- Gewaltfreiheit
- weltweite Gerechtigkeit.

In diesen Gruppen versuchen Menschen den Frieden Christi zu bezeugen, indem sie für die Versöhnung unter den Menschen arbeiten und Wege aufspüren, die zum Frieden führen. Das kann man nicht nur durch Worte erreichen, das muss unterstützt werden durch Taten und Zeichenhandlungen.

Die Pax-Christi-Bewegung entstand während des Zweiten Weltkrieges in einem Lager für französische Kriegsgefangene bei Paris. Ein von Deutschen inhaftierter französischer Bischof forderte dort seine Mitgefangenen auf, ihre Feinde nicht zu hassen, sondern sie zu lieben, wie Jesus es uns lehrte (Mt 5,43 f.).
Drei Jahre nach dem Zweiten Weltkrieg, 1948, wurde Pax Christi in Deutschland, im Wallfahrtsort Kevelaer, gegründet.

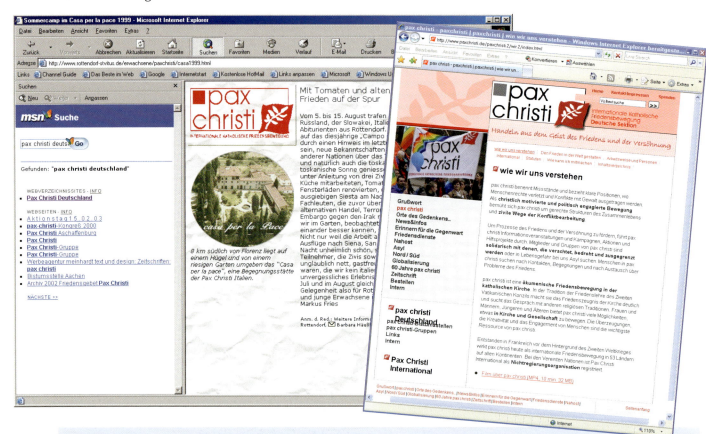

- *Findet heraus – z. B. über das Internet –, wo es in eurer Nähe eine Pax-Christi-Gruppe gibt. Vielleicht könnt ihr ein Pax-Christi-Mitglied zum Gespräch in eure Klasse einladen?*
- *Achtet einige Zeit darauf, ob ihr in den Medien Berichte über Aktionen (Zeichenhandlungen) ähnlicher Gruppen finden könnt.*
- *Sprecht darüber, ob ihr euch eine Beteiligung an solchen Aktionen vorstellen könnt.*

Gestank vor der Bank

Die »Dritte Welt« stöhnt unter einer gewaltigen Schuldenlast. Immer weniger Menschen finden Arbeit. Viele hungern. Sie müssen sich mit desolaten Schulen und Krankenhäusern zufriedengeben. Missio und andere Organisationen fordern einen Schuldenerlass. Für diese Kampagne hat der Ex-Mönch der Ordensgemeinschaft Afrikamissionare Gregor Böckermann Pate gestanden. Über das Gesicht des hageren Mannes huscht ein spitzbübisches Lächeln. »In meinem Auto hat es tagelang furchtbar gestunken«, sagt er. »Immerhin hatte ich zwanzig Liter Gülle vom elterlichen Bauernhof im Emsland bis hier in die Stadtmitte Frankfurts transportiert.«
Für Gregor Böckermann, der über vierzig Jahre Mitglied der Missionsgesellschaft der Weißen Väter war, war es trotz der »anrüchigen Begleitumstände« im Juni 1998 der Mühe wert, die »ekelhafte Flüssigkeit« vor der Zentrale der Deutschen Bank zu entsorgen. »Denn wie anders«, so der ehemalige Afrikamissionar, »hätten ich und meine Freunde den Bankern der Mainmetropole klarmachen können, dass es uns gewaltig stinkt, wie sie mit den Ärmsten der Armen umgehen!«
Der knapp 70-jährige Initiator der Aktionsgruppe »Ordensleute für den Frieden« warnt davor, die meist stummen, öffentlichen Proteste für »leichten Tobak« zu halten. »Denn wenn man dann rausgeht und sich auf belebten Einkaufsstraßen anketttet oder ein Demonstrationsplakat um den Hals hängt, fühlt man sich plötzlich total nackt. Die Leute starren einen an. Grinsen mitleidig und schütteln den Kopf.«
Ungehalten, so der Pater, hätten in den vergangenen Jahren übrigens auch viele Mitarbeiter aus der eigenen Ordensgemeinschaft reagiert, »wenn ich mit meinen Aktionen in die Schlagzeilen geriet«. Vor allem sei es immer wieder zu heftigen Diskussionen darüber gekommen, ob er Ordnungsstrafen wegen Land- und Hausfriedensbruchs im Knast absitzen oder nach Tagessätzen zu 10 Euro zahlen solle. »Einmal war ich zehn Tage im Preungesheimer Gefängnis«, erzählt Gregor Böckermann nicht ohne Stolz. »Selbst die schweren Jungs haben mir damals zu meinem zivilen Ungehorsam gratuliert.«
... damals, gegen Ende seines 18-jährigen missionarischen Aufenthaltes in Nordafrika, habe er den dortigen Freunden in die Hand versprochen, sich in Deutschland energisch für eine »gerechtere Weltwirtschaftsordnung« einzusetzen. »Das bin ich ihnen und den Milliarden

Gregor Böckermann demonstriert vor der Zentrale der Deutschen Bank in Frankfurt

anderen Menschen in den Ländern der Dritten Welt schuldig«, stellt der ehemalige Weiße Vater fest.

Horst Homann

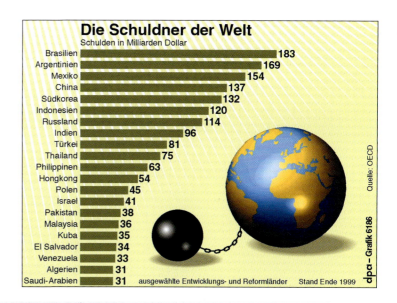

- Informationen über die Schuldenlast der »Dritten Welt« erhaltet ihr z. B. bei den kirchlichen Hilfswerken missio, MISEREOR und ADVENIAT. Dort gibt es auch Hinweise, wie man sich an Aktionen beteiligen kann.

»Prophetie auf kleiner Flamme« – Was wir tun können

Rainer Fetting, 1980

Schulterzucken ... – »Da kann man doch nichts machen ...«?

Wenn Christen ein Unrecht bemerken, dann dürfen sie es nicht auf sich beruhen lassen. Dann können sie – prophetisch! – Protest einlegen.
Dass das nicht immer einfach ist, machen die Beispiele auf den vorhergehenden Seiten deutlich.
Es ist eine Herausforderung!
Auch ihr könnt euch schon am Einsatz gegen Ungerechtigkeit beteiligen. Die in diesem Kapitel genannten Organisationen können euch Hinweise geben, wie. Es gibt viele weitere Organisationen und Initiativen, die oft auch nicht aus dem kirchlichen Bereich kommen. Ihr Einsatz ist natürlich deshalb nicht weniger wertvoll (amnesty international, Greenpeace, terre des hommes ...).
Einige Ideen, die sich in kleinen Projekten verwirklichen lassen, findet ihr unten.

- Informationen über ein Unrecht sammeln und innerhalb der Schule (als Handzettel, als Ausstellung) weitergeben.
- Einen Sponsor für die Anmietung einer Plakatwand suchen und diese dann gestalten.
- Spielszenen vorbereiten und dann in der Fußgängerzone als Straßentheater aufführen.
- Einen »sponsored walk« veranstalten: Sponsoren suchen, die für jeden von eurer Gruppe oder von anderen Teilnehmern gelaufenen Kilometer einen vereinbarten Geldbetrag stiften, der Menschen in einer Unrechtssituation zugute kommt

8 Leben bringt er
Jesus von Nazaret

1 Jesus – wer ist das?

Jesus – wer ist das?

Der Jesus von Frau Heilmann,
das ist der Heiland, der liebe, der Hirt,
der behütet die Herzen, der heilt, was verwundet ist.
Hoheitsvoll thront er und mild,
lässt sich huldigen, loben in Litaneien,
belohnt mit dem Himmel die Frommen.

Anders der Jesus von Mike, ihrem Sohn,
das ist ein Unruhestifter,
der will den Umsturz: Befreiung,
der führt die Rebellen an.
Der feiert seine Feste mit Freudenmädchen, Fixern und Fantasten,
der verheißt ihnen die Erde,
Leben verspricht er, das Gelbe vom Ei.
O Jesus, du Christus, sanfter Rebell,
Hirte bist du und Lamm,
du gehst uns voran, ein Feuer, ein Traum,
Bruder Jesus, du Bräutigam,
feiere die Hochzeit von Himmel und Erde,
von Gott und den Menschen
und vergiss nicht Frau Heilmann
und ihren Sohn.

Lothar Zenetti

Was die Leute von IHM sagen

die lügner sagen
er ist ein lügner
die dichter sagen
er ist ein dichter
die revolutionäre sagen
er ist einer von uns
die heiligen sagen
er ist ein heiliger
die mächtigen sagen
er ist gefährlich
die bürger
fühlen sich beunruhigt
die liebenden sagen
er empfindet wie wir
die verlorenen sagen
er hat uns gefunden
die hungrigen sagen
er ist unser brot
die blinden sagen
wir sehen alles neu
die stummen sagen
wir wagen es wieder
den mund aufzutun
die tauben sagen
es lohnt sich
ihm zuzuhören
die lügner sagen
er hat uns gemeint
die mächtigen
haben das letzte Wort
oder das vorletzte
auf jeden fall weg mit ihm

wilhelm willms

Gerard van Honthorst, 1622

- Auf dieser Doppelseite werden unterschiedliche »Jesus-Bilder« gezeigt. Sprecht über die Unterschiede! Wo könnt ihr Zustimmung bzw. Kritik formulieren? Welche Ergänzungen habt ihr?
- Schreibe ein Gedicht oder verfasse einen Text oder male ein Bild und ergänze es mit Stichworten, damit deutlich wird, wer Jesus oder was Jesus für dich ist.

Land unter

Der Wind steht schief
die Luft aus Eis
die Möwen kreischen stur
Elemente duellieren sich
Du hältst mich auf Kurs
hab keine Angst vor'm Untergeh'n
Gischt schlägt ins Gesicht
kämpf mich durch zum Horizont
denn dort treff ich Dich

Geleite mich heim
raue Endlosigkeit
bist zu lange fort
mach die Feuer an
damit ich Dich finden kann
steig zu mir an Bord
übernimm die Wacht
bring mich durch die Nacht
rette mich durch den Sturm
fass mich ganz fest an
dass ich mich halten kann
bring mich zu Ende
lass mich nicht mehr los

Der Himmel heult
die See geht hoch
Wellen wehren Dich
stürzen mich von Tal zu Tal

die Gewalten gegen mich
bist so ozeanweit entfernt
Regen peitscht von vorn
und ist's auch sinnlos
soll's nicht sein
ich geb Dich nie verlor'n

Geleite mich heim ...

Herbert Grönemeyer

Ein erstaunlicher Lebenslauf

Jesus wurde einige Jahre vor Christi Geburt geboren, weil sich ein Kalendermacher aus dem Mittelalter geirrt hat. Die heutige Wissenschaft setzt die Geburt Jesu zwischen 4 und 6 vor Christi Geburt an und das ist – zusammen mit seiner Hinrichtung um 30 nach Christi Geburt – so ziemlich alles, worüber unter den Erforschern des Lebens Jesu Einigkeit herrscht.
Manche Gelehrten bestreiten sogar die Tatsache, dass Jesus überhaupt gelebt hat. Dessen ungeachtet beten heute rund eine Milliarde Menschen zu diesem Jesus; rund ein Drittel der Weltbevölkerung nennt sich Christen.
Bestenfalls drei Jahre, wahrscheinlich jedoch nur zwei Jahre, möglicherweise nur einige Monate hat Jesus gepredigt. Was vorher war, wird weitgehend verschwiegen. Wohl erzählen Matthäus und Lukas einige wundersame Begebenheiten rund um die Geburt Jesu, des göttlichen Kindes im Stall von Betlehem, doch wird das Interesse an genaueren Angaben über die Person Jesu dadurch nicht zufriedengestellt.
Jesus ist sozusagen plötzlich da: Da kam Jesus von Nazaret in Galiläa zu Johannes an den Jordan, um sich von ihm taufen zu lassen; als Jesus auftrat, war er ungefähr 30 Jahre alt und war, wie man glaubte, der Sohn Josefs. Die Lücke zwischen den Kindheitsgeschichten Jesu und dem Einsetzen der Berichterstattung von seinem Auftreten in der Öffentlichkeit ist groß. Die Frage nach der schulischen, beruflichen Ausbildung Jesu – nach modernen Gesichtspunkten bei jeder Stellenbewerbung eine Selbstverständlichkeit – bleibt unbeantwortet.

Adolf Holl

2 Jesus – ein Narr und Rebell?

Jesus sucht Nachfolger

Stellen wir uns vor, wir lebten zur Zeit Jesu in Galiläa und wären Zeugen folgender Situation: In Nazaret herrscht Unruhe. Jemand aus dem Dorf überredet junge Leute ihm zu folgen. Dies stößt nicht immer auf Zustimmung. So sehen wir es auch bei Susanna und Tholomäus, deren letztes Kind sie nun auch verlassen hat, im Gespräch mit Andreas, dem Erzähler der Geschichte:

»Viele erwarten die Herrschaft Gottes«, sagte ich. »Aber deswegen verlassen sie nicht ihre Eltern.«
»Das ist es eben!«, sagte Tholomäus. »Er hat es auch nicht von selbst getan. Einer aus unserem Dorf hat ihn überredet. Er heißt Jesus. Er zieht durch das Land und verkündet, die Herrschaft Gottes beginne schon jetzt. Man müsse nicht bis in ferne Zeiten warten, bis alles anders würde. Die große Wende sei schon im Gang. Sie sei das Wichtigste in der Welt – wichtiger als Arbeit und Familie, wichtiger als Vater und Mutter. Bartholomäus hat mir bei seinem Besuch einige Worte Jesu gesagt. Es sind schöne Worte:

Selig, ihr Armen, denn euch gehört das Reich Gottes.
Selig, die ihr jetzt hungert, denn ihr werdet satt werden.
Selig, die ihr jetzt weint, denn ihr werdet lachen.

Lk 6,20-21

Mit diesen Worten zieht Jesus durchs Land und sagt einigen jungen Leuten, die es hier nicht mehr aushalten: ›Folgt mir nach! Es wird anders werden. Die Armen werden nicht mehr arm sein, die Hungernden nicht mehr hungern, die Weinenden nicht mehr weinen.‹«
Da schaltete sich Susanna ein. Sie war sichtlich erregt: »Dieser Jesus ist ein schlimmer Verführer. Er verdirbt die jungen Leute. Das klingt ja so schön: Glücklich seid ihr Weinenden, denn ihr werdet lachen! Aber was bewirkt er tatsächlich? Er bewirkt, dass Eltern über ihre verlorenen Söhne weinen. Er verheißt, alles würde anders. Was aber verändert er tatsächlich? Dass Familien zerstört werden, weil Kinder ihren Eltern weglaufen.«
Tholomäus verteidigte seinen Sohn: »Ist es nicht besser, er läuft diesem Jesus nach, als dass er in die Berge verschwindet? Er kann jederzeit wiederkommen. Ich habe die Hoffnung nicht verloren.«
Susanna widersprach: »Warum will er nicht bei uns bleiben!«
Voller Empörung rief sie: »Als er hier war, habe ich ihn hart zur Rede gestellt. Ich habe ihm gesagt: Was du tust, ist unmoralisch. Wir werden alt. Wir haben euch Kinder aufgezogen. Und jetzt lasst ihr uns im Stich.
Wisst ihr, was er mir gesagt hat? Einmal sei zu seinem Meister jemand gekommen, der ihm nachfolgen, aber zuerst seinen verstorbenen Vater beerdigen wollte. Jesus habe ihm gesagt: ›Lass doch die Toten ihre Toten begraben!‹ und ihn aufgefordert ihm unmittelbar nachzufolgen. Ist das nicht unmenschlich: Gelten denn Eltern überhaupt nichts mehr? Sind wir Eltern nur so viel wert wie Kadaver von Tieren, die man nicht beerdigen muss? Da kam er mit einem anderen Spruch Jesu, der nicht weniger abstoßend ist:

Wenn jemand zu mir kommt und nicht Vater und Mutter,
Frau und Kinder, Brüder und Schwestern,
ja sogar sein Leben gering achtet,
dann kann er nicht mein Jünger sein.

Lk 14,26

Was gilt denn noch im Leben, wenn man sich nicht auf seine Familienangehörigen verlassen kann? Dass diese jungen Leute uns im Stich lassen, ist traurig. Dass sie es mit solchen Parolen begründen, ist entsetzlich!«
Ich fragte: »Dieser Jesus stammt doch aus eurem Dorf. Was sagen denn seine Angehörigen zu solchen Lehren?«
Susanna lachte: »Die halten ihn für verrückt! Einmal wollten sie ihn mit Gewalt nach Hause zurückbringen. Aber sie konnten nicht an ihn heran. Zu viele Zuhörer waren um ihn herum. Da ließen sie ihm bestellen: Deine Mutter und deine Brüder sind da, sie wollen dich sprechen. Was antwortete er? Er fragte: ›Wer ist meine Mutter und wer sind meine Brüder?‹ Dann zeigte er auf seine Zuhörer und fügte hinzu: ›Wer den Willen Gottes tut, ist mein Bruder, meine Schwester und meine Mutter!‹«
Susanna brach in Schluchzen aus. Tholomäus legte einen Arm um sie und streichelte sanft ihr Haar. Auch er hatte Tränen in den Augen.

Gerd Theißen

Duccio di Buoninsegna, gen. Maestà, 1311

- Sprecht über die Gründe, die junge Leute gehabt haben könnten, die Jesus nachfolgten.
- Stellt euch vor, Jesus wollte euch heute auffordern, mit ihm zu gehen. Welche Argumente würden euch überzeugen? Was würden eure Eltern und Freunde dazu sagen?
- Verfasst eine Rede, mit der ihr in der Rolle Jesu Menschen zur Nachfolge auffordert.

Jesus und die Frauen

Skandal im Hause des Pharisäers

Am gestrigen Abend war der Wanderprediger Jesus von Nazaret zu Gast bei Simon, dem Pharisäer. Gerade, als man sich gemütlich zu Tisch legte, ereignet sich der Skandal: Die stadtbekannte Dirne (Name der Redaktion bekannt) trat in den Essraum. Weinend kniete sie vor Jesus, wusch seine Füße mit ihren Tränen, trocknete sie mit ihrem langen Haar und küsste (!) sie. Anschließend erdreistete sie sich seine Füße mit wohlriechendem Öl zu salben. Simon verfolgte das Geschehen starr vor Entsetzen, musste jedoch recht bald aufgrund der Frage, die Jesus ihm stellte, seine Meinung überdenken. Wir zitieren wörtlich: »Ein Geldverleiher hatte zwei Schuldner; der eine war ihm fünfhundert Denare schuldig, der andere fünfzig. Als sie ihre Schulden nicht bezahlen konnten, erließ er sie beiden. Wer von ihnen wird ihn nun mehr lieben?« Gleichzeitig wies Jesus seinen Gastgeber darauf hin, dass dieser ihm weder einen Begrüßungskuss gegeben noch die Füße gewaschen habe.

Trotz dieses Aufsehen erregenden Zwischenfalls verlief der Rest des Abends harmonisch. Abzuwarten bleibt lediglich, wohin diese neumodische Toleranz führen wird.

Fresko, 11. Jh.

- Welche neuen Gedanken könnten Simon in den Sinn kommen, nachdem Jesus ihm das Gleichnis erzählt hat?
- Sprecht darüber, was es zur damaligen Zeit bedeutet haben mag, dass Jesus zu Frauen Kontakt hatte.

Frauen im Gefolge Jesu

¹In der folgenden Zeit wanderte er von Stadt zu Stadt und von Dorf zu Dorf und verkündete das Evangelium vom Reich Gottes. Die Zwölf begleiteten ihn, ²außerdem einige Frauen, die er von bösen Geistern und von Krankheiten geheilt hatte: Maria Magdalena, aus der sieben Dämonen ausgefahren waren, ³Johanna, die Frau des Chuzas, eines Beamten des Herodes, Susanna und viele andere. Sie alle unterstützten Jesus und die Jünger mit dem, was sie besaßen.

Lk 8,1-3

¹Als der Sabbat vorüber war, kauften Maria aus Magdala, Maria, die Mutter des Jakobus, und Salome wohlriechende Öle, um damit zum Grab zu gehen und Jesus zu salben. ²Am ersten Tag der Woche kamen sie in aller Frühe zum Grab, als eben die Sonne aufging.

Mk 16,1-2

⁹Als Jesus am frühen Morgen des ersten Wochentages auferstanden war, erschien er zuerst Maria aus Magdala, aus der er sieben Dämonen ausgetrieben hatte. ¹⁰Sie ging und berichtete es denen, die mit ihm zusammen gewesen waren und die nun klagten und weinten.

Mk 16,9-10

Aus dem Perikopenbuch Heinrichs II., um 1040

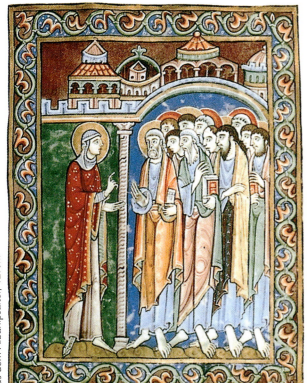

Aus dem Albanipsalter, 12. Jh.

- Schreibt eine Erzählung, in der sich ein Jünger oder eine Jüngerin an die Auferstehung Jesu erinnert. Berücksichtigt dabei in besonderem Maße die Rolle, die die Frauen hatten.
- Lest Lk 7,36-50, spielt die Szene und schreibt anschließend aus Sicht der Frau einen Tagebucheintrag.

Maria von Magdala verkündet den zunächst ungläubigen Jüngern, dass ihr am Ostermorgen der auferstandene Jesus erschienen ist.

Jesus geht ungewohnte Wege

Wieder befinden wir uns zur Zeit Jesu. Andreas, der Erzähler, trifft in Jerusalem auf den Römer Metilius, der ihn erwartungsvoll begrüßt:

»Du kommst gerade richtig. Wir müssen uns dringend mit diesem Jesus von Nazaret beschäftigen. Ich habe alles gelesen, was du geschrieben hast. Aber jetzt ist wieder etwas Neues geschehen, ein Zwischenfall im Tempelvorhof. Hast du schon gehört?«

»Ich bin gerade in Jerusalem eingetroffen!«

»Gestern hat Jesus den Tempelbetrieb gestört.«

Metilius ging unruhig auf und ab. »Unsere Soldaten im Tempelvorhof berichten, Jesus sei mit seinen Anhängern in den Tempelhof gekommen, der Juden und Heiden zugänglich ist. Dort habe er für Aufregung gesorgt, indem er Opfertierverkäufer wegjagte, Tische umstieß und Handwerker daran hinderte, Geräte durch den Tempel zu tragen. Es war nur ein kleiner Zwischenfall. Die jüdischen Tempelbehörden scheinen die Sache einigermaßen im Griff zu haben. Wenigstens kam es nach dem Zwischenfall noch zu Diskussionen zwischen ihnen und Jesus.«

»Und welchen Sinn soll diese Aktion im Tempel gehabt haben?«

Metilius blieb stehen, zuckte die Achseln und sagte: »Ich habe nur Vermutungen.

Erstens: Jesus hindert Handwerker daran, Arbeitsgeräte durch den Tempel zu tragen. Das ist ein Protest gegen den Weiterbau am Tempel. An ihm wird jetzt ein halbes Jahrhundert gebaut. Und noch immer ist er nicht fertig. Vielleicht lehnt Jesus den Bau dieses Tempels ab.

Zweitens: Jesus stürzt Tische um. Will er sagen: Ebenso soll der Tempel ›umstürzen‹ und ›zusammenbrechen‹? Kündigt er eine Zerstörung des Tempels an? Auf jeden

---

- Sprecht über die Reaktionen, die Jesu Verhalten in Jerusalem hervorgerufen haben mag.
- Betrachte die Radierung von Rembrandt oben einige Minuten in völliger Ruhe. Beschreibe anschließend – nur für dich – deine Gefühle während der Betrachtung. Wie viele Personen(gruppen) erkennst du? Versetze dich in ihre Situation und stelle Vermutungen über ihre Gefühle und Gedanken an.
  Du kannst Beziehungen herstellen zu Erich Kästners Wort über ein Vorbild, S. 21
- Es gibt das Sprichwort »Wer ans Ziel gelangen will, muss gegen den Strom schwimmen«. Setzt dies in Verbindung zu Jesu Wirken.
- Bildet Gruppen und lest in den Evangelien. Wo findet ihr weitere Hinweise darauf, dass das Verhalten Jesu für seine Zeit ungewöhnlich war? Schreibt die entsprechenden Stellen mit euren Worten um (Zeitungsbericht, Tagebuch, Gedicht, Erzählung usw.) und stellt eure Texte im Klassenverband vor.

Fall spüre ich in dieser Handlung eine starke Aggression gegen den Tempel.
Drittens: Er hindert Geldwechsler und Opfertierverkäufer an ihrem Geschäft. Mit dem eingetauschten Geld kauft man sich Opfertiere. Ohne diese Geschäfte gäbe es keinen Opferkult. Ist Jesus also gegen blutige Opfer? Ist er grundsätzlich gegen den Tempel? Denn wozu ist er noch da, wenn man nicht in ihm opfern kann?
Wie gesagt: Das alles sind Vermutungen!«
Die Tempelreinigung war wahrscheinlich eine jener symbolischen Handlungen, mit denen unsere Propheten ihre Weissagungen veranschaulichen. Umso mehr lag mir daran, dem Ganzen eine harmlosere Deutung zu geben. Und so sagte ich:
»Ich bezweifle, dass Jesus den Tempelkult abschaffen will. Wahrscheinlich will er nur einige Missstände beseitigen: vor allem die Verquickung von Tempel und Geschäft. Daher sein Vorgehen gegen Verkäufer und Handwerker! Gegen alle, die am Tempel verdienen! Er will, dass der Tempel ohne Geld zugänglich ist. Das entspricht seinem Eintreten für arme Leute!«

Eines Tages kam einer

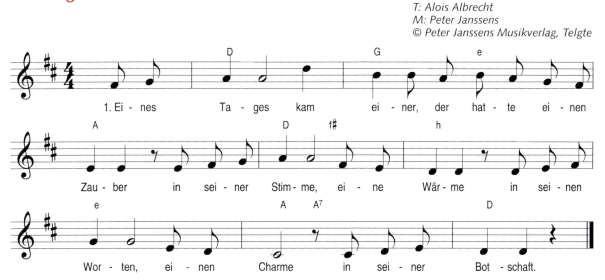

T: Alois Albrecht
M: Peter Janssens
© Peter Janssens Musikverlag, Telgte

2. Eines Tages kam einer,
   der hatte eine Freude in seinen Augen,
   eine Freiheit in seinem Handeln,
   eine Zukunft in seinen Zeichen.

3. Eines Tages kam einer,
   der hatte eine Hoffnung in seinen Wundern,
   eine Kraft in seinem Wesen,
   eine Offenheit in seinem Herzen.

4. Eines Tages kam einer,
   der hatte eine Liebe in seinen Gesten,
   eine Güte in seinen Küssen,
   eine Zärtlichkeit in seinen Umarmungen.

5. Eines Tages kam einer,
   der hatte einen Vater in seinen Gebeten,
   einen Helfer in seinen Ängsten,
   einen Gott in seinem Sterben.

6. Eines Tages kam einer,
   der hatte einen Schatz in seinem Himmel,
   ein Leben in seinem Tode,
   eine Auferstehung in seinem Glauben.

3 Jesus, der Verlierer?

Der Beginn des Leidens

Und wieder versetzen wir uns in die damalige Zeit. Wir stellen uns vor, dass immer mehr Menschen von Jesus begeistert waren. Gleichzeitig wuchs die Zahl derer, die ihn fürchteten. Die römischen Herrscher hatten Angst vor Unruhe und Aufstand. Sie sahen eine große Gefahr in Jesus. Zu vielen der Armen und Rechtlosen hatte er Achtung und Respekt entgegengebracht. Viele sahen in Jesus den neuen Herrscher, den Messias. Hierdurch wuchs die Befürchtung der Römer, ihre Herrschaft sei gefährdet. Aufgrund der Geschehnisse im Jerusalemer Tempel fürchteten einige Mitglieder des jüdischen Staatsrates um ihre Existenz, da sie durchaus wirtschaftlichen Vorteil aus den Tempelgeschäften zogen. Die Spannungen wuchsen, denn zum alljährlichen Pessach-Fest kamen viele Juden nach Jerusalem. Diese Spannungen blieben Jesus nicht verborgen. Ganz bewusst feierte er mit seinen Jüngern das Pessach-Mahl.

> ³⁹Dann verließ Jesus die Stadt und ging, wie er es gewohnt war, zum Ölberg; seine Jünger folgten ihm. ⁴⁰Als er dort war, sagte er zu ihnen: Betet darum, dass ihr nicht in Versuchung geratet! ⁴¹Dann entfernte er sich von ihnen ungefähr einen Steinwurf weit, kniete nieder und betete: ⁴²Vater, wenn du willst, nimm diesen Kelch von mir! Aber nicht mein, sondern dein Wille soll geschehen. ⁴³Da erschien ihm ein Engel vom Himmel und gab ihm neue Kraft. ⁴⁴Und er betete in seiner Angst noch inständiger und sein Schweiß war wie Blut, das auf die Erde tropfte. ⁴⁵Nach dem Gebet stand er auf, ging zu den Jüngern zurück und fand sie schlafend; denn sie waren vor Kummer erschöpft. ⁴⁶Da sagte er zu ihnen: Wie könnt ihr schlafen? Steht auf und betet, damit ihr nicht in Versuchung geratet.
>
> *Lk 22,39-46*

Otto Dix

- Jesus feiert als Jude mit seinen Jüngern das Pessach-Mahl. Was bedeutet das für Christen?
- In größter Angst und Verzweiflung betet Jesus zu Gott. Welche Erfahrung macht er?
- Stellt euch vor: Ihr seid in großer Not und auf den Beistand eurer Freunde angewiesen. Und dann reagieren sie so, wie die Jünger im Lukas-Evangelium. Beschreibt eure Gefühle! Was denkt ihr über eure Freundinnen und Freunde? Was sagt ihr zu ihnen?

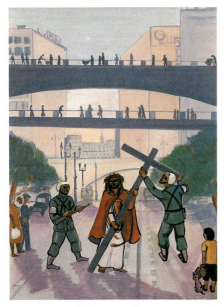
2. Station: Verlassen von allen
Thema: Großstadt

3. Station: Erdrückt vom Kreuz
Thema: Bürgerkrieg

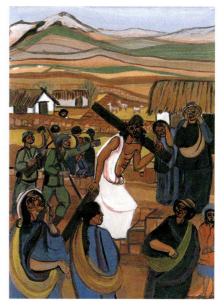
8. Station: Der Aufschrei der Frauen
Thema: Frauen

9. Station: Verstoßen und geschlagen
Thema: Straßenkinder

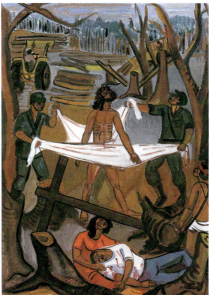
10. Station: Des Kleides beraubt
Thema: Zerstörung des Regenwaldes

11. Station: Ans Kreuz geschlagen
Thema: Verschuldung

- Besucht eine Kirche und geht miteinander den Kreuzweg.
- Setzt euch in Gruppen zusammen und gestaltet auf einem Plakat Stationen des Kreuzweges/Leidensweges. Überlegt, woran Jesus »gelitten« hat – auch lange vor seiner Kreuzigung!
- Jesu Leidensstationen werden in der Volksfrömmigkeit seit Jahrhunderten nachvollzogen und gebetet. Die Stationen oben hat der Friedensnobelpreisträger Alfonso Pérez Esquivel für das Gedächtnisjahr »500 Jahre Lateinamerika: 1492-1992« gestaltet. Wie würde der Kreuzweg aussehen, wenn Jesus ihn in diesem Jahr in unserem Land gehen müsste?

Gefangennahme und Kreuzigung

Andreas führte ein Gespräch mit Pilatus, um – ohne dass es verdächtig oder auffällig wirken sollte – Pilatus zur Freilassung Jesu zu bewegen:

Pilatus kam ins Grübeln. »Ich hatte mir ernsthaft überlegt, ob ich diese drei Banditen, von denen ich anfangs sprach, zum Pessach-Fest freilassen sollte. Ja, ich war entschlossen es zu tun. Dann aber erfuhr ich von dieser neuen messianischen Bewegung um Jesus. Das Fest kommt näher. Die Massen strömen nach Jerusalem. Die Lage kann kritisch werden. Das Risiko ist zu hoch.«
»Aber kann man die Hinrichtung der drei Banditen nicht verschieben?« Pilatus schüttelte den Kopf.
»Einer soll freigelassen werden. Einer – das ist ein begrenztes Risiko. Ich werde dem Volk überlassen, wen es wählt.«
Ich spürte, wie sich mein Magen verkrampfte. Meine Kehle war wie zugeschnürt. Ein kalter Schauer jagte über meinen Rücken. Wieder fühlte ich mich in den Klauen des Tieres gefangen. Ich versuchte mir nichts anmerken zu lassen.
»Und wer soll neben Jesus zur Wahl gestellt werden?«
»Ein gewisser Barabbas.«
Ohnmächtig musste ich zuschauen, wie die Dinge auf eine Katastrophe zuliefen. Ich konnte mein Entsetzen nicht länger verbergen. Ich zitterte am ganzen Körper.

Es vergingen bange Stunden. Endlich kam Malchos mit der Nachricht: Barabbas wurde auf Verlangen des Volkes freigelassen und ist sofort untergetaucht. Den Jesus haben sie vor der Stadt gekreuzigt. Zusammen mit zwei Zeloten.
Die Entscheidung war gefallen. Ich wurde etwas ruhiger. Ich fühlte mich stark genug, um zum Stadtrand zu gehen. Ich wollte Jesus wenigstens von ferne sehen. Von der zweiten Stadtmauer aus konnten wir den Hinrichtungsort sehen. Drei Kreuze standen da. Drei gefolterte und geschundene Menschen hingen an ihnen – in Todesangst und Todesschmerzen. Die Leute flüsterten sich zu: Der ist schon tot. Die Römer haben ihn hingerichtet, weil sie fürchteten, er könnte der Messias sein.
Ich schaute von ferne auf das Kreuz, an dem Jesus hing. Es war das Kreuz in der Mitte.
Wir standen im Schatten des Galiläers. Wir spürten: Diese Menschen waren keine Verbrecher.
Malchos sagte: »Wenn die Sonne sehen und fühlen könnte wie wir, sie müsste vor Trauer dunkel werden. Wenn die Erde empfinden könnte, sie müsste vor Zorn beben.«
Aber die Sonne verdunkelte sich nicht. Die Erde blieb ruhig. Es war ein normaler Tag. Nur in mir war es dunkel. Nur in mir bebten die Fundamente des Lebens.

Gerd Theißen

---

[44] **Es war etwa um die sechste Stunde, als eine Finsternis über das ganze Land hereinbrach. Sie dauerte bis zur neunten Stunde.** [45] **Die Sonne verdunkelte sich. Der Vorhang im Tempel riss mitten entzwei** [46] **und Jesus rief laut: Vater, in deine Hände lege ich meinen Geist. Nach diesen Worten hauchte er den Geist aus.**
[47] **Als der Hauptmann sah, was geschehen war, pries er Gott und sagte: Das war wirklich ein gerechter Mensch.**
[48] **Und alle, die zu diesem Schauspiel herbeigeströmt waren und sahen, was sich ereignet hatte, schlugen sich an die Brust und gingen betroffen weg.**
[49] **Alle seine Bekannten aber standen in einer Entfernung (vom Kreuz), auch die Frauen, die ihm seit der Zeit in Galiläa nachgefolgt waren und die alles mit ansahen.**

Lk 23,44-49

- Vergleicht die Erzählung mit dem Bibeltext. Welche Unterschiede stellt ihr fest? Welche Erklärung findet ihr dafür?
- Schreibt einen Zeitungsbericht über die Kreuzigung Jesu. Ihr könnt folgende Stellen aus dem Neuen Testament hinzuziehen: Lk 23, Mk 15, Mt 27.
- Ihr könnt Bilder zu dem Erzähltext malen. Achtet dabei auf die Wahl der Farben!

Lovis Corinth, 1922

4 Jesus, der Auferstandene

Das leere Grab

Nach dem Tod Jesu trauern seine Anhänger und verbringen das Pessach-Fest traurig miteinander. Am nächsten Morgen wollen Frauen, die Jesus am Kreuz haben sterben sehen, zum Grab gehen.
Wir stellen uns vor: So hätte es gewesen sein können: Als Maria aus Magdala und Salome in den Garten kamen, sahen sie sofort, dass der große Stein vom Eingang des Grabes weg- und die Böschung hinuntergerollt war. Das Beste von allem war aber, dass das Erdbeben die römischen Soldaten in die Flucht geschlagen hatte, die zur Grabwache eingeteilt gewesen waren. Die beiden Frauen befanden sich allein in dem Garten, in dem jetzt die ersten Sonnenstrahlen durch die Baumkronen drangen und die Vögel zu singen begannen. Maria Magdalena atmete tief, schaute und horchte.
Die beiden Frauen verschwanden im Innern des Felsengrabes. Ein paar zaghafte Sonnenstrahlen stahlen sich durch die Öffnung, aber drinnen herrschte trotzdem so tiefe Dunkelheit, dass die Frauen einen Moment stehen bleiben mussten, um ihre Augen zu gewöhnen. Es dauerte, bis sie begriffen, was sie sahen. Der Felsvorsprung, auf den sie den Toten gelegt hatten, war leer, nur das schöne Leichentuch war noch vorhanden.
»Das ist unmöglich«, flüsterte Salome. »Unmöglich, unmöglich.«
Maria Magdalena konnte nicht einmal flüstern, ihre große, tiefe Trauer holte sie unvermittelt ein. Sie weinte. Allmählich gelang es ihr, sich zu beruhigen, schließlich flossen nur noch die Tränen, die wie der Regen im Winter nicht aufzuhalten waren.
»Was tun wir?«
»Hier gibt es nichts zu tun.«
»Wir müssen es den anderen sagen.«
»Ja.«
»Leise, draußen steht ein Mann.«
Aber Maria fürchtete sich nicht, selbst wenn die ganze römische Kohorte draußen Wache gestanden hätte, würde sie nicht gezögert haben. Sie bückte sich und trat durch die Graböffnung. Draußen stand ein Mann. Sie sah ihn nur im Gegenlicht und war von der Sonne geblendet, die nach dem Grabesdunkel in den Augen fast schmerzte. Es ist einer von Josefs Gärtnern, dachte sie.
In diesem Augenblick sagte der Mann: »Warum weinst du?«
Maria versuchte die Tränen zurückzuhalten: »Wenn du es bist, der meinen Herrn weggetragen hat, dann sage mir, wohin du ihn gelegt hast, damit ich ihn bestatten kann.«

Alfred Manessier, 1949

Der Mann sagte: »Maria.«
In diesem Augenblick erkannte sie die Stimme, die helle Stimme, die sie geliebt hatte. Gewissheit durchzuckte sie, verwandelte sie: Sie spürte, wie Klarheit und Kraft ihren Körper, ihre Vernunft, ihre Sinne wieder belebten. Eine Brise kam auf, der Morgenwind wirbelte Staub und Blätter durch den vom Erdbeben verwüsteten Garten. Seine Gestalt blieb verschwommen.
Aber die Stimme war klar und voll Humor, als er sagte: »Eile, Maria, sage meinen Jüngern, sie sollen nach Galiläa gehen. Dort werden sie dem Auferstandenen begegnen.«
Marianne Fredriksson

Der Gang nach Emmaus

Unser Weg geht weiter
seit Ostern ist es ein neuer Weg
denn ER geht mit uns
mit IHM können wir
Wüste zum Garten werden lassen
vom Tod zum Leben kommen
in Dunkelheit Licht schaffen
aus Entbehrung Erfüllung finden
unseren Durst mit lebendigem Wasser stillen
im Kreuz des Alltags das Zeichen
unseres Heiles sehen
immer neu aufbrechen
und darauf vertrauen
an unser Ziel zu gelangen.

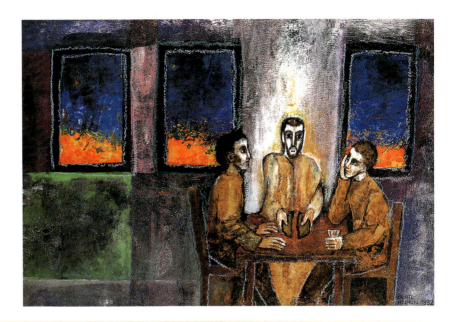

²⁸So erreichten sie das Dorf, zu dem sie unterwegs waren. Jesus tat, als wolle er weitergehen, ²⁹aber sie drängten ihn und sagten: Bleib doch bei uns, denn es wird bald Abend, der Tag hat sich schon geneigt. Da ging er mit hinein, um bei ihnen zu bleiben. ³⁰Und als er mit ihnen bei Tisch war, nahm er das Brot, sprach den Lobpreis, brach das Brot und gab es ihnen. ³¹Da gingen ihnen die Augen auf und sie erkannten ihn; dann sahen sie ihn nicht mehr. ³²Und sie sagten zueinander: Brannte uns nicht das Herz in der Brust, als er unterwegs mit uns redete und uns den Sinn der Schrift erschloss? ³³Noch in derselben Stunde brachen sie auf und kehrten nach Jerusalem zurück und sie fanden die Elf und die anderen Jünger versammelt. ³⁴Diese sagten: Der Herr ist wirklich auferstanden und ist dem Simon erschienen. ³⁵Da erzählten auch sie, was sie unterwegs erlebt und wie sie ihn erkannt hatten, als er das Brot brach.

Lk 24,28-35

- *Die literarische Erzählung bezieht sich auf Lk 24,1-8. Maria Magdalena und Salome kehren zu den Jüngern zurück. Wie erklären sie das Geschehen? Wie reagieren die Jünger? Lies dazu Lk 24,9-12.*
- *Gestaltet Bilder zum Thema: Jesus ist bei uns. Ein Tipp: Zeichnet keine Personen, sondern versucht eure Gedanken mithilfe von Farben zum Ausdruck zu bringen.*
- *Jesus begleitet ihren Weg – diese Erfahrung machten die Jünger auf dem Weg nach Emmaus. Was bedeutet es für euch, dass Jesus euren Weg begleiten will? Gestaltet Texte oder Bilder dazu.*
- *Findet in den Kapiteln »Vorbilder – Wegweiser in unserem Leben«, »Dem Ruf Gottes folgen – Berufung und Nachfolge« und »Für eine bessere Welt: Organisierte Nächstenliebe« Beispiele, wo Menschen in der Nachfolge des Auferstandenen zu Jüngerinnen und Jüngern Jesu geworden sind.*

5 Jesus, wer ist das für mich?

- Er ist ein guter Mensch. Joh 7,12
- Das war wirklich ein gerechter Mensch! Lk 23,47
- Ich bin das Licht der Welt. Joh 8,12
- Er ist wahrhaftig ein Prophet! Joh 7,40
- Du bist der Messias, der Sohn des lebendigen Gottes! Mt 16,16
- Dieser Fresser und Weinsäufer, dieser Freund der Zöllner und Sünder! Mt 11,19
- Er ist von Sinnen! Mk 3,21
- Er lästert Gott! Mk 2,7
- Wahrhaftig, dieser Mensch war Gottes Sohn. Mk 15,39
- Ihr aber, für wen haltet ihr mich? Mt 16,15

- Welcher ist eurer Ansicht nach der passende »Titel« für Jesus? Begründet eure Meinungen.
- Findet aktuelle Titel für Jesus.
- Schreibt erneut eine Lebensbeschreibung über Jesus. Ihr könnt dies in Form eines Gedichts, eines Zeitungsberichts oder einer Erzählung tun. Vergleicht die Texte mit denen, die ihr am Anfang der Unterrichtsreihe über Jesus geschrieben habt. Was hat sich verändert?
- Erstellt in Gruppen ein Werbeplakat für Jesus! Welche Eigenschaften würdet ihr hervorheben? Welche Verhaltensweisen sind nachahmenswert?
- Warum fällt es euch womöglich schwer, Werbung für Jesus zu machen?
- Vergleicht die Jesus-»Bilder« in diesem Kapitel mit den Glaubenszeichen in Kapitel 3, S. 31 ff. Wo könnt ihr Verbindungen herstellen?

9 Es geschehen noch Zeichen und Wunder
Wunder Jesu – damals und heute

1 Blick-Wechsel: Neu sehen lernen

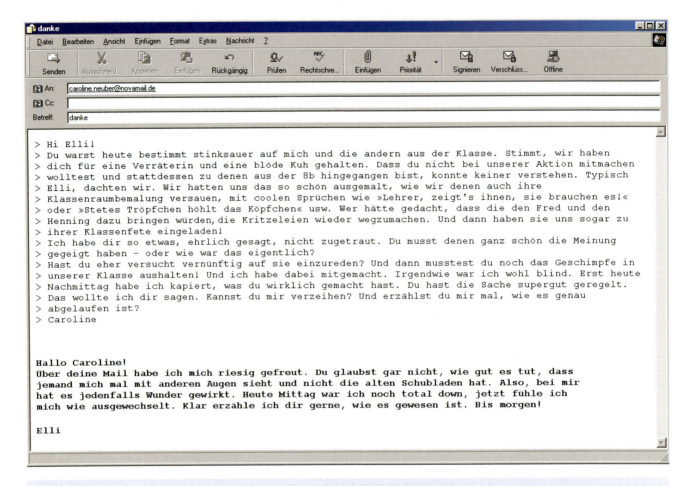

- Sammelt einmal solche Äußerungen wie: »Es bleibt ja doch alles beim Alten ...«, »Da ist sowieso nichts zu machen ...«. Spielt ein kleines Gespräch, in dem ein Gesprächspartner immer wieder solche Äußerungen verwendet, und beurteilt dann ihre Wirkung.
- Habt ihr es selber schon erlebt, dass ihr jemanden/etwas mit neuen Augen gesehen habt? Könnt ihr beschreiben, inwiefern ihr vorher für sie/ihn oder für die Sache blind gewesen seid?

Ein jüdischer Weiser fragt seine Schüler:
»Wie kann man den Augenblick bestimmen, wo die Nacht zu Ende ist und der Tag anbricht?«
Der erste Schüler fragt: »Ist es, wenn man in der Ferne einen Feigenbaum von einer Palme unterscheiden kann?«
Der Rabbi antwortet: »Nein, das ist es nicht.«
Der zweite Schüler meint: »Wenn man ein Schaf von einer Ziege unterscheiden kann, dann wechselt die Nacht zum Tag.«
»Auch das ist es nicht«, ist die Antwort des Weisen.
»Aber wann ist denn der Augenblick gekommen?«, fragen die Schüler.
Der Rabbi antwortet: »Wenn du in das Gesicht eines Menschen schaust und darin den Bruder oder die Schwester erkennst, dann ist die Nacht zu Ende, dann bricht der Tag an.«

Chassidisch

⁴⁶Als er mit seinen Jüngern und einer großen Menschenmenge Jericho wieder verließ, saß an der Straße ein blinder Bettler, Bartimäus, der Sohn des Timäus. ⁴⁷Sobald er hörte, dass es Jesus von Nazaret war, rief er laut: Sohn Davids, Jesus, hab Erbarmen mit mir! ⁴⁸Viele wurden ärgerlich und befahlen ihm zu schweigen. Er aber schrie noch viel lauter: Sohn Davids, hab Erbarmen mit mir! ⁴⁹Jesus blieb stehen und sagte: Ruft ihn her! Sie riefen den Blinden und sagten zu ihm: Hab nur Mut, steh auf, er ruft dich. ⁵⁰Da warf er seinen Mantel weg, sprang auf und lief auf Jesus zu. ⁵¹Und Jesus fragte ihn: Was soll ich dir tun? Der Blinde antwortete: Rabbuni, ich möchte wieder sehen können. ⁵²Da sagte Jesus zu ihm: Geh! Dein Glaube hat dir geholfen. Im gleichen Augenblick konnte er wieder sehen, und er folgte Jesus auf seinem Weg.

Mk 10,46-52

- Lest zunächst nur den Einleitungssatz und deckt den Rest des Textes ab. Welches Verhalten von Jesus erwartet ihr?
- Wenn ihr auf einer Kopie des Textes mit verschiedenen Farben unterstreicht, wer in den einzelnen Sätzen jeweils handelt, könnt ihr die »Aktionsanteile« herausfinden. Schaut euch auch die Verben an. Sie sagen euch, was die Personen(gruppen) tun. Überrascht euch das Ergebnis?
- »Es soll (nicht) alles beim Alten bleiben«: Untersucht, wer in dieser Geschichte etwas dazu tut, dass sich nichts/etwas ändert. Das Ergebnis lässt sich in einer Skizze darstellen.
- Was nach dieser Geschichte »glauben« heißt: um Hilfe schreien, abwerfen, worunter wir uns verkrochen haben …
- Diese Geschichte lässt sich gut nachspielen. Probiert dabei auch verschiedene Reaktionsmöglichkeiten der Beteiligten aus.
- Eine andere Möglichkeit: Auf einer »Pressekonferenz« erläutern die Personen(gruppen), warum sie sich so verhalten haben.

Jesus ist unterwegs
Ein Mann ruft ihn an
Ich sehe keinen Weg
Blind bin ich
Jesus verschafft ihm
eine neue Sicht
und sagt
Sie haben gut daran
getan
mich anzurufen

Kurt Wolff

Wer nicht an Wunder glaubt, ist kein Realist.

David Ben Gurion

Durch eine neue Brille gesehen

Unser heutiges Bild der Welt ist stark von naturwissenschaftlichem Denken geprägt. Das ist die Brille, durch die wir die Welt betrachten: Wirklich ist, was man messen und beweisen kann. Diese Sicht ist sehr erfolgreich, sie hat uns eine Fülle von Entdeckungen und Erfindungen beschert. Aber sie ist auch begrenzt: Viele Dinge, die für das Leben der Menschen wichtig sind, viele menschliche Möglichkeiten kann man mit dieser Brille nicht sehen:
– dass Menschen mit anderen teilen können;
– dass Menschen anderen eine Freude bereiten können;
– dass Menschen schuldig werden können;
– dass Menschen vergeben können ...

So kann beispielsweise durch eine chemische Analyse nicht erfasst werden, was Brot für Menschen bedeutet.

VERGLEICH VON NÄHRSTOFFGEHALTEN
Nährstoffgehalt 100 g.

	Vollkornmehl	Weißmehl	
1. Protein	13,3 g	10,5 g	79 %
2. Mineralstoffe			
Kalzium	41 mg	16 mg	39 %
Phosphor	372 mg	87 mg	23 %
Eisen	3,3 mg	8,8 mg	24 %
Kalium	370 mg	95 mg	26 %
Natrium	3 mg	2 mg	67 %
3. Vitamine			
Thiamin	0,55 mg	0,06 mg	11 %
Riboflavin	0,12 mg	0,05 mg	42 %
Niacin	4,3 mg	0,9 mg	21 %

- Ihr könnt probeweise verschiedene »Brillen« (die wissenschaftliche, die wirtschaftliche, die der Leistung, die der menschlichen Beziehung ...) aufsetzen und folgende Dinge betrachten: Wasser, Musik, eine Rose, ein Geschenk ... Wie erscheinen die Dinge jeweils?
- Die verschiedenen Sichtweisen könnt ihr auf Postern darstellen und nebeneinander aufhängen.
- Zur Sichtweise der Naturwissenschaft s. S. 83.

Die Menschen der Bibel hatten für vieles keinen Blick, das wir heute genauer sehen und erkennen können. Aber sie hatten oft freiere Augen für die Wirksamkeit Gottes, die zu entdecken uns heute oft so schwerfällt. In auffallenden Ereignissen sahen sie Gott besonders am Werk, hier machte Gott in besonderer Weise auf sich aufmerksam. Gott zeigte den Menschen, wie er ist – dass er nämlich nicht alles beim Alten lassen, sondern die Welt zu einem Raum des Lebens hin verändern will: Im Alten Testament war die gelungene Flucht einer Gruppe von Hebräern aus der Sklavenarbeit in Ägypten das grundlegende Ereignis. Gott ließ sich darin als JAHWE erkennen (= »Ich bin da für euch«).

Im Neuen Testament zeigte Gott durch die Auferweckung des gekreuzigten und begrabenen Jesus, dass er ein Gott des Lebens ist. Die Jüngerinnen und Jünger konnten darin den endgültigen Sieg über die sonst unausweichliche Macht des Todes erkennen.
Besondere Taten Gottes nannten die Menschen der Bibel »Zeichen«, »Machttaten«, »Werke« oder manchmal auch »Wunder«.
Wir können die biblischen Wundergeschichten nur angemessen verstehen, wenn wir wieder lernen auch in den Ereignissen unserer Welt und unseres Lebens Gott am Werk zu sehen und uns von ihm verwandeln zu lassen.

Wunder sind ungewöhnliche Ereignisse, die von glaubenden Menschen als Zeichen der Nähe und Liebe Gottes verstanden werden können.

Als sie aber die Geschichte Jesu hörten
und wie es ihm ergangen war,
da trieb sie die Frage um:
Bist du, der da kommen sollte
und mit dir das Gottesreich?
Oder sollen wir eines andern warten?
Bist du es, Jesus,
oder sollen wir das Warten bleiben lassen
und uns abfinden mit allem, wie es eben ist?
Jesus antwortete und sprach zu ihnen:
Nehmt euch zu Herzen, was ihr hört und seht.
Geht hin und sagt es anderen weiter:
Blinde sehen, Lahme gehen,
Aussätzige werden rein, Taube hören.
Die Botschaft der Gottesliebe wird weitergesagt.
Menschen horchen auf und ändern ihren Sinn.
Verstoßene Kinder finden jemand, der sie liebt,
deutsche und türkische Kinder dürfen zusammen spielen.

In den Familien werden abends Gespräche geführt.
Der Leistungsdruck lässt nach,
der Konsum sinkt,
man kann atmen in den Innenstädten,
und Trabantenstädte werden wohnlich.
Auf dem Rasen dürfen Kinder spielen,
Ghettos gehören der Vergangenheit an.
In Altersheimen lässt sich's leben,
Süchtige kommen los, Traurige lächeln,
Verhärtete können weinen,
Besserwisser hören zu,
Gleichgültige falten die Hände.
Abgeordnete vertreten die Interessen der Schwachen
und der Gegner kommt zu Wort.
Kapital fließt in die Entwicklungsländer,
Gespräche über Frieden sind ernst gemeint
und haben spürbare Folgen.
Allen wird das Evangelium verkündigt:
Jesu Herrschaft erneuert die ganze Welt.

Manfred Fischer (nach Lk 7,18-23)

- Wenn ihr »Assoziationen-Sterne« zu den Ausdrücken »Zeichen«, »Machttaten«, »Werke« und »Wunder« aufschreibt, könnt ihr die Unterschiede zwischen den biblischen Begriffen erspüren.
- Unser Alltag ist voller »Wunder«: im Sprachgebrauch (der Tag war wunderbar, ich wundere mich über dich, da kann nur noch ein Wunder helfen ...), in der Zeitung (»Sieg in letzter Minute: ein Fußballwunder«, »Wunderbare Rettung aus Gletscherspalte«).
- Diese »Wunder« lassen sich leicht sammeln und ordnen und mit der biblischen Vorstellung vergleichen.
- Der Text von Manfred Fischer zeigt, wie die Welt sich verändern kann, wenn Menschen sie mit der »Brille Gottes« sehen lernen. Der Text eignet sich gut dazu, neue Sätze einzufügen.

3 Nehmt euch zu Herzen, was ihr hört und seht!

Ein lebendiger Mensch werden

³⁵Während Jesus noch redete, kamen Leute, die zum Haus des Synagogenvorstehers gehörten, und sagten zu Jaïrus: Deine Tochter ist gestorben. Warum bemühst du den Meister noch länger? ³⁶Jesus, der diese Worte gehört hatte, sagte zu dem Synagogenvorsteher: Sei ohne Furcht; glaube nur! ³⁷Und er ließ keinen mitkommen außer Petrus, Jakobus und Johannes, den Bruder des Jakobus. ³⁸Sie gingen zum Haus des Synagogenvorstehers. Als Jesus den Lärm bemerkte und hörte, wie die Leute laut weinten und jammerten, ³⁹trat er ein und sagte zu ihnen: Warum schreit und weint ihr? Das Kind ist nicht gestorben, es schläft nur. ⁴⁰Da lachten sie ihn aus. Er aber schickte alle hinaus und nahm außer seinen Begleitern nur die Eltern mit in den Raum, in dem das Kind lag. ⁴¹Er fasste das Kind an der Hand und sagte zu ihm: Talita kum!, das heißt übersetzt: Mädchen, ich sage dir, steh auf! ⁴²Sofort stand das Mädchen auf und ging umher. Es war zwölf Jahre alt. Die Leute gerieten außer sich vor Entsetzen. ⁴³Doch er schärfte ihnen ein, niemand dürfe etwas davon erfahren; dann sagte er, man solle dem Mädchen etwas zu essen geben.

Mk 5,35-43

Hier ein Fragenkatalog, mit dem ihr diese Geschichte »entschlüsseln« könnt:

- Wie lebt wohl dieses zwölfjährige, in der Pubertät stehende Mädchen, wenn der Vater Synagogenvorsteher ist, also ein höheres Amt in der Kirche bekleidet?
- Wie wirkt sich die berufliche Aufgabe des Vaters auf die Familie aus?
- Welche Vorteile und Nachteile sind damit gerade für die Tochter verbunden?
- Wie lebt es sich als (eventuell einzige) Tochter, wenn in Religion und Gesellschaft eindeutig die Männer bevorzugt werden?
- Was kann hier das »Sterben« des Mädchens bedeuten?
- Warum schickt Jesus bis auf seine Begleiter und die Eltern (!) alle Leute hinaus?
- Worin liegt das »Wunder«?
- Wird sich nachher in der Familie etwas verändert haben?
- Warum spricht Jesus wohl das Redeverbot in Vers 43 aus?

Paula Modersohn-Becker, 1902/3

- Das Gespräch zwischen Jesus und dem Mädchen lässt sich gut ausgestalten. Schreibt auf, wie es verlaufen könnte. Ihr könnt es dann mit verteilten Rollen vorlesen.
- Ihr könnt auch andere, vor allem die Eltern, in das Gespräch einbeziehen.
- Das Mädchen schreibt nach der Begegnung mit Jesus einer Freundin einen Brief.

Aufrecht durchs Leben gehen

¹⁰Am Sabbat lehrte Jesus in einer Synagoge. ¹¹Dort saß eine Frau, die seit achtzehn Jahren krank war, weil sie von einem Dämon geplagt wurde; ihr Rücken war verkrümmt, und sie konnte nicht mehr aufrecht gehen. ¹²Als Jesus sie sah, rief er sie zu sich und sagte: Frau, du bist von deinem Leiden erlöst. ¹³Und er legte ihr die Hände auf. Im gleichen Augenblick richtete sie sich auf und pries Gott.
¹⁴Der Synagogenvorsteher aber war empört darüber, dass Jesus am Sabbat heilte, und sagte zu den Leuten: Sechs Tage sind zum Arbeiten da. Kommt also an diesen Tagen und lasst euch heilen, nicht am Sabbat! ¹⁵Der Herr erwiderte ihm: Ihr Heuchler! Bindet nicht jeder von euch sogar am Sabbat seinen Ochsen oder Esel von der Krippe los und führt ihn zur Tränke? ¹⁶Diese Tochter Abrahams aber, die der Satan schon seit achtzehn Jahren gefesselt hielt, sollte am Sabbat nicht davon befreit werden dürfen? ¹⁷Durch diese Worte wurden alle seine Gegner beschämt; das ganze Volk aber freute sich über all die großen Taten, die er vollbrachte.

Lk 13,10-17

- Ihr könnt euch gut in die Lage der gekrümmten Frau einfühlen, wenn ihr eine Zeit lang gebückt durch den Raum geht. Beobachtet auch genau, wie es euch ergeht, wenn ihr euch wieder aufrichtet. Berichtet euch anschließend gegenseitig, wie es euch dabei ergangen ist, was ihr gefühlt, beobachtet habt ...
- Denkt darüber nach, was einen Menschen »krumm« macht und was ihm hilft »sich aufzurichten«. Vergleicht dazu die Bilder S. 142 f.
- Die Geschichte hat deutlich erkennbar zwei Teile: die Heilungsgeschichte und die Auseinandersetzung um das, was man am Sabbat tun darf oder soll. Könnt ihr den Zusammenhang zwischen beiden Teilen erklären?
- Die Geschichte der gekrümmten Frau ist nicht zu Ende. Stellt euch vor, wie es ihr nach ihrer Heilung zu Hause ergeht. Wie verändert sich ihr Leben, wo tauchen vielleicht neue Schwierigkeiten und Hindernisse auf, wie wird sie auf diese reagieren?

4 »Kostproben« einer neuen Welt

¹Auf, ihr Durstigen, kommt alle zum Wasser! Auch wer kein Geld hat, soll kommen. Kauft Getreide und esst, kommt und kauft ohne Geld, kauft Wein und Milch ohne Bezahlung! ²Warum bezahlt ihr mit Geld, was euch nicht nährt, und mit dem Lohn eurer Mühen, was euch nicht satt macht? Hört auf mich, dann bekommt ihr das Beste zu essen und könnt euch laben an fetten Speisen.

Jes 55,1-2

¹Danach ging Jesus an das andere Ufer des Sees von Galiläa, der auch See von Tiberias heißt. ²Eine große Menschenmenge folgte ihm, weil sie die Zeichen sahen, die er an den Kranken tat. ³Jesus stieg auf den Berg und setzte sich dort mit seinen Jüngern nieder. ⁴Das Pascha, das Fest der Juden, war nahe.
⁵Als Jesus aufblickte und sah, dass so viele Menschen zu ihm kamen, fragte er Philippus: Wo sollen wir Brot kaufen, damit diese Leute zu essen haben? ⁶Das sagte er aber nur, um ihn auf die Probe zu stellen; denn er selbst wusste, was er tun wollte.
⁷Philippus antwortete ihm: Brot für zweihundert Denare reicht nicht aus, wenn jeder von ihnen auch nur ein kleines Stück bekommen soll. ⁸Einer seiner Jünger, Andreas, der Bruder des Simon Petrus, sagte zu ihm:
⁹Hier ist ein kleiner Junge, der hat fünf Gerstenbrote und zwei Fische; doch was ist das für so viele!
¹⁰Jesus sagte: Lasst die Leute sich setzen! Es gab dort nämlich viel Gras. Da setzten sie sich; es waren etwa fünftausend Männer. ¹¹Dann nahm Jesus die Brote, sprach das Dankgebet und teilte an die Leute aus, so viel sie wollten; ebenso machte er es mit den Fischen.
¹²Als die Menge satt war, sagte er zu seinen Jüngern: Sammelt die übrig gebliebenen Brotstücke, damit nichts verdirbt.
¹³Sie sammelten und füllten zwölf Körbe mit den Stücken, die von den fünf Gerstenbroten nach dem Essen übrig waren.

Joh 6,1-13

- Ähnliche Texte stehen im Alten Testament: Ex 16,12-15; 1 Kön 17,8-16; 2 Kön 4,42-44.
- Menschen haben viele Möglichkeiten dafür zu sorgen, dass für alle genug da ist. Sammelt konkrete Beispiele!
- Menschen haben eine tiefe Sehnsucht danach, dass sie nicht mit knappen Gütern auskommen müssen, sondern aus der Fülle leben können. Sicher findet ihr Beispiele dafür. Ihr könnt auf diesen Seiten nachlesen, wie Gott diese Sehnsucht erfüllen will.
- »Unser tägliches Brot gib uns heute« – Wie versteht ihr diese Bitte aus dem Vaterunser?
- Auch die Eucharistie kann man als »Kostprobe einer neuen Welt« verstehen (s. S. 40).
- Wie der Zwang, alles haben zu müssen, unfrei macht: Auch dafür lassen sich konkrete Beispiele finden.

»Gebt ihr ihnen zu essen«

Als Jesus aufschaute,
sah er eine unübersehbar
große Menge Menschen:
Hinkende auf Krücken,
Lahme auf Tragbahren,
Blinde, die ganz Ohr waren,
Taube, die ganz Auge waren.
Als er sie alle sah,
hatte er Mitleid und dachte:
»Die brauchen jetzt was zu essen.
Wenn ich sie gehen lasse,
werden sie auf dem Weg
zusammenbrechen.
Sie werden nicht satt
von bloßer Hoffnung,
von bloßen Worten.«
Und als er stockte und schwieg,
da riefen einige vorne:
»Erzähl weiter!«
»Ja, erzähl weiter!«, schrien andere.

Aber Jesus fragte
einen seiner Freunde:
»Wie kriegen wir die satt, Philippus?«
Philippus, der rechnen konnte,
sagte: »Brot für tausend Euro
reicht nicht für so viele.
Aber woher nehmen?«
Und Andreas,
ein anderer seiner Freunde,
sagte:
»Da ist ein Kind, ein Junge,
der hat in seinem Netz
fünf Brötchen und zwei Fische.«
Aber Andreas fügte gleich hinzu:
»Das ist so viel wie nichts.«

Jesus sagte: »Wo ist der Junge?
Wenn jeder gibt, was er hat,
dann werden alle satt.«
Und da kam der Junge auch schon.
Jesus schaute den Jungen an,
der strahlte vor Freude.
Jesus sagte zu ihm:
»Willst du deine Brötchen
und deine Fische abgeben,
dass alle was bekommen?«
Und ohne zu antworten,
gab der Junge die Brötchen
und die Fische.
Und da hatte Jesus
ein Brötchen in der Hand
und brach es in viele Stücke.
Dann rief er:
»Wer hat ganz viel Hunger,
der komme!«

Und da kamen Kinder und Alte
und dann kamen immer mehr,
aber, o Wunder,
es kamen auch immer mehr,
die etwas mithatten
und es jetzt bei Jesus abgaben:
Brot und Fische und Ziegenkäse,
auch zu trinken hatten einige mit
und Jesus und seine Freunde
hatten alle Hände voll zu tun
zu brechen und zu verteilen.
Ein Geber steckte den anderen an.
»Brotvermehrung!«
ging es durch die Menge.
Jesus war zum Mittelpunkt
geworden und viele fragten:
»Wo kommt denn das Brot her?«
Da kamen einige reiche
Amerikaner,
Farmer, Fabrikanten,
der liebe Gott weiß, woher
die das so schnell erfahren hatten,
die kamen mit Schiffen und Lastern
und Flugzeugen
und brachten Lebensmittel,
die sie sonst vernichtet hätten,
um die Preise hochzuhalten.
Jetzt kamen sie und halfen
bei der Brotvermehrung.
Es entstand bald
– wer weiß, wie schnell –
eine Weltwirtschaftsgemeinschaft
und es passierte
ein Wunder nach dem anderen.
Die Deutschen kamen,
die Franzosen, die Japaner,
die Engländer, die Chinesen,
die Russen, die Südamerikaner ...
Sie alle brachten, was sie hatten,
es wurde geteilt und verteilt,
es wurde geplant und überlegt,
wie die Brotvermehrung
weitergehen könne,
bis an die Grenzen der Erde.
Kein Mensch wagte mehr zu sagen,
die Erde sei bald am Ende
und es drohe
eine Welthungerkatastrophe.
Jesus wurde zum Herzen der Welt.
Überall hörte man
seine liebenswürdige Stimme:
»Wer hat noch Hunger?«
»Wer ist noch nicht satt?«
Und immer wurde geteilt und verteilt
und alle sagten:
»Wenn jeder gibt, was er hat,
dann werden alle satt.«
Ja, da sieht man's:

wenn jeder gibt, was er hat,
dann werden alle satt.

Jesus hatte die Erde im Auge,
die ganze Erde,
nicht nur Teile,
nicht nur uns.
Er hat die ganze Erde im Auge,
er überschaut alles
und er meint,
so könne alles gut werden.

Wenn wir
so rückhaltlos anfingen
wie der junge Salomon –
ein Kind fing an
ohne Berechnung.
Und da
riskierten es auch die Großen
zu teilen.

Das ist und bleibt
ein Wunder.

Wilhelm Willms

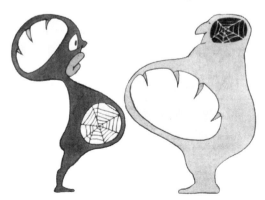

Auferstehen zum Leben

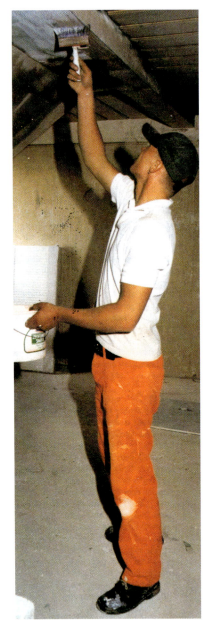

Ein neues Leben für Junkies

Marco kommt aus Leipzig und war dort in der Drogenszene zu Hause. Heroin war der Stoff, der sein Leben bestimmt und im Griff gehalten hatte. »Du denkst nur noch an die Droge. Wie komme ich an Knete? Und dann gerätst du auf die total schiefe Bahn. Du kannst nicht mehr anders. Wie oft musste ich schon zum Richter! Und es ist leider noch nicht alles ausgestanden.«

Marco erzählte mir von seiner Geschichte auf dem Heimweg von einem Jugendgottesdienst: »Das hätte mir vor drei Monaten mal einer sagen sollen! Dass ich hier neben einer Nonne in der Kirche sitze, wo ich doch von Gott und Kirche gar nichts kannte. Dann saß auf meiner anderen Seite ein Brasilianer. Und das neben mir! Ich hab doch vorher als Ausländerfeind gelebt. In der rechten Szene. Ich hab denen doch das Leben schwergemacht. Verrückt.« ...

Geheimadresse Gut Neuhof. Ein Gutshof eine knappe Autostunde westlich von Berlin. Der Hof ist verfallen, die Gebäude sind so marode, dass sie entkernt werden müssen, bevor sie bewohnt oder genutzt werden können. Aber das ist gut so. Denn so können junge Menschen sinnvolle Aufbauarbeit leisten, die ihnen dann direkt zugute kommt. Das Gelände ist außerdem groß genug, um Arbeitsprojekte einzurichten, z. B. im landwirtschaftlichen Bereich. Auch an eine Autorecycling-Anlage ist gedacht.

In Brasilien sind die »Fazendas de Esperanca« bereits ein Erfolgsmodell. Auf diesen »Höfen der Hoffnung« haben sich mehrere tausend junger Drogenkranker von ihrer Sucht befreit. Das praktizierte Modell ist einfach: »Wir geben den Drogenabhängigen eine Familie«, sagt der Leiter dieser Einrichtungen, Franziskanerpater Hans Stapel. »Die jungen Leute leben in Gruppen zusammen, arbeiten gemeinsam und leben von dem, was sie erwirtschaften.« Das alles hilft ihnen in ein normales Leben zurückzufinden. Das Programm dauert ein Jahr und hat drei Stufen, erklärt der Pater: »Erst tragen wir die Jugendlichen. Dann gehen sie selbst ihre Schritte und zum Schluss tragen sie andere.« Konkret heißt das: Die Bewohner übernehmen am Ende selbst die Verantwortung für eine Gruppe.

Und das passiert nun auch im Land Brandenburg. Elf ehemalige brasilianische Fazenda-Bewohner leisten hier Entwicklungshilfe. Diesmal sind es also nicht die Europäer, die den Südamerikanern zeigen, wie es geht ...

Gut Neuhof ist eine Initiative christlich inspirierter Menschen, die sich in Berlin zum Verein »Obdach und Arbeit e.V.« zusammengeschlossen haben. Langjährige Erfahrungen in der sozialen Arbeit unter dem Dach katholischer und evangelischer Kirchengemeinden aus Berlin-Kreuzberg ließen sie eine Partnerschaft mit Brasilien aufbauen, um durch die Internationalität neue Impulse zu bekommen.

Am Anfang hatte die Entscheidung von Nelson Gianelli gestanden, einem 17-jährigen Brasilianer. Angestoßen durch Pater Hans Stapel hatte er das Evangelium für sich entdeckt. »Was ihr dem geringsten meiner Brüder getan habt, das habt ihr mir getan.« Und das waren Drogenabhängige an einer Straßenecke von Guaratingeta im brasilianischen Bundesstaat Sao Paulo. Aus diesem kleinen Anfang entstanden später die Orte »Fazenda de Esperanca« für Menschen, die sich als Strandgut der Gesellschaft fühlten. Aids-Kranke, Drogenabhängige, Straßenkinder, verlassene allein erziehende Mütter haben dort eine neue Familie gefunden. Viele erfahren die Fazenda als Ort einer »geistlichen

Rehabilitation«, wo sie den Wert ihres Lebens von Gott her entdecken können und den Kampf gegen Pessimismus und Bequemlichkeit aufnehmen.

Das Leben auf Gut Neuhof kreist um Bibelworte, die im Zusammenleben eine ungeahnte Dynamik entfalten. Wenn sich die Jugendlichen morgens vornehmen, nach der Goldenen Regel (vgl. Mt 7,12) zu leben, so ist diese den meisten bestens bekannt, da sie auf jeder Zugtoilette in abgewandelter Form zu lesen ist. Das Überraschende ist: Man kann tatsächlich nach so einem uralten Wort leben! Wenn sie abends, nach einem harten Tag körperlicher Arbeit, zusammensitzen, tauschen sie sich aus, wie ihr Motto tagsüber gegriffen hat. Ob es Marco tatsächlich gelungen ist, nicht ausfällig geworden zu sein und nicht verletzend. Oder wie Patrick, ein junger Mann, der ebenfalls zur Leipziger Drogenszene gehörte, es geschafft hat, weniger misstrauisch zu reagieren und auf den anderen zuzugehen.

Marco: »Weißt du, als Mensch brauchst du doch einen Ort, wo du hingehörst. Und du brauchst Menschen, die für dich da sind. Du brauchst einen Sinn und ein Ziel für dein Leben, wofür es sich zu leben lohnt. All das habe ich hier gefunden.«

Meinolf Wacker

Das Neue Testament ist geradezu durchtränkt von der Gewissheit, dass mit Jesus die Lebensmacht Gottes gegenüber den vielen tödlichen Mächten der Welt endgültig zum Durchbruch gekommen ist. Im Johannes-Evangelium sagt Jesus von sich:

Ich bin der Weg und die Wahrheit und das Leben.
Joh 14,6

Besonders in manchen Wundergeschichten wird von dieser Macht erzählt, die stärker ist als alles Tödliche:

> [12] Als er in die Nähe des Stadttors kam, trug man gerade einen Toten heraus. Es war der einzige Sohn seiner Mutter, einer Witwe. Und viele Leute aus der Stadt begleiteten sie. [13] Als der Herr die Frau sah, hatte er Mitleid mit ihr und sagte zu ihr: Weine nicht! [14] Dann ging er zu der Bahre hin und fasste sie an. Die Träger blieben stehen und er sagte: Ich befehle dir, junger Mann: Steh auf! [15] Da richtete sich der Tote auf und begann zu sprechen und Jesus gab ihn seiner Mutter zurück.
> *Lk 7,12-15*

> [43] Nachdem Jesus dies gesagt hatte, rief er mit lauter Stimme: Lazarus, komm heraus! [44] Da kam der Verstorbene heraus; seine Füße und Hände waren mit Binden umwickelt und sein Gesicht war mit einem Schweißtuch verhüllt. Jesus sagte zu ihnen: Löst ihm die Binden und lasst ihn weggehen!
> *Joh 11,43-44*

Die Jünger Jesu können im Glauben an ihn und in seiner Nachfolge sein »Lebens-Werk« weiterführen:

> [36] In Joppe lebte eine Jüngerin namens Tabita, das heißt übersetzt: Gazelle. Sie tat viele gute Werke und gab reichlich Almosen. [37] In jenen Tagen aber wurde sie krank und starb. Man wusch sie und bahrte sie im Obergemach auf. [38] Weil aber Lydda nahe bei Joppe liegt und die Jünger hörten, dass Petrus dort war, schickten sie zwei Männer zu ihm und ließen ihn bitten: Komm zu uns, zögere nicht! [39] Da stand Petrus auf und ging mit ihnen. Als er ankam, führten sie ihn in das Obergemach hinauf; alle Witwen traten zu ihm, sie weinten und zeigten ihm die Röcke und Mäntel, die Gazelle gemacht hatte, als sie noch bei ihnen war. [40] Petrus aber schickte alle hinaus, kniete nieder und betete. Dann wandte er sich zu dem Leichnam und sagte: Tabita, steh auf! Da öffnete sie ihre Augen, sah Petrus an und setzte sich auf.
> *Apg 9,36-40*

- *Vieles kann in unserem Leben in einem übertragenen Sinn »tödlich« sein. Beispiele findet ihr in dem Bericht von Gut Neuhof. Ihr findet sicher weitere ...*
- *Vieles kann aber auch ein neues Leben ermöglichen. Dazu könnt ihr wieder zunächst in dem Bericht suchen und dann eigene Ideen nennen.*
- *Tod und Leben lassen sich mit künstlerischen Mitteln darstellen. Ihr könnt beispielsweise ein Bild, das für euch »Leben« darstellt, mit schwarzer Farbe beschriften, mit Worten des Todes. Diese Farbe könnt ihr dann ganz oder teilweise wieder abkratzen. Ihr habt sicher noch weitere Ideen. Veranstaltet eine kleine Ausstellung!*

Jeder kann Wunder vollbringen

Vater lief erst ein paarmal im Nachthemd im Zimmer herum und rieb sich fröstelnd die Oberarme dabei. Dann blieb er dicht vor mir stehen.
»Liebst du die Menschen?« Er schien die Luft anzuhalten; man hörte auf einmal seinen Atem nicht mehr.
»Hör mal«, sagte ich, »wo wir so viel nette kennen.«
»Also.« Vater atmete aus und stieg wieder ins Bett.
»Was heißt ›also‹?«, fragte ich.
»›Also‹ heißt, dann kannst du auch Wunder vollbringen.« Ich hatte auf einmal Herzklopfen bekommen. »Du meinst, Wunder kriegt jeder fertig?«
»Jeder, der liebt«, verbesserte Vater und boxte sich sein Kissen zurecht.

Wolfdietrich Schnurre

Wenn jeder gibt, was er hat

T: Wilhelm Willms / M: Peter Janssens

2. Wir spinnen – träumen, schauen
   wir fangen – an zu bauen
   wir spinnen – träumen, schauen
   wir fangen – an zu bauen

3. Wir teilen – was wir haben
   wir bringen – uns're Gaben
   wir teilen – was wir haben
   wir bringen – uns're Gaben

10 Spuren des lebendigen Gottes
Gottesbegegnungen – Gottesbilder

1 Gott suchen und finden

Rabbi Baruchs Enkel, der Knabe Jechiel, spielte einst mit einem andern Knaben Verstecken. Er verbarg sich gut und wartete, dass ihn sein Gefährte suchte. Als er lange gewartet hatte, kam er aus dem Versteck; aber der andere war nirgends zu sehen. Nun merkte Jechiel, dass jener ihn von Anfang an nicht gesucht hatte. Darüber musste er weinen, kam weinend in die Stube seines Großvaters gelaufen und beklagte sich über den bösen Spielgenossen. Da flossen Rabbi Baruch die Augen über und er sagte: »So spricht Gott auch: ›Ich verberge mich, aber keiner will mich suchen.‹«

Chassidische Geschichte

> ¹Ich wäre zu erreichen gewesen für die, die nicht nach mir fragten, ich wäre zu finden gewesen für die, die nicht nach mir suchten. Ich sagte zu einem Volk, das meinen Namen nicht anrief: Hier bin ich, hier bin ich. ²Den ganzen Tag streckte ich meine Hände aus nach einem abtrünnigen Volk, das einen Weg ging, der nicht gut war, nach seinen eigenen Plänen.
>
> *Jes 65,1-2*

- Ihr könnt mit einem Stift (ohne in das Buch zu malen!) den Weg in die Mitte des Labyrinths verfolgen. Stellt euch dabei vor, dass ihr diesen Weg zu Fuß zurücklegt.
- Eine Idee für einen Projekttag: Malt das Labyrinth groß auf den Schulhof.
- Sprecht miteinander über die Erfahrungen, die ihr beim »Gehen« des Weges gemacht habt. Könnt ihr diesen Weg mit der Suche nach Gott vergleichen?

Wenn du im Walde Wild sehen willst, darfst du nicht mit einem Moped kommen und kreuz und quer durch den Wald fahren; sonst wirst du gewiss keines zu Gesicht bekommen. Wenn man im Walde Wild sehen will, muss man vor allem still sein, leise gehen und ganz wach sein für alles, was auf das Wild hinweisen könnte. Man muss lauschen. Gut ist es ferner, wenn einem der Förster die Stelle sagt, eine Waldschneise vielleicht, wo sie oft heraustreten. Dann muss man dort hingehen und geduldig und mit wacher Aufmerksamkeit warten. Trotz alledem kann man die Tiere nicht herbefehlen, aber vielleicht wird es einem geschenkt, dass man sie sieht. Eines ist jedenfalls klar: Wer erfahren will, dass wirklich Wild im Walde ist, muss sich ihm anpassen, muss sich auf das Wild einstellen. Ähnliches gilt für den Menschen, der danach fragt, ob Gott existiert. Wer fordernd ruft: »Wo soll denn Gott sein? Beweise mir, dass es Gott gibt«, der wird Gott nicht finden. Wer Gott finden will, muss ihn suchen. Dazu gehört zuerst, dass man auf ihn aufmerksam ist. Das kann man aber nicht sein, wenn man nur äußerlich und oberflächlich lebt und laut ist. Dafür muss man still werden und wach für ihn sein. Man muss lauschen, ob er vielleicht ein Zeichen gibt, und man muss Geduld haben. Man muss sich also Gott anpassen, wenn man ihn finden will. Auch kann man ihn nicht herbeizwingen. Es ist ein Geschenk, wenn wir ihn finden. Aber es gibt Stellen, wo sich Gott leichter finden lässt als sonst. Die sollte man kennen. Noch ein Weiteres lehrt der Vergleich: Wer finden will, muss von dem Gesuchten eine Vorstellung haben. Wer Hirsche sehen will, muss von ihrer Gestalt und ihrem Verhalten etwas wissen. Stellt er sich unter ihnen Insekten vor, so geht er in die Irre. Und umgekehrt: Wer Ameisen sucht und sich dabei Tiere wie Hasen oder Rehe vorstellt, wird wohl keine finden. So muss auch der Mensch, wenn er nach Gott sucht, etwas davon wissen, wie die Wirklichkeit ist, der man begegnen könnte und wie und wann das vielleicht geschieht.

Klemens Tilmann

11 Denn so spricht Gott, der Herr: Jetzt will ich meine Schafe selber suchen und mich selber um sie kümmern. 12 Wie ein Hirt sich um die Tiere seiner Herde kümmert an dem Tag, an dem er mitten unter den Schafen ist, die sich verirrt haben, so kümmere ich mich um meine Schafe und hole sie zurück von all den Orten, wohin sie sich am dunklen, düsteren Tag zerstreut haben.

Ez 34,11-12

- *Ergänzt: Wenn du Gott finden willst, dann musst du ...*
- *In dem Text aus der Bibel findet sich eine andere Sichtweise der »Gottsuche« ...*

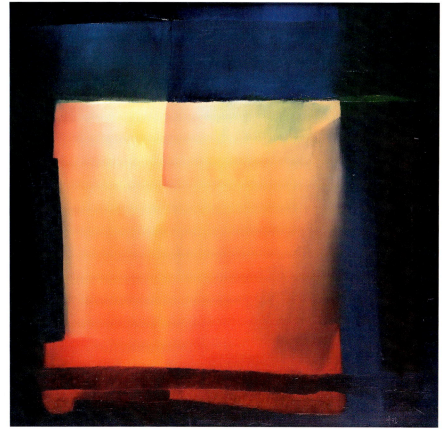

Heribert A. Huneke, 1991/92

2 Sich Gott vorstellen

Die Blinden und der Elefant

Vor langer Zeit stritten sich in einem fernen Land die Leute darüber, wie die Götter aussähen. Viele meinten, sie seien so, wie die Bilder, die sie von ihnen zu Hause oder in den Tempeln verehrten. Manche hielten die mütterliche Erde oder die Sonne für die Gottheit, andere dachten mehr an einen starken Herrscher oder einen unsichtbaren Geist. Die meisten weißen Landesbewohner hielten die Götter für weiß, die meisten Schwarzen für schwarz. Als der Streit kein Ende nahm, baten sie ihren alten König, die Frage zu entscheiden. Dieser befahl einem seiner Diener: »Geh und versammle alle Blinden, die es an diesem Ort gibt.«

Der Diener tat, wie ihm befohlen war. Er ließ alle Blinden der Stadt suchen, führte sie zum König und sagte diesem: »Herr, hier sind die Blinden, die du haben wolltest.« Der König ließ nun den größten Elefanten herbeischaffen, den er besaß. Dann sagte er den Blinden: »Sagt, was ist ein Elefant, den ich hier für euch herbeigeschafft habe?« Da begannen sie den Elefanten mit den Händen zu berühren und zu betasten. Einige ergriffen das Haupt und die Ohren, andere den Rüssel, wieder andere packten den Schwanz oder ein Bein. Als sie so eine Weile den Elefanten berührt hatten, fragte der König sie nach der Gestalt dieses Wesens.

Der Blinde, der den Kopf berührt hatte, meinte, der Elefant sei ein großer Topf. Derjenige, der das Ohr gepackt hatte, sagte: »Hier ist ein rauer, breiter, flacher Teppich.« Und der, dessen Hand den Rüssel betastet hatte, rief: »Ein langes, feuchtes Rohr, das sich bewegt wie eine Schlange.« »Nein«, schrie der, der an den Schwanz geraten war, »ich hatte einen großen Besen in der Hand.« Und der Blinde, der das Bein des Elefanten umfasst hatte, hielt ihn für eine aufrechte Säule.

Als die Blinden hörten, dass jeder etwas anderes sagte, gerieten sie in einen heftigen Streit und ereiferten sich sehr. Jeder meinte, die anderen redeten Unsinn und er allein habe Recht.

Als die Leute dieses Schauspiel sahen, wussten sie auf einmal, weshalb der König es so ausgerichtet hatte.

Aus Indien

**Du sollst dir kein Gottesbildnis machen,
das irgendetwas darstellt
am Himmel droben, auf der Erde unten oder im Wasser unter der Erde.**

Dtn 5,8

- Die Leute wussten, warum der König das Schauspiel ausgerichtet hatte. Und ihr?
- Die Geschichte prägt sich gut ein, wenn ihr sie in eine Zeichnung umsetzt.
- Überlegt, welche guten Gründe es gibt, sich von Gott eine Vorstellung zu machen. Was ist daran gefährlich?
- Die Statue Gottes ist der Mensch. Lest dazu S. 86.

Was man alles mit Gott machen kann

Man kann Gott verantwortlich machen für Hunger und Elend.
Man kann Gott leugnen, weil er sich nicht sehen lässt und Unglück nicht verhindert.
Man kann Gott mieten zu besonderen Anlässen: Er dient der Feierlichkeit und fördert den Umsatz.
Man kann Gott nur für sich haben wollen und anderen – besonders Andersdenkenden – Gott absprechen.
Man kann Gott für die eigene Macht gebrauchen, indem man sagt, alle Autorität komme von Gott.
Man kann im Namen Gottes Kriege führen, Menschen verdammen und töten und sagen, das sei Gottes Wille.
Man kann mit dem Ruf »Gott will es!« Angriffe als Kreuzzug tarnen und auf Soldatenuniformen »Gott mit uns« schreiben.

Das alles aber ist gott-los. Man kann mit Gott nichts »machen«, weder ihn gebrauchen noch ausnutzen, denn Gott ist Liebe, und daran hat nur Anteil, wer diese Liebe in sich selbst groß werden lässt.

Hubertus Halbfas

Die Frage, ob es einen Gott gibt

Einer fragte Herrn K., ob es einen Gott gäbe. Herr K. sagte: »Ich rate dir nachzudenken, ob dein Verhalten je nach der Antwort auf diese Frage sich ändern würde. Würde es sich nicht ändern, dann können wir die Frage fallen lassen. Würde es sich ändern, dann kann ich dir wenigstens noch so weit behilflich sein, daß ich dir sage, du hast dich schon entschieden: Du brauchst einen Gott.«

Bertolt Brecht

- *Ihr könnt euch ausdenken, welche Vorstellungen von Gott die dargestellten Menschen wohl haben mögen.*
- *Nimm dir einmal 15 Minuten Zeit und schreibe deine eigene Vorstellung von Gott auf.*
- *Ob man sich Gott so oder so vorstellt, das müsste doch Konsequenzen für das Leben haben ...*
- *Lest dazu den Text von Bertolt Brecht.*

3 Gott gibt sich zu erkennen

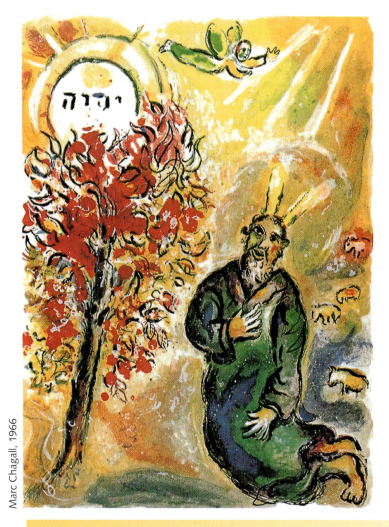

Marc Chagall, 1966

Für die Menschen der Bibel ist Gott nicht in erster Linie aus der Natur erfahrbar oder durch kluge Gedanken erkennbar. Für sie hat Gott sich in der Geschichte gezeigt, im Glaubens- und Unglaubensweg seines Volkes Israel. Das grundlegende Ereignis ist die Befreiung aus der Zwangsarbeit in Ägypten. Dem Anführer von damals, Mose, offenbart Gott in der berühmten Erscheinung am brennenden Dornbusch seinen Namen und damit etwas von seinem Wesen. Er nennt sich JHWH. In dem Bild von Chagall seht ihr die hebräischen Buchstaben (von rechts nach links geschrieben) über dem Dornbusch. Die Geschichte solltet ihr in Ex 3,1-15 nachlesen.

> ¹³**Da sagte Mose zu Gott: Gut, ich werde also zu den Israeliten kommen und ihnen sagen: Der Gott eurer Väter hat mich zu euch gesandt. Da werden sie mich fragen: Wie heißt er? Was soll ich ihnen darauf sagen?**
> ¹⁴**Da antwortete Gott dem Mose: Ich bin der »Ich-bin-da«. Und er fuhr fort: So sollst du zu den Israeliten sagen: Der »Ich-bin-da« hat mich zu euch gesandt.**
> ¹⁵**Weiter sprach Gott zu Mose: So sag zu den Israeliten: Jahwe, der Gott eurer Väter, der Gott Abrahams, der Gott Isaaks und der Gott Jakobs, hat mich zu euch gesandt. Das ist mein Name für immer, und so wird man mich nennen in allen Generationen.**
>
> *Ex 3,13-15*

- *Der Name »Ich bin da« ist nicht leicht zu verstehen. Welche Deutungsmöglichkeiten fallen euch ein?*
- *Überlegt, warum Gott in seinem Namen geheimnisvoll bleibt.*

4 Mit Gott ringen

Das Verhältnis zwischen Gott und seinem Volk war in der Geschichte oft schwierig. Die Israeliten haben vieles an Gott nicht verstanden, vor allem nicht, wenn sie sich von ihm verlassen glaubten. Das war beispielsweise in der Zeit der Babylonischen Gefangenschaft so, als Jerusalem und der Tempel von den Babyloniern zerstört worden waren und die Führungsschicht nach Babylon verschleppt wurde. Propheten und Lehrer des Volkes haben andererseits immer wieder gewarnt, gemahnt und gedroht, wenn Israel sich von Gott abwenden wollte. Eine Geschichte, die das Ringen mit Gott bildhaft darstellt, handelt von Jakob, der an einem Flussübergang mit einem unbekannten Wesen kämpfen muss. Er hält durch, bis der geheimnisvolle Gegner ihn segnet. Dabei erhält er den Namen »Israel«, das heißt »Gottesstreiter«.

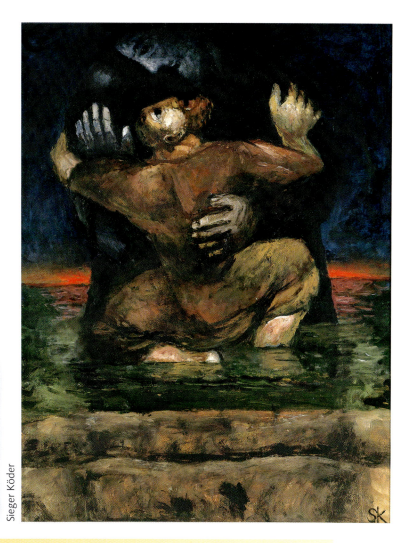

Sieger Köder

- Es ist wichtig, die Lebenskrise zu verstehen, in der Jakob diese Erfahrung macht. Lest dazu Gen 27; 32,4-33. Euer Lehrer/eure Lehrerin hilft euch, den Zusammenhang herzustellen.
- In Gen 33 könnt ihr nachlesen, wie die Begegnung zwischen den Brüdern verläuft.
- Die Geschichte vom »Ringkampf« am Jabbok zeigt auch, dass es nicht spurlos an einem Menschen vorübergeht, wenn er sich mit Gott auseinandersetzt ...

²³In derselben Nacht stand er auf, nahm seine beiden Frauen, seine beiden Mägde sowie seine elf Söhne und durchschritt die Furt des Jabbok. ²⁴Er nahm sie und ließ sie den Fluss überqueren. Dann schaffte er alles hinüber, was ihm sonst noch gehörte. ²⁵Als nur noch er allein zurückgeblieben war, rang mit ihm ein Mann, bis die Morgenröte aufstieg. ²⁶Als der Mann sah, dass er ihm nicht beikommen konnte, schlug er ihn aufs Hüftgelenk. Jakobs Hüftgelenk renkte sich aus, als er mit ihm rang. ²⁷Der Mann sagte: Lass mich los; denn die Morgenröte ist aufgestiegen. Jakob aber entgegnete: Ich lasse dich nicht los, wenn du mich nicht segnest.
²⁸Jener fragte: Wie heißt du? Jakob, antwortete er. ²⁹Da sprach der Mann: Nicht mehr Jakob wird man dich nennen, sondern Israel (Gottesstreiter); denn mit Gott und Menschen hast du gestritten und hast gewonnen.
³⁰Nun fragte Jakob: Nenne mir doch deinen Namen! Jener entgegnete: Was fragst du mich nach meinem Namen? Dann segnete er ihn dort.
³¹Jakob gab dem Ort den Namen Penuël (Gottesgesicht) und sagte: Ich habe Gott von Angesicht zu Angesicht gesehen und bin doch mit dem Leben davongekommen. ³²Die Sonne schien bereits auf ihn, als er durch Penuël zog; er hinkte an seiner Hüfte.

Gen 32,23-32

5 Gott ist wie Vater und Mutter

¹Als Israel jung war, gewann ich ihn lieb,
aus Ägypten rief ich meinen Sohn.
²Doch wie ich sie rief, so liefen sie von mir weg,
den Baalen opferten sie, und den Bildern räucherten sie.
³Dabei war ich es doch, der Efraim gestillt hat,
indem ich ihn auf meine Arme nahm.
Sie jedoch begriffen nicht, dass ich sie pflegte.
⁴Mit menschlichen Seilen zog ich sie, mit Stricken der Liebe.
Und ich war für sie wie solche, die einen Säugling an ihren Busen heben,
und ich neigte mich zu ihm, um ihm zu essen zu geben.
⁷Aber mein Volk hält fest am Abfall von mir:
Zum Baal ruft man, aber der zieht sie nie und nimmer groß!
⁸Wie soll ich dich preisgeben, Efraim, ich dich aufgeben, Israel?
Es kehrt sich gegen mich mein Herz, ganz und gar ist entbrannt mein Mutterschoß.
⁹Nicht kann ich meinen glühenden Zorn vollstrecken,
nicht kann ich mein Inneres nochmals umdrehen, um Efraim zu vernichten.
Denn Gott bin ich und nicht Mann, in deiner Mitte heilig
und nicht komme ich um zu zerstören.

Aus Hosea 11

Ist Gott männlich?

Schon im Alten Testament wird Gott »Vater« genannt (Dtn 32,6; Ps 89,27; Jer 3,19). Daran knüpft Jesus an, wenn er Gott als »seinen« Vater anspricht, der eindeutig ein guter und liebevoller Vater ist. Jesus nennt ihn mit dem vertraulichen Ausdruck »Abba« (etwa: Papa, Vati). Er lehrt seine Jünger Gott im Himmel ihren lieben Vater zu nennen (»Vater unser«). Mit dieser Anrede ist eine innige Zusammengehörigkeit zwischen Gott und Mensch umschrieben.
Als eine der Haupteigenschaften Gottes wird in der Bibel immer wieder sein Erbarmen genannt. Eines der hebräischen Wörter, die das Erbarmen Gottes bezeichnen, heißt *rachamim*, d. h. im Wortsinn: Eingeweide, gezielt aber auch: Mutterschoß. Im Alten Testament wird Gottes Geist mit dem weiblichen Wort *ruach* (Hauch, Atem) umschrieben.
Auch in der Genesis wird Gott nicht auf das Männliche festgelegt: »Am Tag, da Gott den Menschen erschuf, machte er ihn Gott ähnlich. Als Mann und Frau erschuf er sie, er segnete sie und nannte sie Mensch an dem Tag, da sie erschaffen wurden« (Gen 5,1b-2).
Und auch die Propheten zeigen, dass die Menschen Gottes Liebe als mütterliche Zärtlichkeit erfahren. So sagt der Prophet Jesaja (66,13) von Gott:
»Wie eine Mutter ihren Sohn tröstet, so tröste ich euch.«
So zeigt sich, dass der geheimnisvolle Gott der Bibel in unsere Vorstellungen von männlich und weiblich nicht hineinpasst.

- *Ihr könnt weitere Bibelstellen nachschlagen, die in weiblichen Bildern von Gott sprechen: Jes 42,14; Jes 49,15; Jes 66,9-14; Num 11,12; Lk 15,8-10; Mt 23,37.*

Sie lehrten mich
nie
Mutter
zu Dir
zu sagen
sie sagen wohl
es steht irgendwo
geschrieben
Du seist
Vater und Mutter
zugleich
aber dann
beten sie
immer wieder
Vater unser
immer wieder
Vater unser
Mutter
lass Dich
entdecken

Ulla Kintrup-Limbrock

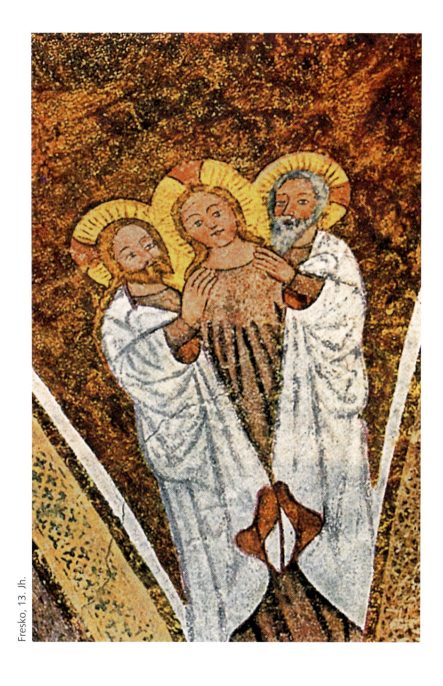

Fresko, 13. Jh.

6 Gott im Leid erfahren

Wie kann ein Gott, fragt ihr, wenn es ihn gibt,
nur zulassen all das Schreckliche, was geschieht,
wie kann er zusehen dabei und verhindert es nicht?

Warum lässt er sie einfach gewähren, die Mörder
und die Gewalttäter, die über Leichen gehen, und
alle, die sich bereichern am Elend der Armen?

Wenn er nur wollte, er, der allmächtig ist,
könnte doch wehren dem Bösen, der Brutalität,
die schon aufwächst unter den Kindern?

Aber will er? Liegt ihm daran? Vernimmt er
das Weinen derer, die ihre Lieben beklagen,
berührt ihn das himmelschreiende Unrecht?

Und wenn es ihn rührt, warum schweigt er dazu?
Ein Wort von ihm und keiner, kein Einziger
müsste mehr leiden, sterben und elend zugrunde gehn.

Doch auch den Vogel hindert er nicht, nach den
tanzenden Mücken zu jagen, und er lähmt nicht,
bevor sie den Vogel erbeutet, die Katze im Sprung.

Auch uns, ja auch uns lässt er immer noch leben,
er lässt uns gewähren, uns Menschen, uns Mörder,
die wir gnadenlos Kriege führen gegeneinander.

Er lässt zu, dass es uns gibt, die wir ausrotten
grausam, was er geschaffen hat. Er duldet auch mich.
Hat er noch Hoffnung? Er muss uns doch kennen!

Lothar Zenetti

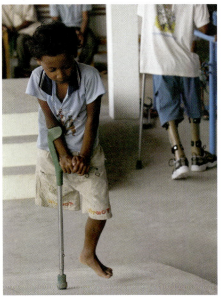

Als wir eines Tages von der Arbeit zurückkamen, sahen wir auf dem Appellplatz drei Galgen. Antreten. Ringsum die SS mit drohenden Maschinenpistolen, die übliche Zeremonie. Drei gefesselte Todeskandidaten, darunter der kleine »Pipel«, der Engel mit den traurigen Augen. Die drei Verurteilten stiegen zusammen auf ihre Stühle. Drei Hälse wurden in die Schlingen eingeführt. »Es lebe die Freiheit!«, riefen die beiden Erwachsenen. Das Kind schwieg. »Wo ist Gott, wo ist er?«, fragte jemand hinter mir. Auf ein Zeichen des Lagerchefs kippten die Stühle um. Absolutes Schweigen. Am Horizont ging die Sonne unter. »Mützen ab!«, brüllte der Lagerchef. Wir weinten. »Mützen auf!« Dann begann der Vorbeimarsch. Die beiden Erwachsenen lebten nicht mehr. Ihre geschwollenen Zungen hingen bläulich heraus. Aber der dritte Strick hing nicht reglos: der leichte Knabe lebte noch. Mehr als eine halbe Stunde hing er so und kämpfte vor unseren Augen zwischen Leben und Sterben seinen Todeskampf. Und wir mussten ihm ins Gesicht sehen. Er lebte noch, als ich an ihm vorüberschritt. Hinter mir hörte ich denselben Mann fragen: »Wo ist Gott?« Und ich hörte eine Stimme in mir antworten: »Wo er ist? Dort – dort hängt er am Galgen.«

Elie Wiesel

Otto Pankok, um 1933

²Mein Gott, mein Gott, warum hast du mich verlassen, bist fern meinem Schreien, den Worten meiner Klage?
³Mein Gott, ich rufe bei Tag, doch du gibst keine Antwort; ich rufe bei Nacht und finde doch keine Ruhe.
⁷Ich bin ein Wurm und kein Mensch, der Leute Spott, vom Volk verachtet.
⁸Alle, die mich sehen, verlachen mich, verziehen die Lippen, schütteln den Kopf:
⁹»Er wälze die Last auf den Herrn, der soll ihn befreien! Der reiße ihn heraus, wenn er an ihm Gefallen hat.«
¹⁰Du bist es, der mich aus dem Schoß meiner Mutter zog, mich barg an der Brust der Mutter.
¹¹Von Geburt an bin ich geworfen auf dich, vom Mutterleib an bist du mein Gott.
¹²Sei mir nicht fern, denn die Not ist nahe und niemand ist da, der hilft.
¹⁵Ich bin hingeschüttet wie Wasser, gelöst haben sich all meine Glieder.
Mein Herz ist in meinem Leib wie Wachs zerflossen.
¹⁶Meine Kehle ist trocken wie eine Scherbe, die Zunge klebt mir am Gaumen, du legst mich in den Staub des Todes.
²²Du aber, Herr, halte dich nicht fern! Du, meine Stärke, eil mir zu Hilfe!
²³Ich will deinen Namen meinen Brüdern verkünden, inmitten der Gemeinde dich preisen.
²⁵Denn er hat nicht verachtet das Elend des Armen. Er hat auf sein Schreien gehört.
²⁶Deine Treue preise ich in großer Gemeinde.

Aus Psalm 22, dem Gebet Jesu am Kreuz: Mt 27,46

- Im Leben und in der Person Jesu hat sich der barmherzige Gott in unüberbietbarer Klarheit zu erkennen gegeben. Mehr dazu findet ihr in den Kapiteln 8 »Leben bringt er« und 9 »Es geschehen noch Zeichen und Wunder«. Vergleicht dazu auch das Apostolische Glaubensbekenntnis (Gotteslob Nr. 2,5) und den Text S. 146.

7 Zu Gott beten

In mir ist es finster, aber bei dir ist das Licht;
ich bin einsam, aber du verlässt mich nicht;
ich bin kleinmütig, aber bei dir ist die Hilfe;
ich bin unruhig, aber bei dir ist der Friede;
in mir ist Bitterkeit, bei dir ist die Geduld;
ich verstehe deine Wege nicht,
aber du weißt den Weg für mich.

Dietrich Bonhoeffer

Gott
bist du ein Mann? eine Frau?
bist du Vater? Mutter?
Vielleicht geschieht in dir
das Unmögliche
Mann und Frau
Vater und Mutter
Kind und Greis
Leid und Freude
schwach und stark
du bist alles
weil alles
von dir kommt

Andrea Schwarz

**Gott, du mein Gott, dich suche ich,
meine Seele dürstet nach dir.
Nach dir schmachtet mein Leib
wie dürres, lechzendes Land
ohne Wasser.** *Ps 63,2*

Ich rufe, du antwortest nicht.
Ich weine, du tröstest nicht.
Ich verzweifle, du hilfst mir nicht.
Ich vertraue dir, du erhörst mich nicht.
Warum schweigst du?
Einmal wirst du reden,
antworten auf alle Fragen, auf jeden Schrei.
Zu deiner Zeit.
Im Schweigen umgibt mich dein Erbarmen.
Wo ich keine Hoffnung sehe,
schenkst du dich mir.
Ich danke dir – auch für dein Schweigen.

Alfonso Pereira

Gott,
Du bist wie eine Hintergrundmusik
in allen Alltagsgeräuschen.
Du bist wie ein Feuer,
das verborgen unter der Oberfläche der Vulkane glüht.
Du bist wie ein Zelt, in dem ich wohnen kann.
Du bist wie ein Lied, leicht, fröhlich und mehrstimmig.
Du bist wie die Landschaft:
schön und voller Überraschung.
Du bist wie die Sonne:
überaus ergiebig mit Licht und Wärme.
Du bist wie ein kostbarer Schluck Wasser
für den ausgetrockneten Körper.

Bernhard Kraus

Was soll ich sagen, wenn ich vor einem Kranken stehe, dem nicht mehr zu helfen ist? Ich kann mir schöne
Gedanken machen. Stecke ich aber selber drin, dann vergehen mir die Worte.
Was bleibt, ist ein Schrei. Ein Aufschrei nach Verständnis und Hilfe. Auch dein Sohn starb mit einem Schrei.
Das einzige Wort, das er noch über die Lippen brachte, war die Klage, warum du so fern bist. Warum?
Du kennst jeden, dessen Leben eine einzige Wunde ist, ein einziger Schrei. Mache ein Ende dem Elend.

Alfonso Pereira

Gott, du wohnst in der Dunkelheit,
du wohnst im unzugänglichen Licht,
du wohnst da,
wo unser Verstand nicht hinreicht,
du bist so, dass unsere Sprache versagt.
Gott, du bist unsagbar.
Aber dennoch sprechen wir von dir,
dennoch betreten wir das Schweigen,
das dich umgibt.

Hubertus Halbfas

Trotz aller Angst sind wir bei dir geborgen.
Wo immer Leid, du lässt uns nie allein.
So kommen wir mit unseren Sorgen;
du wirst uns Halt und Hoffnung sein.
Herr, geh mit uns die dunklen Wege,
nimm du uns mit und bei der Hand.
Sei unser Ziel, sei uns das gelobte Land.

Werner Schaube

- Ihr könnt weitere Gebete sammeln, die euch gefallen. Vielleicht macht ihr daraus ein kleines Gebetbuch für eure Klasse.
- Versucht auch selber Gebete zu schreiben. Ihr seht an den Beispielen in diesem Buch oder auch an den Psalmen der Bibel, dass vor Gott nichts ausgespart werden muss. Jeder Zweifel, jede Sorge, jede Verzweiflung darf vor ihn gebracht werden, aber auch jede Freude, jede Dankbarkeit …

8 Den Glauben an Gott bekennen

Ich glaube an dich, Gott:
nicht, weil ich es aus den Büchern
lernte;
nicht, weil andere es mir vorsagten;
nicht, weil ich in der Gemeinschaft
der Glaubenden bete und singe ...

Ich glaube an dich, Gott:
weil Menschen einander
gut sein können
über alles Rechnen hinaus;
weil Menschen einander vergeben
können,
Rache und Vergeltung vergessen;
weil Menschen einander
lieben können ...

Ich glaube an dich, Gott:
weil ich nicht glauben kann,
dass das vielfältige Geflecht der
Zärtlichkeit, das mich und alles
Leben hält, sich dem blinden Spiel der
Kräfte verdankt; nicht glauben kann,
dass keiner ist, der den Sinn allen
sinn-losen Lebens und Sterbens kennt ...

Ich glaube an dich, Gott:
weil ich nicht glauben kann,
dass Jesus ins Leere lebte und starb;
nicht glauben kann,
dass der Tod mächtiger ist
als das Leben ...

Eleonore Beck

11 Dem Ruf Gottes folgen
Berufung und Nachfolge

1 Berufen werden

Eine ganz normale Frau?

Eine 22-jährige Ordensschwester erzählt:
»Du bist doch sonst so normal!«, meinte eine gute Freundin, als sie hörte, dass ich ins Kloster gehen wollte. Wie ihr ging es vielen anderen Bekannten. Auch meine Eltern und Geschwister konnten es nicht begreifen. Und wenn ich ehrlich bin, ich selbst kann es bis heute noch nicht recht verstehen ...
Beeinflusst durch die Scheidung meiner Eltern sah ich mich in meinem Bekanntenkreis mit immer mehr Menschen konfrontiert, deren Leben sich lediglich zwischen Arbeit und Freizeit abspielte. Auf der Suche nach mehr Sinn für mein Leben wollte ich nicht einsehen, dass auch mein Leben einmal so verlaufen sollte. Unzufriedene Menschen, wohin ich schaute; zerrüttete Ehen! Das schreckte mich ab. Sozusagen aus Trotz wollte ich es »anders« probieren. In dieser Zeit entwickelte ich eine große Aktivität in Sachen Umweltschutz, Dritte-Welt-Initiativen, Friedensbewegung und dergleichen; von meinem künftigen Leben hatte ich allerdings keine konkreten Vorstellungen. Mir war lediglich klar, dass ich »anders als die anderen« leben wollte.

Das »Sonntagschristentum«, wie ich es von zu Hause kannte, genügte mir nicht mehr. Ich wollte etwas Radikaleres. So kam mir erstmals der Gedanke, Missionsschwester zu werden. Da ich noch sehr jung war, verwarf ich dies wieder. Mit der Zeit begriff ich auch, dass Berufung nicht etwas Elitäres ist und nur selten aus einem plötzlichen »Damaskus-Erlebnis« hervorgeht. So schob ich den Gedanken, in die Mission zu gehen, weit weg. Ich wollte heiraten und eine Familie gründen – und dann, wenn es mich immer noch drängte, vielleicht als Entwicklungshelferin hinausgehen ... – Als sich mir schließlich nach meiner Ausbildung in der Hauswirtschaft die Möglichkeit bot, für mehrere Jahre nach Brasilien zu gehen, trieb der innere Kampf seinem Höhepunkt zu. Ich musste mich entscheiden; mit dem inneren Wissen, dass ich doch nicht eher Ruhe bekäme von Seiten Gottes, bis ich mein Ja gesprochen hätte, trat ich ins Kloster ein. Inzwischen hat sich das Motiv, das mich in diese Gemeinschaft geführt hat, erweitert. Ich ahne heute deutlicher das Sehnen der Menschen – draußen in den Dritte-Welt-Ländern, aber auch hierzulande – nach der erlösenden Frohbotschaft ...

J. W.

---

[18]Als Jesus am See von Galiläa entlangging, sah er zwei Brüder, Simon, genannt Petrus, und seinen Bruder Andreas; sie warfen gerade ihr Netz in den See, denn sie waren Fischer. [19]Da sagte er zu ihnen: Kommt her, folgt mir nach! Ich werde euch zu Menschenfischern machen. [20]Sofort ließen sie ihre Netze liegen und folgten ihm. [21]Als er weiterging, sah er zwei andere Brüder, Jakobus, den Sohn des Zebedäus, und seinen Bruder Johannes; sie waren mit ihrem Vater Zebedäus im Boot und richteten ihre Netze her. Er rief sie [22]und sogleich verließen sie das Boot und ihren Vater und folgten Jesus.

Mt 4,18-22

- Sprecht über die Beweggründe der Ordensschwester, einer Klostergemeinschaft beizutreten.
- Beschreibt den Farbholzschnitt auf S. 147 genau: das Land und das Wasser, die Fischer und das Netz, das Schiff und den Hafen. Malt euch das Leben der Fischer aus.
  Was bedeutet das Wort »Menschenfischer«?
- »Und für wen gehst du, Rabbi?« – Was könnte die Frage bedeuten? Was würdest du antworten, wenn du so gefragt würdest?

In der Stadt, wo Rabbi Naftali
lebte – so beginnt eine chassidische
Erzählung –, pflegten die Reichen,
deren Häuser einsam oder am Ende des
Ortes lagen, Leute zu beschäftigen, die
nachts über ihren Besitz wachen sollten.
Als Rabbi Naftali sich eines Abends spät am
Rand des Waldes erging, der die Stadt säumte,
begegnete er solch einem auf und nieder
wandelnden Wächter.
»Für wen gehst du?«, fragte er ihn.
Der gab Bescheid, fügte aber die Gegenfrage
dran: »Und für wen gehst du, Rabbi?«
Das Wort traf ihn wie ein Pfeil: »Noch gehe ich
für niemand«, brachte er mühsam hervor; dann
schritt er lange schweigend neben dem Mann auf und nieder.
»Willst du mein Diener werden?«, fragte er endlich.
»Das will ich gern«, antwortete jener, »aber was habe ich zu tun?«
»Mich zu erinnern!«, sagte der Rabbi.

2 Gelebte Nachfolge

Anders leben

Grenzgänger, eine alternative Familie

Anfang 1987 zog unsere 6-köpfige Familie vom kleinen Dorf Barlo an der holländischen Grenze (bei Bocholt im äußersten Westermünsterland) in das kleine Dorf Wethen im äußersten Norden Hessens (beim westfälischen Warburg). Wir lieben also, wie man daraus schließen könnte, Grenzsituationen, sind Grenzgänger. In der Tat bauen wir mit an einem ökumenischen Projekt, das in vielerlei Hinsicht grenzüberschreitend ist und Brücken zu bauen versucht: zwischen katholisch und evangelisch, zwischen Kirchentreuen und Kirchenfernen, zwischen »Frommen« und »Politischen« …
In Wethen lebt seit 1975 eine Hausgemeinschaft des »Laurentiuskonvents« mit etwa 30 Erwachsenen, Jugendlichen, Alten und Kindern in Form einer Großfamilie und Hausgemeinschaft mitten im Dorf auf einem ehemaligen Bauernhof. Wir zogen mit einigen anderen Freunden in den letzten Jahren hinzu, ohne uns direkt in die mittlerweile zwei Hausgemeinschaften einzugliedern, und bilden nun eine »Nachbarschaftsgruppe«, die zusammen mit den Hausgemeinschaften »verbindlicheres Leben« entwickelt. Dazu gehörte von Anfang an für den Laurentiuskonvent die Führung einer gemeinsamen Kasse (»Einkommensgemeinschaft«), gemeinsame Willensbildung (also der Versuch, alle bei Entscheidungen gleichberechtigt zu beteiligen), die Entwicklung einer gemeinsamen Spiritualität (also das Bemühen gerade beim Zusammenleben im Alltag sich gegenseitig schätzen und achten zu lernen und in der Art des Zusammenlebens Gott suchen und finden zu können) sowie schließlich »gemeinsames Leben« (und das möglichst unter einem Dach oder zumindest in verbindlicher Nähe).
Nun gehört unsere Familie nicht zum Konvent, wohl aber sind wir UnterzeichnerInnen der »ökumenischen Initiative Eine Welt«, die ebenfalls 1975/76 gegründet wurde, um Menschen in diesem reichen Land anzuregen, einen neuen Lebensstil aus Verantwortung gegenüber den Benachteiligten und der geschundenen Natur zu entwickeln: einfacher, umweltgerechter, gesprächsbereiter und solidarischer leben!
Was haben die »UnterzeichnerInnen« denn unterzeichnet? Sie sind vier »Selbstverpflichtungen« eingegangen, nämlich sich selbst und andere möglichst umfassend über die soziale und politische Wirklichkeit unserer »Einen Welt« zu informieren, konsumkritischer zu leben, sich selbst mit mindestens 3 % des Nettoeinkommens zu besteuern und damit soziale und ökologische Alternativen zu fördern sowie schließlich sich gesellschafts- und kirchenpolitisch einzumischen.
Hohe Ziele, wird man sagen; aber wie sehen denn die »kleinen Schritte« aus? Zunächst einmal sind uns die »kleinen Schritte« wichtig, weil nur sie die großen Forderungen glaubwürdig machen. Wir versuchen mit unseren vier Kindern (drei Jungen im Alter von 8, 11 und 12 und eine Tochter von 15 Jahren) einen nicht zu aufwändigen Lebensstil einzuüben. Das fängt damit an, dass wir bewusst mit einem einzigen und dazu noch reduzierten Gehalt auskommen wollen. Mein Gehalt orientiert sich nach einer freiwilligen Rückstufung an einem durchschnittlichen Angestelltengehalt. Das bedeutet beispielsweise, dass wir mehr selbst machen statt zu kaufen: Reparieren, Renovieren, Restaurieren; im Garten Gemüse und Obst anbauen, Geschenke und Urlaubsreisen bewusster aussuchen. Dadurch können wir nicht weniger erlebnisreich, eher einfallsreicher leben – nach dem Motto: mehr Fantasie als Konsum! Es ist uns z. B. eine Freude, aus Altmaterialien wieder »Neues« zu machen! Weniger und bewusster mit dem Auto fahren und mehr mit Bahn und Fahrrad (wir haben schon tolle gemeinsame, mehrtägige Radfahrten gemacht!). Wir leben mittlerweile mit einer Menge an Haus- und Gartentieren zusammen. Bei diesen Versuchen einfacher zu leben merkt man schnell, dass das Leben auch bewusster wird: nicht nur, weil man sich selbst mehr »kontrolliert«, sondern weil man mehr entdeckt an eigenen Fähigkeiten – auch an eigener Erlebnisfähigkeit. Wir Erwachsenen haben schon seit Jahren in der Fasten- und Adventszeit und manchmal auch im Sommer 5 bis 10 Tage gefastet (Heilfasten), um noch sensibler zu werden: für die Natur, für die (Un-)Gerechtigkeit auf der Welt, für den eigenen Körper und nicht zuletzt für Gott. Fasten ist nicht Verzicht und hat auch für unsere Kinder einen positiven Klang bekommen.
Unser gemeinsames Mittagsgebet stammt aus einer Gemeinschaft in Südfrankreich – der »Arche« – und

ÖKUMENISCHE INITIATIVE EINE WELT — Auch kleine Schritte zählen fasst dieses Anliegen sehr schön zusammen: »Herr, segne dieses Mahl, das uns Kraft gibt, dir zu dienen. Gib denen Brot, die keines haben, und Hunger und Durst nach Gerechtigkeit den Satten.«

Des Weiteren diskutieren wir intensiv über »Gewalt« und versuchen unsere natürlich auch vorhandenen Konflikte »anders« zu lösen, z. B. durch Festhalten statt Schlagen; durch Reden statt Schreien; durch Bitten um Vermittlung statt Weglaufen; durch Sich-Entschuldigen statt Nachtragen; Friedens- statt Kriegsspiele. Das gilt für die Erwachsenen genauso wie für die Kinder. Und glaubt nicht, dass es nicht auch häufiger bei uns »kracht«. Ich las einmal: »Christen haben die gleichen Konflikte wie andere; sie gehen aber anders damit um.« Das ist dann konkrete Friedensbewegung bei uns in der Familie und in der Großgruppe in Wethen: ein Übungsfeld für einen anderen Lebensstil und für eine »Kultur der Gewaltlosigkeit«, wie es seit der Weltversammlung der Christen in Seoul heißt. Wie sind wir dazu gekommen »anders leben« zu wollen? Diese Versuche haben viel damit zu tun, dass wir getaufte Christen und Christinnen sind: Wer Jesus nachfolgen will, ist ja wohl vor die Frage gestellt, ob er sich wie er einem »offenen Lebensstil« verpflichtet fühlt oder ob er sich »abschließt« durch allerlei Sicherheiten und Sicherungen. So wollen wir eine »offene Familie« sein, die gern Gäste aufnimmt aus nah und fern. Das ist auch bereichernd für uns und unsere Kinder, wenn diese bei dem vielen Besuch auch allmählich eine Schutzzeit aufbauen: Nur wer länger bleibt, bekommt ihr Wohlwollen zu spüren! Und wir haben uns geeinigt, nicht mehr Versicherungen als nötig abzuschließen (also z. B. keine Diebstahlversicherung, sondern nur eine Familien-Haftpflichtversicherung).

Dann sind da auch gesellschaftliche Erfahrungen, die uns geprägt haben und zu einem »neuen Lebensstil« führen: die immer größere Trennung in Arm und Reich in der Welt und auch in unserem Lande. Die hat mich schon als junger Student beim Engagement in einer Gießener Obdachlosensiedlung so schockiert und angespornt, dass ich meine Pläne, beamteter Lehrer zu werden, aufgab und stattdessen in der politischen und kirchlichen Erwachsenenbildung arbeite; denn ich möchte dazu beitragen, den Menschen, die sich nur mit sich selbst und ihren Sorgen und Sicherheiten beschäftigen, Alternativen vorzustellen, damit auch sie in ihrem Alltag auf neue Ideen und zu einem neuen Lebensstil kommen. Und ich will ihnen sagen und möglichst mit meiner Familie vorleben, dass neue und unverhoffte Begegnungen enorm bereichern; dass »Schenken und Verschenken« statt »Anhäufen und Absichern« mehr Lebensfreude und Lebensmut vermitteln!

Reinhard Voß

**Wir sind arm und machen doch viele reich.
Wir haben nichts und haben doch alles.**
2 Kor 6,10

PS nach zehn Jahren:
Nun sind wir alle zehn Jahre älter und unsere Kinder Erwachsene von 18, 21, 22 und 25 Jahren. Zwei leben noch mit uns im Hause, das wir weiter als »offenes Haus« begreifen. Seit einigen Jahren sind wir Eltern beide berufstätig (meist Teilzeit), was wegen der Ausbildungskosten der Kinder nötig ist.
Die nächste Generation ist voll auf den Trip der New Economy abgefahren, mit Börsen- und Aktien-, Internet- und PC-Begeisterung. Die ersten beiden Bereiche sehen wir mit sehr gemischten Gefühlen und betätigen uns entsprechend als Warner; bei PC und Internet sind auch wir eingestiegen (e-Mail: wethen@t-online.de). Ansonsten bleibt viel an Natur- und Umweltverbundenheit sowie einfachen Urlaubsformen (z. B. Car-sharing und Bahnfahren, Radtouren etc.). Auch die erwähnten familiären Riten haben »überlebt«. Es gibt immer noch ein festliches Sonntagsmahl als letzten Treffpunkt aller, die gerade zu Hause sind.
Das Thema Gewalt hat mich hauptamtlich in die Arbeit für Zivile Konfliktbearbeitung und Zivilen Friedensdienst geführt (als Organisator, Projektbetreuer und Trainer). Meine Frau Margret ist seit neun Jahren im Bereich der beruflichen Orientierung Jugendlicher tätig. Als Paar haben wir uns weitergebildet in einem Trainings- «Programm zur Überwindung der Gewalt«; die Söhne haben Zivildienst geleistet. Alle sind übrigens Nichtraucher geblieben und ihre soziale Ader haben sie sich – trotz Abstands zur Kirche – erhalten. Unser Verhältnis ist untereinander wohl gerade wegen der Mischung aus elterlicher Zurückhaltung und Rat gebenden Gesprächen (im Hinblick auf »Grenzen« und »Verhalten«) sehr gut geblieben.

Reinhard Voß

Zusammen beten und arbeiten

Die Abtei Königsmünster

»Das Kloster soll womöglich so angelegt sein, dass sich alles Notwendige innerhalb der Klostermauern befindet, nämlich Wasser, Mühle, Garten und die verschiedenen Werkstätten, in denen gearbeitet wird.«
Regula Benedicti 66,6

Immer wieder, wenn Besucher der Abtei Königsmünster in Meschede (Sauerland) bei einer Führung einen kleinen Einblick in das Klosterleben bekommen oder wenn Gäste für ein paar Tage in der Oase oder im Kloster am Leben der Mönche teilnehmen, kommt irgendwann die erstaunte Bemerkung: »Das ist ja fast wie ein kleines Dorf.«

Und so ganz weit hergeholt ist dieser Eindruck ja auch nicht. Schon am Parkplatz hört man auf dem Apfelhof die Schafe blöken, vor der Pforte wird man zur passenden Stunde vom Duft der frischen Backwaren aus der Klosterbäckerei empfangen, im Park tollt Hofhund Otto herum – im letzten Jahr oft gefolgt von seinem treuen Freund, Lamm Lambert. Geht man vorbei an der Weide mit dem wiederkäuenden Rindvieh, hört man bald die Hammerschläge auf dem Amboss aus der Schmiede und dahinter die Sägegeräusche aus der Schreinerei. Zur Rechten liegt die kleine Gärtnerei und geradeaus haben wir vor uns die Stallungen der Klosterlandwirtschaft.

In einem jeden Benediktinerkloster ist die Kirche – wenn nicht immer räumlich, so doch geistig – der Mittelpunkt des Lebens. Fünfmal täglich feiern die Mönche von Königsmünster das Chorgebet und auf dem Grundstein der Kirche ist es zu lesen, was der Gottesdienst der Klostergemeinschaft bedeutet: »*operi Dei nihil praeponatur* – dem Gottesdienst werde nichts vorgezogen« (RB 43,3). Das gilt zum einen natürlich für die feierliche Liturgie mit Choral und Psalmengesang, mit festlichen Gewändern, Weihrauch und Kerzen. Genauso gilt aber auch, dass das ganze Leben, also auch das außerhalb des Kirchenraumes, Gottesdienst ist. Das ist keine Erfindung unserer Zeit, sondern ist schon in der Regel des heiligen Benedikt grundgelegt. Dort heißt es, dass alles Gerät und alle Habe des Klosters als heiliges Altargerät betrachtet werden sollen (RB 31,10).

Der äußere Anlass für die Klostergründung in Meschede war 1928 die Übernahme einer Schule durch den Orden. Heute werden am Gymnasium der Benediktiner etwa 690 Schülerinnen und Schüler auf das Abitur vorbereitet. Einige Mönche und eine ganze Reihe von Lehrerinnen und Lehrern bilden das Kollegium dieser gefragten Schule, die auch Partnerschaften mit Schulen in Ungarn, Irland und Frankreich pflegt.

Ein ebenso wichtiger Bereich des Klosters ist die Oase, die 1981 eingeweiht wurde und seitdem als Haus der Besinnung und Begegnung vor allem für junge Leute zur Verfügung steht. Besinnungstage für Schulklassen, Kurse im Bereich Selbsterfahrung, Meditation, Liturgie stehen ebenso auf dem Programm wie internationale Wanderwochen und Großtreffen zu Silvester, Ostern und Pfingsten.

Auch die Sorge um einzelne Menschen in Krisen hat ihren Platz in der Abtei. Zwei Brüder arbeiten in der psychologischen Beratung, viele stehen zum seelsorglichen Gespräch bereit, ein Mönch arbeitet in der ambulanten Krankenpflege in der Stadt Meschede.

Neben den Brüdern sind in den verschiedenen Bereichen des Klosters viele Menschen aus der Umgebung tätig: Für rund 130 Menschen, einschließlich der Lehrkräfte des Gymnasiums, ist die Abtei Königsmünster die Arbeitgeberin.

Kehren wir noch einmal zu dem Bild des kleinen Dorfes zurück. Die siebzig Mönche von Königsmünster bilden eine kleine Gemeinschaft, in der es nicht nur äußerlich vieles gibt, was zu einem kleinen Dorf gehört, auch die innere Struktur gleicht manchmal einer Dorfgemeinschaft: mit ähnlichen Chancen, aber manchmal auch ähnlichen Problemen, wie es sie immer gibt, wo verschiedene Menschen zusammenleben. Eines ist den Mönchen aber wichtig: Ihr Dorf soll keine allzu hohen Mauern haben, in ihrem Dorf ist noch viel freies Land,

das mit neuen Ideen und Visionen bestellt werden kann, und ihr Dorf liegt nicht »hinter den sieben Bergen« abgeschieden von der Außenwelt.

Pater Anselm OSB
Benediktiner-Abtei Königsmünster

Gott suchen

Ein Mönch, der nach Gott »schnüffelt«

Morgens um 4.45 Uhr geht mein Wecker – also aufstehen, denn um 5.20 Uhr beginnt der Frühchor. Da versammeln sich die Mönche zum ersten Mal zum Chorgebet. Auf den großen Flughäfen gibt es Spürhunde, die das Gepäck nach Rauschgift absuchen. So was Ähnliches macht auch ein Mönch, der nach der Regel des hl. Benedikt lebt; er schnüffelt nach Gott, er versucht Gott und die Zeichen seiner Gegenwart im grauen Alltag zu erkennen. Das fällt mir zwar nicht immer ganz leicht und ich brauche dazu einen langen Atem, aber ich kann mir auch nichts Spannenderes für mein Leben vorstellen.
In meinem Leben als Mönch geht es eigentlich nur um das eine: »Du sollst den Herrn, deinen Gott, lieben ... und deinen Nächsten wie dich selbst.« Ja, die Begegnung mit Gott und mit anderen Menschen ist der tiefste Grund und die verborgene Freude meines Klosterlebens. Die zentrale Mitte dieser gottmenschlichen Begegnung ist die tägliche Feier der hl. Messe zusammen mit den Mitbrüdern. Das ist um 9.00 Uhr. Vor der Eucharistiefeier ist Zeit für das private Gebet und geistliche Lesung und für erste, von mir heute geplante Arbeiten wie Predigtvorbereitung, Studium oder eine Messaushilfe in einem benachbarten Schwesternkonvent. Um 8.45 Uhr beten wir die Terz.
Einer meiner festen Arbeitsbereiche liegt in unserer Jugendbildungsstätte. Jeden Monat habe ich dort ein bis zwei Kurse für Schulklassen. Während eines solchen Kurses bin ich ungefähr sieben Stunden am Tag bei den SchülerInnen und kann nicht mal an allen Gebetszeiten teilnehmen; an solchen Tagen kann die Gemeinschaft mit den KursteilnehmerInnen zu einer eigenen Form von Gottesdienst werden. Habe ich keinen Kurs, so bin ich normalerweise jeden Vormittag im Büro der Jugendbildungsstätte und erledige dort zusammen mit einem anderen Mitbruder die anfallende Verwaltungs- und Büroarbeit.
Um 12.00 Uhr beten wir zusammen in der Abteikirche die Sext, das erste Mittagsgebet. Wenn wir Mönche zum gemeinsamen Stundengebet zusammenkommen, beten wir immer die Psalmen. In diesen Gebeten kommt eine große Fülle menschlicher und religiöser Erfahrung zum Ausdruck, die ich dann im Blick auf mein eigenes Leben oder als Fürbitte für andere Menschen neu vor Gott aussprechen darf. Die Psalmen sind nicht immer ganz einfach zu verstehen – manchmal habe ich ganz schön an ihnen zu knacken und zu arbeiten, aber so werden sie auch nie wirklich langweilig.
Nach der Sext ist das gemeinsame Mittagessen im Refektorium. Um 13.15 Uhr folgt das zweite Mittagsgebet, die Non. Danach ist dann erst mal Pause. Jeder kann sich zurückziehen, um etwas auszuruhen oder zu lesen. Danach trinke ich im Refektorium eine Tasse Kaffee und erledige anschließend wieder die gerade für mich anstehenden Aufgaben: Dienst als Beichtvater in der Kirche oder im Sprechzimmer; Dia-Vortrag oder Gespräch über das Klosterleben für eine Besuchergruppe oder Schreibarbeiten im Rahmen meines Dienstes als Zeremoniar (das ist der Mitbruder im Kloster, der sich mit der Vorbereitung und dem Ablauf größerer liturgischer Feiern befasst).

Das Abendgebet (Vesper) beten wir um 17.30 Uhr. Wir singen dabei den lateinischen Choral. Anschließend ist eine stille Stunde; ich versuche sie für geistliche Lesung und persönliches Gebet zu nutzen, aber das klappt nicht immer. Am Dienstag haben wir da auch meist eine Probe der lateinischen Choralgesänge

Zwei junge Mönche legen ihre »Ewigen Gelübde« ab. Sie binden sich damit für immer an ihre brüderliche Gemeinschaft, in der alle »nach Gott suchen«.

der nächsten Woche und am Freitag hält uns unser Abt nach der Vesper für gewöhnlich eine geistliche Konferenz. Um 19.00 Uhr gehe ich ins Rekreationszimmer und schaue mir die Nachrichten an. Anschließend ist das Abendessen. Um 20.15 Uhr beten wir zum Abschluss des Tages die Komplet – damit ist dann unser Tag komplett und wir kommen danach nicht mehr zusammen. Jeder kann auf seinem Zimmer noch etwas arbeiten oder lesen. Gegen 22.15 Uhr lege ich mich schlafen.

Wichtig ist mir die eigentlich tiefe Begründung für mein Leben hier, ohne die all das leer und unverständlich bleibt. Diese Begründung liegt in meinem ganz persönlichen Wunsch, den Glauben immer mehr zu meinem Glauben zu machen, immer neu hineinzuwachsen in die Gegenwart Christi und in die Anbetung Gottes.

*Pater Robert Mittweg OSB,
Benediktiner-Abtei Gerleve*

HÖRE, NEIGE DAS OHR DEINES HERZENS, NIMM DEN ZUSPRUCH DES GÜTIGEN VATERS WILLIG AN UND ERFÜLLE IHN DURCH DIE TAT.
(Prolog der Benediktsregel)

So beginnt die Regel des heiligen Benedikt. Ganz knapp ist mit diesen wenigen Worten gesagt, worum es im Leben eines Benediktiners geht:

HÖRE

Schließe dich auf, schalte auf Empfang, bleib nicht stehen, geh über dich hinaus, Ziel deines Lebens bist nicht du selbst, es ist mehr.

NEIGE DAS OHR DEINES HERZENS

Nimm die leise Stimme wahr, die ganz tief in dir ist, dein sehnsüchtiges Fragen nach lohnendem Leben und erfüllender Begegnung.

NIMM DEN ZUSPRUCH DES GÜTIGEN VATERS WILLIG AN

Riskier das Vertrauen, dir von Gott das Leben schenken zu lassen. Innerster Kern des Mönchtums sind Schweigen und Gebet, weil sie es jedem Einzelnen ermöglichen, bei sich selbst zu sein und seinem Gott zu begegnen.

UND ERFÜLLE IHN DURCH DIE TAT

Daraus gewinnt das Tun für die Mitmenschen seine Kraft. Dementsprechend lautet der Wahlspruch der Benediktiner/innen: »Bete und arbeite!« (ora et labora).

- *Untersucht das Verhältnis von Gebet und Arbeit, von Gemeinschaft und Für-sich-Sein, das Pater Robert beschreibt.*
- *Diskutiert über die Vor- und die Nachteile, die solch ein geregelter Tagesablauf hat.*
- *Welche Beweggründe nennt Pater Robert für sein Leben als Mönch?*
- *Unter www.benediktiner.de findet ihr eine Landkarte mit den deutschen BenediktinerInnen-Klöstern. Vielleicht wollt ihr eines in eurer Nähe besuchen?
Oder ihr ladet eine Ordensfrau/einen Ordensmann ein, über den Sinn ihrer Lebensform zu sprechen.*
- *Informiert euch im Internet oder in einer Bücherei oder ... über den Benediktinerorden. Wer ist der Gründer, was hat es mit der Regel auf sich? Wie viele Brüder gibt es in Deutschland, Europa, weltweit?*
- *Wo leben und wie arbeiten die Benediktinerinnen?*
- *Informiert euch auch über andere große Orden, z. B. Augustiner, Franziskaner/innen und Klarissen, Zisterzienser/innen, Dominikaner/innen (vgl. S. 158), Jesuiten. Welche andere Gemeinschaft, evtl. aus eurer Umgebung, möchtet ihr vorstellen? Recherchiert (Gründer, Abkürzung des Ordensnamens, Gewand, Geschichte, Verbreitung, berühmte Ordensmitglieder, spezielle Aufgaben, sonstige Besonderheiten oder mitteilenswertes Interessantes, nächstes Kloster) in Kleingruppen und plant, wie ihr die Information für die anderen präsentiert.*

Das Evangelium entschieden leben

Schwester Gudula erzählt aus der Arbeit der »Schwestern vom Guten Hirten«:

Es ist eine spannende Geschichte, das Leben der Schwestern vom Guten Hirten in unserer Zeit. Die alte und immer neue »Gute Nachricht«, das Evangelium von Jesus, dem Guten Hirten, zu leben und zu verkünden, ist der Dienst unserer »apostolisch-kontemplativen« Ordensgemeinschaft. Und dieser Dienst hat viele Lebens- und Ausdrucksformen.
Eines ist uns ganz wichtig: Das Leben der Menschen zu teilen, ihre Sorgen und Freuden, ihren Alltag und ihre Feste und ihren Glauben. So sind wir dem Aufruf des II. Vatikanischen Konzils gefolgt, zu den Wurzeln unserer Ordensgeschichte zurückzufinden. Und das spiegelt sich wider in unseren jetzigen Gebets-, Arbeits- und Lebensformen. Denn nur wer sich ständig wandelt, bleibt sich treu.
So leben wir heute nicht mehr in großen, gesicherten Klöstern, sondern in kleinen »Konventen«, das sind Wohngemeinschaften von Schwestern von zwei bis zehn Personen, z. B. in Mietwohnhäusern sozialer Brennpunkte. Die Konvente haben unterschiedliche Aufgaben und nach diesen Aufgaben richtet sich dann auch der Rhythmus von Arbeit und Gebet. Wir haben aber auch die Erfahrung gemacht, dass wir immer tiefer graben müssen nach dem »Wasser in der Wüste«, je mehr wir in der Arbeit mit unserer eigenen Ohnmacht konfrontiert werden. Ohne eine Kultur des Betens und Meditierens in Gemeinschaft hätten wir schon oft aufgegeben. Darum haben wir in unserer Wohnung auch ein kleines Zimmer als »Hauskirche« eingerichtet.
Ich selbst lebe mit zwei anderen Schwestern im 8. Stock eines Hochhauses mitten unter Menschen verschiedenster Kulturen, Mentalitäten und Religionen. Die meisten unserer Hausbewohner sind Muslime aus verschiedensten Ländern: Marokkaner, Eriträer, Ägypter, Bangladeshi, Inder, Pakistani, Afghanen, Iraner, Kroaten und Serben. Ich bin erstaunt, wie gut wir von ihnen angenommen werden. Für die Muslime ist unser eheloses Leben die größte Provokation. Unsere Nachbarin, Mutter von drei Kindern, fragte mich gleich zu Beginn: »Du nix Mann, nix Kinder?« Und mit einem Augenzwinkern: »Nix Freund?« Dann die erstaunte Frage: »Warum?« Ich erklärte ihr, dass wir Schwestern nur für Allah und die Menschen leben möchten – ohne eigene Familie. Nach einem betroffenen Schweigen antwortete sie mir: »Wunderbar, du Freund von Menschen.«
Wir werden immer neu gefragt, ob und wie viel wir beten. Auch das ist für einen gläubigen Muslim wichtig. Nachdem sie sich vergewissert hatten, dass wir beten, und nachdem sie unsere nachbarliche Freundschaft als verlässlich erlebt hatten, vertrauten sie uns ihre Kinder an.
Unterschichtige Frauen aus muslimischen Ländern sind in der Regel Analphabetinnen. Auf ihren Wunsch hin haben wir von Anfang an mit Alphabetisierungskursen für die Mütter begonnen, die im Pfarrhaus unserer Kirchengemeinde stattfinden. Parallel dazu gibt es nachmittags Schularbeitenhilfe für die Mädchen. Die

Probleme der Frauen sind nicht in erster Linie materieller Art. Sie sind gesellschaftlich isoliert, ausgegrenzt und hilflos wegen der fehlenden Sprachkompetenz. Nur über Sprache können wir kommunizieren, uns austauschen, unsere Sorgen und Nöte mitteilen und über unseren Glauben sprechen. Darum ist uns dieser Aspekt unserer Arbeit so wichtig. Darüber hinaus engagieren wir uns in pastoralen und sozialen Gremien unserer Großstadt, um als Lobby für »unsere« Frauen mit ihren Familien wirken zu können. Wir sind eingebunden in unsere Pfarrgemeinde und unsere soziale Arbeit ist Auftrag des Pfarrgemeinderates, dem wir regelmäßig Bericht erstatten.
Am Heiligen Abend, wir wollten gerade die Mittagsmahlzeit vorbereiten, klingelt es an unserer Wohnungstür. Zwei Nach-

barskinder brachten uns auf einer Platte angerichtet ein wunderschönes marokkanisches Festmahl. Sie gratulierten uns zum Weihnachtsfest. Inzwischen wissen sie, dass wir nicht den Weihnachtsmann, sondern den Geburtstag Jesu feiern, den der Islam als großen Propheten ehrt. Wir revanchierten uns zum »Zuckerfest«, dem Tag der Beendigung des Ramadan, mit einem großen Kuchen für die ganze Familie. Das ist »interreligiöser Dialog«, ganz einfach praktiziert. Er stiftet Frieden und Freundschaft.

Schwestern eines anderen Kleinkonventes kümmern sich in der Anonymität einer Großstadt um allein lebende kranke und alte Menschen eines Pfarrverbandes von fünf Gemeinden. Eine andere Schwester hat in einer ostdeutschen Großstadt mitgewirkt an der Gründung eines überkonfessionellen Hospizes und ist selbst in der Trauerarbeit tätig.

So hat unser Auftrag: »Die Barmherzigkeit des Guten Hirten erfahrbar zu leben« viele Gesichter und neue Ausdrucksformen gefunden.

Manchmal frage ich mich, ob ich diesen Weg als Ordensfrau heute genauso gehen würde. Ich kann es mit einem klaren Ja beantworten.

Ja, Leben mit Jesus hat Folgen, eine davon ist die Erfahrung tiefer menschlicher und geistlicher Erfüllung, denn »wer trägt, der wird getragen«.

Schwester Gudula Busch RGS

Die Kongregation der **Schwestern vom Guten Hirten** ist eine internationale Ordensgemeinschaft, die 1835 in Frankreich gegründet wurde. Heute zählt die Gemeinschaft ca. 830 Konvente in 67 Ländern der Erde. Ihre Arbeit und ihr Leben soll die Heilszusage des Evangeliums in der heutigen Zeit konkretisieren. In der Nachfolge Jesu, des guten Hirten, gilt ihre Sorge vor allem den Menschen, die im gesellschaftlichen Dialog fehlen, an den Rand gedrängt und ausgebeutet werden. Als NGO (Nicht-Regierungs-Organisation) hat sie Beraterstatus bei der UN-Ecosoc-Kommission und hat eine ständige Beobachterin bei der UNO in New York. Weitere Informationen dazu gibt es im Internet unter http://www.guterhirte.de.

- Wie versteht ihr den Satz »Wer trägt, der wird getragen«?
- Was bedeutet er wohl für die Schwestern?
- Welche Gründe bewegen Menschen zu einem Ordensleben im Kloster, welche zu einem Ordensleben »mitten unter den Menschen« in Kleinkonventen?

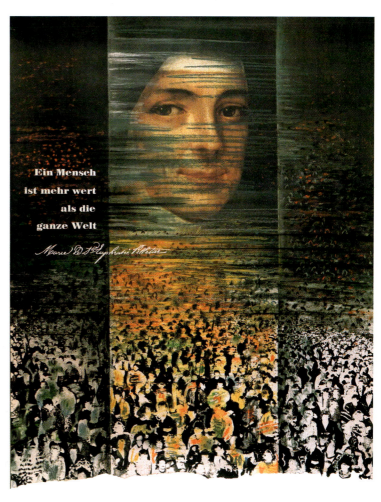

Orden und Gemeinschaften

Auf verschiedene Weise den Glauben leben

Franziskaner

Bereits ihr Name zeigt, auf wen sie sich berufen: Franz von Assisi.

Der hl. Franz von Assisi wurde 1181 oder 1182 als Sohn reicher Kaufleute geboren. Er sollte in die Fußstapfen seines Vaters treten und das elterliche Unternehmen übernehmen.

Im Zusammenhang mit einer Lebenskrise vernachlässigte er immer mehr seine Aufgaben im elterlichen Geschäft.

Einige Male verschenkte er teure Stoffe an Arme und Bedürftige. Dies forderte den Zorn seines Vaters heraus. 1206 kam es schließlich zum endgültigen Bruch. Nun begann für Franziskus ein neues Leben: Er kleidete sich mit einem einfachen Büßergewand aus brauner Wolle und zog sich in einsame Höhlen und abgelegene, zerfallene Kapellen zurück. Bald versammelten sich die ersten Gefährten um ihn. Die »minderen Brüder«, wie sie sich nannten, zogen als Wanderprediger umher und arbeiteten bei den Leuten. Sie waren arm und fröhlich. Sie verkündeten den Frieden und die Frohe Botschaft Gottes – mehr durch ihr Leben als durch ihre Worte.

Das Leben des Franz von Assisi stand ganz in der Nachfolge des Gekreuzigten, dem er zeitlebens nacheiferte. Er wird auch der »zweite Christus« genannt. Bereits knapp zwei Jahre nach seinem Tod (1226) wurde Franziskus heiliggesprochen.

Von Papst Johannes Paul II. wurde er zum Patron des Umweltschutzes ernannt und spätestens seit dem großen Friedensgebet mit Vertretern aller Weltreligionen 1986 in Assisi kann er auch als der »Heilige des Friedens« gelten.

Die Franziskaner tragen ein braunes Habit mit Kapuze und einem weißen Strick als Gürtel.

Ihr Gruß lautet: »pace e bene!«: Frieden und Segen!
Aktuelle Information unter www.franziskaner.de.

Dominikaner

Der Spanier Dominikus (geb. um 1172) gründete 1215 mit päpstlicher Erlaubnis den Orden der Predigerbrüder. Die Brüder verfolgen das Ziel, durch ihre Predigt, die auf Kontemplation und wissenschaftlichem Studium aufbaute, das Evangelium zu verkünden. Diese Aufgabe, ihre solide Bildung und die Nähe zum Papsttum führen dazu, dass die Dominikaner im Mittelalter die päpstlichen Hoftheologen stellten und mit der Inquisition beauftragt wurden. In einer im Mai 2000 verabschiedeten Erklärung hat ein Dominikanerkapitel die Ordensbrüder dazu aufgerufen, diese dominikanische Beteiligung an der Inquisition und der Hexenverfolgung zum Thema in Predigten und Verkündigung zu machen und sich heute für die umfassende Respektierung der Rechte aller Menschen einzusetzen.

Der Roman »Der Name der Rose« von Umberto Eco und die Verfilmung durch Jean-Jacques Annaud handelt übrigens von dem so genannten »Armutsstreit«, der zwischen den Franziskanern und den Dominikanern ausgetragen wurde.

Berühmteste Vertreter der Dominikaner sind der 1323 heiliggesprochene Kirchenlehrer Thomas von Aquin, Albertus Magnus (*1280), der die antiken Lehren für das christliche Mittelalter lebendig machte, der Mystiker Meister Eckhart († 1327) und Bartholomé las Casas († 1566), der sich für die Rechte der Indios in Lateinamerika einsetzte.

Heute steht die Verbindung von Gebet und Tat, Kontemplation und Aktion im Vordergrund der Gemeinschaft:

– Verkündigung des Evangeliums in den Lebensbereichen und Kulturen, die dem Christentum fern stehen;
– wissenschaftliche Erforschung anderer Kulturen und Religionen;
– Auseinandersetzung mit den Ungerechtigkeiten unserer Welt und Befreiung der Menschen.

Weltweit gibt es zur Zeit 6 500 Brüder, wovon 3 650 in Europa, 1 800 in Amerika, 750 in Asien, 210 in Afrika und 90 in Australien leben. Insgesamt gehören 4 000 Klausurschwestern dem Orden an.
Die Dominikaner tragen ein weißes Habit mit Kapuze und einen schwarzen Mantel.
Aktuelle Information mithilfe einer Suchmaschine unter dem Stichwort Dominikaner.

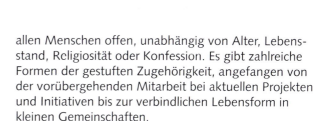

**Beschauen
und das im Beschauen Erkannte
an andere weitergeben!**

Thomas von Aquin

Fokolar-Bewegung
Chiara Lubich (1920-2008) organisierte während des Zweiten Weltkriegs im kriegsgeschädigten Trient ein Netzwerk von Hilfe. Bald wurde die Gruppe um sie herum »Fokolare« genannt, wie die offene Feuerstelle in alten Bauernhäusern, die Wärme und Licht ausstrahlt. Die Spiritualität der Einheit der Bewegung folgt dem Leitmotiv »Alle sollen eins sein. Wie du, Vater, in mir bist, und ich in dir bin, sollen auch sie in uns sein« (Joh 17,21). Dementsprechend ist das Hauptanliegen der Fokolar-Bewegung, zur Einheit unter Menschen, Völkern, Angehörigen verschiedener Konfessionen und Religionen beizutragen.
Die Bewegung zählt heute etwa 95 000 Mitglieder, ist in 198 Ländern präsent und mehr als zwei Millionen Menschen stehen mit ihr in Verbindung. Die Fokolar-Bewegung steht allen Menschen offen, unabhängig von Alter, Lebensstand, Religiosität oder Konfession. Es gibt zahlreiche Formen der gestuften Zugehörigkeit, angefangen von der vorübergehenden Mitarbeit bei aktuellen Projekten und Initiativen bis zur verbindlichen Lebensform in kleinen Gemeinschaften.
Aktuelle Information unter www.fokolar-bewegung.de.

**Rabbi Bär von Radoschitz bat einst seinen Lehrer, den »Seher« von Lublin:
»Weiset mir einen allgemeinen Weg zum Dienste Gottes!«
Der Zaddik antwortete:
»Es geht nicht an, dem Menschen zu sagen, welchen Weg er gehen soll.
Denn da ist ein Weg, Gott zu dienen
da durch Lehre und da durch Gebet,
da durch Fasten und da durch Essen.
Jedermann soll wohl achten, zu welchem Weg ihn sein Herz zieht, und dann soll er sich diesen mit ganzer Kraft erwählen.«**

Chassidische Geschichte

- Sprecht über die Besonderheiten der einzelnen »Institute des geweihten Lebens« und der Gemeinschaften.
- Welche Gemeinschaft spricht dich besonders an? Warum?
- Bilde mit denen aus deiner Klasse eine Gruppe, die die gleiche Vorliebe wie du haben.
- Sucht gemeinsam in Internet/Lexikon/Schülerbücherei o. Ä. weitere Informationen und stellt die von euch gewählte Glaubensgemeinschaft auf einem Plakat vor.
- Informiert euch über Klöster und Glaubensgemeinschaften in eurer Nähe und plant gemeinsam einen Besuch oder ladet jemanden zu einer »Talk-Show« ein.

Seit der frühen Kirche gibt es Männer und Frauen, die die Berufung spüren, das Evangelium ganz entschieden zu leben. Um dies besser zu können, haben sie sich zu Orden oder Ordensgemeinschaften zusammengeschlossen.

Das Leben in diesen Gemeinschaften ist geprägt von den drei »Evangelischen Räten«, die auf das Evangelium (Mk 10,17-31) bzw. auf Jesus selbst zurückgeführt werden. Sie sollen den Menschen helfen ganz frei zu sein für Gott und die Menschen: durch Armut, Ehelosigkeit und Gehorsam, um des Reiches Gottes willen. Wer aus Glaube und Liebe heraus freiwillig arm lebt, bringt seine Verbundenheit mit allen Armen und die Zusage der Nähe Gottes für sie zum Ausdruck. Wer aus dieser Haltung heraus auf Ehe und gelebte Sexualität verzichtet, zeigt sich glaubend bezogen auf alle Einsamen und Alleingelassenen. Wer auf Gott vertrauend auf eigene Macht verzichtet, stellt sich bewusst im Namen Gottes auf die Seite der Ohnmächtigen und lebt mit ihnen und für sie. So sind die Ordensgemeinschaften ein gelebtes Vor-Zeichen und Vor-Bild von Gottes kommender Welt, in der sich zeigt, dass alle Menschen in gleicher Weise geliebt sind.

Im Laufe der Jahrhunderte entstanden immer wieder neue Ordensgemeinschaften, weil durch veränderte Lebensumstände immer neue Herausforderungen auf den Glauben der Christen zukommen. Die Orden versuchen sie vorbildlich für die ganze Kirche zu beantworten. Die verschiedenen Ordensgemeinschaften haben sich daher Aufgaben gestellt, die für sie kennzeichnend sind, zum Beispiel Pflege des Gebetes und der Liturgie, Predigt, Mission, Krankenpflege, Jugendseelsorge. Von ihrer Aufgabe her unterscheidet man zwischen »tätigen« und »beschaulichen« Orden, d. h. zwischen solchen, die vor allem im Dienst an den Menschen tätig sind, und solchen, die sich vor allem dem Gebet, der Betrachtung und der Feier der Liturgie widmen.

Jede Zeit braucht neu einzelne Christinnen, Christen und christliche Gruppen, die aus dem Glauben heraus so leben, dass Gottes Welt als Alternative zu unserer Welt konkret erfahrbar wird. Wie Abraham wandern sie auf Gottes Ruf hin aus den gewohnten bestehenden Verhältnissen aus und suchen das neue Leben schon jetzt.

Katechismus ›Grundriss des Glaubens‹ 34.4

> wir wollen weitersagen:
> wer trägt
> der wird getragen
> ein jeder ist ein sonderfall
> der sonderfall ist überall
> wir wollen weitersagen:
> wer trägt
> der wird getragen
> da gibt es keinen fall für sich
> dein fall ist auch ein fall für mich
> wir wollen weitersagen:
> wer trägt
> der wird getragen
> im ernstfall seid ihr nicht allein
> der notfall soll der ernstfall sein
> wir wollen weitersagen:
> wer trägt
> der wird getragen
>
> *Wilhelm Willms*

12 Für eine bessere Welt
Organisierte Nächstenliebe

1 Notfälle im menschlichen Leben

Zahlen – Daten – Fakten

Etwa 100 000 Kinder werden jährlich in der Bundesrepublik wegen eines Schwangerschaftsabbruchs nicht geboren.

Fast 1000 Menschen starben 1999 aufgrund einer Medikamenten- oder Drogenabhängigkeit.

Viele Schulkinder sind ganztägig allein, da ihre Eltern arbeiten gehen müssen. Wegen Ehescheidungen leben immer mehr Kinder nur mit einem Elternteil zusammen.

Im Jahr sterben mehr als 100 000 Menschen an den Folgen des Rauchens.

Ca. 500 000 Wohnungslose leben in Deutschland. Immer mehr Kinder und Jugendliche geraten dazu. Häufig sind Arbeitslosigkeit, Verschuldung und Probleme in der Familie die Ursache.

Ca. 5 bis 7 Millionen Menschen sind durch den Alkoholmissbrauch eines Familienmitglieds betroffen.

2000 gab es ca. 4 Millionen Arbeitslose in unserem Land. In den betroffenen Familien leiden nicht nur die Arbeitslosen, sondern auch die Kinder unter dieser Situation. Finanzielle Einschränkungen sind nötig, die Teilnahme am sozialen und kulturellen Leben ist eingeschränkt.

Im Jahr 2000 versuchten sich 30 000 Kinder und Jugendliche zu töten. 1000 ist es gelungen.

Fast 7 000 000 Menschen in Deutschland leben mit Behinderungen. Viele können in Tageswerkstätten arbeiten und leben in ihren Familien. Schwerstbehinderte leben in speziellen Heimen, wo sie entsprechend ihrer Behinderung gefördert werden.

Jährlich sterben in der Bundesrepublik Deutschland mehr als 8 000 Menschen bei Verkehrsunfällen.

250 000 bis 300 000 Menschen in der Bundesrepublik konsumieren harte Drogen.

- Recherchiert in Kleingruppen die aktuellen Zahlen. Klebt sie auf Kartons und baut eine »Klagemauer«.
- Was beeindruckt euch am meisten? Was hättet ihr anders erwartet? Wo haben sich Veränderungen gegenüber den Zahlen im Buch ergeben?
- Welche »Notfälle im menschlichen Leben« könnt ihr ergänzen? Achtet dabei auf Berichte in Zeitungen und Nachrichten.

Notfall Hunger

Das Welt-Hochhaus

Stellen wir uns einmal vor, die ganze Welt bestünde aus einem Hochhaus mit sechs Stockwerken und die Erdbevölkerung zählte genau 100 Menschen. Wie sähe unsere kleine Welt dann aus?

Dann wohnen in den oberen drei Stockwerken 30 Menschen, die wie selbstverständlich mit elektrischem Licht, Kühlschränken, Fernsehen, Autos, ausreichend gutem Essen versorgt sind und in denen die Kinder wie selbstverständlich ein warmes Bett und oft ein eigenes Zimmer, Rollschuhe, Fahrräder und weiteres Spielzeug in Fülle besitzen.

Dann wohnen in den unteren drei Stockwerken 70 Menschen, von denen die meisten nicht genug zu essen haben und nicht einmal ein eigenes Bett besitzen und in denen die Kinder froh sind, mit dem spielen zu können, was die »von oben« wegwerfen.

Die Menschen in den oberen Stockwerken sind reich. Sie beanspruchen, obwohl sie nicht einmal ein Drittel aller Hausbewohner stellen, 80 Prozent (!) von dem, was im Haus hergestellt wird. Für den weitaus größten Teil der BewohnerInnen in den unteren Etagen bleiben nur noch 20 Prozent (!) aller Güter übrig. Diese Menschen sind arm.

- Zeichnet das Welthochhaus mit den Bewohnern auf Packpapier und diskutiert über die Verteilung.
- Nehmt 9 Brötchen und 9 Schüler oder Schülerinnen. Verteilt die 9 Brötchen so, dass es eurer Ansicht nach gerecht ist. Anschließend verteilt sie entsprechend der Nahrungsmittelverteilung in der Welt: 3 SchülerInnen bekommen 7 1/4 Brötchen, 4 SchülerInnen bekommen zusammen 1 1/2 Brötchen. Der Rest der Brötchen ist für die 2 SchülerInnen, die noch nichts haben. Was empfindet ihr bei dieser Verteilung?
- Informiert euch – evtl. in Gruppen – über die Sahelzone oder andere Hungergebiete der Erde (Adressen vgl. S. 168).
- Ergründet die Ursachen für die Mangelsituation.

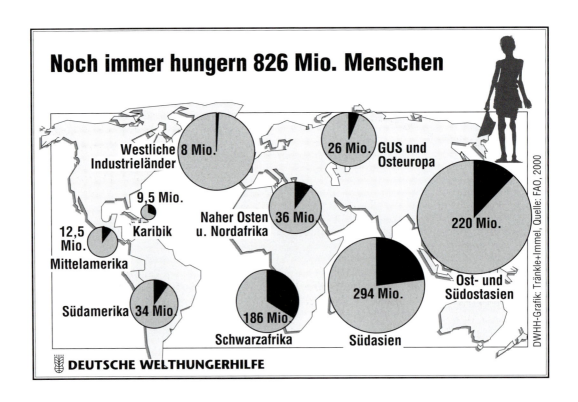

Wie die Nahrungsmittel in der Welt verteilt sind

Etwa 6 Milliarden Menschen bevölkern gegenwärtig die Erde. Von diesen 6 Milliarden Menschen verfügt rund ein Drittel nicht nur über die meisten Nahrungsmittel, sondern auch über viele andere Güter wie zum Beispiel Maschinen, Fabriken, Grundbesitz und Schulbildung.
Die anderen zwei Drittel der Menschen wissen oft nicht, wovon sie am nächsten Tag leben sollen. Jeden Tag sterben etwa 32 000 Kinder in der Welt an Hunger, 160 Millionen leiden an Unterernährung.
Warum hungern diese Menschen? Viele Gründe wirken zusammen: Ungunst des Klimas, unfruchtbarer Boden, mangelhafte Bestellung, Überbevölkerung, soziale Ungerechtigkeit, Ausbeutung der Arbeitskräfte …
Die Reichsten haben so viel wie 48 arme Länder.

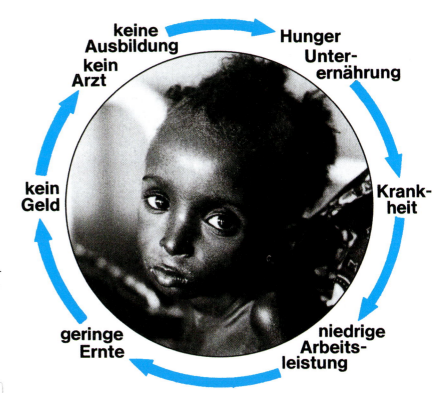

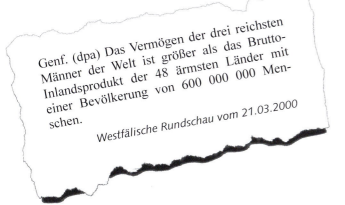

Genf. (dpa) Das Vermögen der drei reichsten Männer der Welt ist größer als das Bruttoinlandsprodukt der 48 ärmsten Länder mit einer Bevölkerung von 600 000 000 Menschen.

Westfälische Rundschau vom 21.03.2000

Der Teufelskreis der Armut

Man sieht ihn nicht auf den ersten Blick. Wenn man aber den Kindern in die Augen schaut, merkt man, dass etwas nicht stimmt. Diese Kinder können sich nie satt essen. Sie sind dauernd unterernährt.
Dies nennen wir den weißen Hunger. Der »weiße Hunger« ist schlimm; denn unterernährte Kinder bleiben in ihrer körperlichen und geistigen Entwicklung oft zurück. Hunger oder dauernde Unterernährung machen krank. Wer krank ist, kann nicht arbeiten. Wer nicht arbeitet, hat nichts zu essen. Es ist ein erbarmungsloser Teufelskreis der Armut.

- Setzt euch in Gruppen zusammen und zeichnet den Teufelskreis auf Packpapier. Sucht aus Zeitschriften, Illustrierten, Tageszeitungen oder dem Internet Bilder und Informationen, die ihr den entsprechenden Stellen des Teufelskreises zuordnen könnt.
- Wie lässt sich der Teufelskreis durchbrechen?
- Überlegt: Wann ist ein Mensch arm, wann reich? Warum gibt es so viele arme Menschen und nur wenige reiche?

Hunger durch Überfluss?

SORGE DER SATTEN

Nach der jetzigen Mode sind meine Stiefel
drei Zentimeter zu kurz.
Unser neues Auto wird vier Wochen
später geliefert.
Die Preise für Zigaretten und Alkohol steigen.
Fünfzig Cent Lohnerhöhung pro Stunde
verlangt unsre Putzfrau
(unverschämt!).
Im Ferienort bekommen wir nur noch
ein Zimmer ohne Dusche und ohne WC.
Der nächste Laden
führt nur fünf Sorten Brot.
Vierzehn Tage
soll die Reparatur des Fernsehers dauern.
Schon wieder
blieb die Schlankheitskur ohne Erfolg.
Und das ist nicht alles ...

Christa Peikert-Flaspöhler

Ich war hungrig,
aber ihr habt mir nichts zu essen gegeben.
Ich war durstig,
aber ihr habt mir nichts zu trinken gegeben.
Ich war fremd und obdachlos,
aber ihr habt mich nicht aufgenommen.
Ich war nackt,
aber ihr habt mir keine Kleidung gegeben.
Ich war krank und im Gefängnis,
aber ihr habt mich nicht besucht.

Dann werden sie antworten:
Herr, wann haben wir dich hungrig oder durstig
oder obdachlos oder nackt oder krank
oder im Gefängnis gesehen
und haben dir nicht geholfen?
Darauf wird er ihnen antworten:

- Schreibt eine Fortsetzung zu dem Text »Sorge der Satten«.

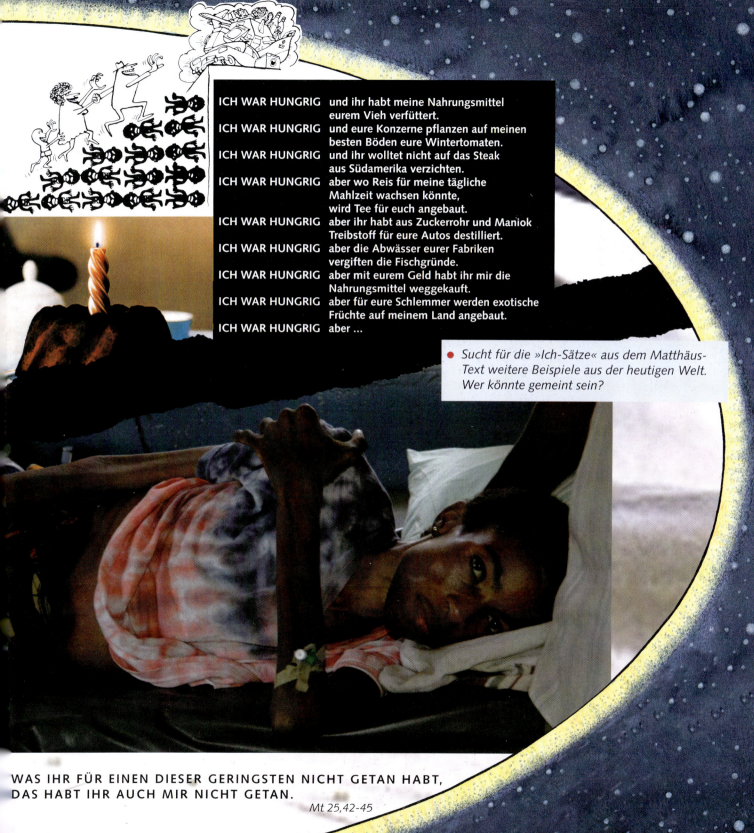

ICH WAR HUNGRIG	und ihr habt meine Nahrungsmittel eurem Vieh verfüttert.
ICH WAR HUNGRIG	und eure Konzerne pflanzen auf meinen besten Böden eure Wintertomaten.
ICH WAR HUNGRIG	und ihr wolltet nicht auf das Steak aus Südamerika verzichten.
ICH WAR HUNGRIG	aber wo Reis für meine tägliche Mahlzeit wachsen könnte, wird Tee für euch angebaut.
ICH WAR HUNGRIG	aber ihr habt aus Zuckerrohr und Maniok Treibstoff für eure Autos destilliert.
ICH WAR HUNGRIG	aber die Abwässer eurer Fabriken vergiften die Fischgründe.
ICH WAR HUNGRIG	aber mit eurem Geld habt ihr mir die Nahrungsmittel weggekauft.
ICH WAR HUNGRIG	aber für eure Schlemmer werden exotische Früchte auf meinem Land angebaut.
ICH WAR HUNGRIG	aber ...

- *Sucht für die »Ich-Sätze« aus dem Matthäus-Text weitere Beispiele aus der heutigen Welt. Wer könnte gemeint sein?*

WAS IHR FÜR EINEN DIESER GERINGSTEN NICHT GETAN HABT, DAS HABT IHR AUCH MIR NICHT GETAN.

Mt 25,42-45

2 Organisationen: Hilfe zur Selbsthilfe

Brot für die Welt wurde 1959 in Berlin gegründet. Das evangelische Hilfswerk leistet einen Beitrag zur Überwindung von Hunger, Armut und sozialer Not in Afrika, Asien und Lateinamerika. Die Menschen dieser Regionen werden in ihrer Entwicklung gefördert und zur Selbsthilfe befähigt.

Brot für die Welt,
Stafflenbergstr. 76, 70184 Stuttgart
www.brot-fuer-die-welt.de

Adveniat erhielt aus der lateinischen Form der Vaterunser-Bitte »Dein Reich komme« seinen Namen. Die deutschen Katholiken engagieren sich seit 1961 für die Völker Lateinamerikas. Sie übernehmen Verantwortung für die Verbesserung der Lebensumstände der Menschen auf diesem Halbkontinent. Adveniat hilft durch die Ausbildung von Geistlichen, Ordensleuten, Katecheten und Katechetinnen. Die Geldmittel stammen größtenteils aus der Sammlung in den Weihnachtsgottesdiensten.

Bischöfliche Aktion Adveniat,
Gildehofstr. 2, 45127 Essen
www.adveniat.de

> Selig,
> die mich erfahren lassen,
> dass ich geliebt, geachtet
> und nicht allein
> gelassen bin.
>
> *Aus Afrika*

Seit ihrer Gründung 1957 arbeitet die **DAHW Deutsche Lepra- und Tuberkulosehilfe** daran, dass kein Mensch mehr unter Lepra, Tuberkulose und anderen Krankheiten der Armut und ihren Folgen wie Behinderung und Ausgrenzung leiden muss. In mehr als 200 Hilfsprojekten hilft die DAHW den betroffenen Menschen ungeachtet ihrer ethnischen und sozialen Herkunft, religiösen und politischen Überzeugung, sexuellen Identität, ihres Alters und Geschlechts.

DAHW Deutsche Lepra- und Tuberkulosehilfe e.V.
Mariannhillstr. 1c, 97074 Würzburg
info@dahw.de

missio kann auf eine lange Bestehenszeit zurückblicken. »missio« widmet sich in Afrika, Asien und Ozeanien der Verbreitung des Glaubens, der Ausbildung von jungen Menschen im kirchlichen Dienst und der Verbesserung der Lebenssituation. Nicht technische Hilfe, sondern die Entwicklung von Zukunftsperspektiven steht im Vordergrund.

Missio. Internationales Katholisches Missionswerk e.V.,
Goethestr. 43, 52064 Aachen
www.missio.de

- Erkundigt euch, welche der abgebildeten Hilfsorganisationen in eurem Ort arbeiten.
- Vielleicht kennt ihr weitere Hilfsorganisationen. Ihr könnt sie einander vorstellen.

Zum Beispiel Misereor

Was ist MISEREOR?

Misereor ist das Hilfswerk der katholischen Kirche in der Bundesrepublik Deutschland zur Überwindung von Hunger, Krankheit und sozialer Benachteiligung großer Bevölkerungsgruppen in den Entwicklungsländern. Der Auftrag von Misereor besteht darin, Menschen zu helfen, damit sie sich ein menschenwürdiges Leben gestalten können. Misereor erhielt 1959 von den deutschen Bischöfen den Auftrag, die jährliche Fastenaktion vorzubereiten und durchzuführen. Die Menschen hier in unserer Wohlstandsgesellschaft sollen angeregt werden, sich solidarisch zu den Menschen in der so genannten Dritten Welt zu verhalten.

Projektpartnerschaft – ein Arbeitsschwerpunkt von MISEREOR

Manche sagen: Unfug. Partnerschaft ist nur zwischen Menschen möglich, doch nicht mit einem Projekt. Andere sagen: Das ist doch nur eine geschickte Form der Spendenwerbung. Wieder andere – ihre Zahl steigt – zeigen durch ihre Beteiligung an der Aktion, dass sie dieses Misereor-Angebot nicht von vorneherein für einen Werbetrick halten.

Da melden sich Familien, Schulklassen, Aktions- und Jugendgruppen, Studierende, Gemeinden und Städte, Verbände, ja selbst Parteien (nicht nur solche mit dem C im Namen). Sie alle möchten sich an der Finanzierung konkreter und überschaubarer Projekte beteiligen. Sie wollen Gewissheit haben, dass ihre Spende ankommt und wirklich hilft.

Hinter einem Projekt stehen Menschen mit ihren konkreten Nöten und Bedürfnissen. Durch eine Projektpartnerschaft können solche Nöte sichtbar werden, mehr noch: auch die Ursachen für die Nöte und vielleicht sogar unsere Mitverantwortung dafür. Eine Projektpartnerschaft kann uns die Wirklichkeit der Dritten Welt so nahebringen, dass sie unter die Haut geht. Sie kann uns Zusammenhänge deutlich machen, sodass wir merken: wir leben in der Einen Welt.

Nach welchen Grundsätzen arbeitet MISEREOR?

Die Hilfe soll den Ärmsten in den jeweiligen Ländern zukommen. Jede Hilfsmaßnahme soll so ausgerichtet sein, dass die Ursachen der Probleme beseitigt werden. Alle Maßnahmen müssen zumindest langfristig gewährleisten, dass Hilfe von außen überflüssig wird.

Schon bei der Planung einer Maßnahme muss abgesichert werden, dass diejenigen, denen Hilfe zukommt, sobald wie möglich selbst die Verantwortung über-

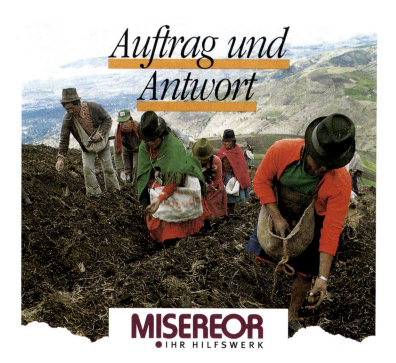

nehmen können. Misereor führt Hilfsmaßnahmen nie in eigener Verantwortung durch. Die Verantwortung für Hilfsmaßnahmen übernehmen Partner, in den meisten Fällen Pfarrgemeinden, Diözesen oder kirchliche Gruppen in der Dritten Welt.

Was will MISEREOR?

Jesus spricht vom Reich Gottes. Er verheißt die neue Erde. In ihr soll es keine Armut, keinen Hunger, keine Unterdrückung und keine Unfreiheit mehr geben. Misereor will am Auftrag der Kirche mitarbeiten, den Heilswillen Gottes auf dieser Erde zu verwirklichen. Durch den Aufbau einer geschwisterlichen Gemeinschaft, der alle Menschen angehören sollen, beginnt das Reich Gottes in unserer Gegenwart.

Es gibt Menschen, die es für unernst, Christen, die es für unfromm halten, auf eine bessere irdische Zukunft zu hoffen und sich auf sie vorzubereiten. Sie glauben an das Chaos, die Unordnung, die Katastrophe als den Sinn des gegenwärtigen Geschehens und entziehen sich der Verantwortung für das Weiterleben, für den neuen Aufbau, für die kommenden Geschlechter. Mag sein, dass der Jüngste Tag morgen anbricht, dann wollen wir gern die Arbeit für eine bessere Zukunft aus der Hand legen, vorher nicht.

Dietrich Bonhoeffer

Projekte konkret

Baghu's Netz bleibt leer

Müde zieht Baghu sein kleines Fischerboot an den Strand. Wieder ist er vergeblich rausgefahren, denn die zwei kleinen Fische, die ins Netz gingen, sind nicht der Rede wert. So geht das schon seit Monaten. Pater Joseph, der aus der Stadt kam, um am Abend an einer Versammlung der Fischer teilzunehmen, steht neben Baghus Boot und schaut nachdenklich auf die magere Beute. Baghu spricht ihn an: »Da siehst du es, Pater, wieder war es ein Tag, der die Mühe nicht lohnte. Noch vor wenigen Jahren war die Rückkehr vom Fang ein Fest. Die Kinder, die Frauen, sie kamen, um die Beute zu betrachten. Wir waren stolz, auch wenn wir stets nur für den Tagesbedarf etwas heimbrachten. Am Abend war es fröhlich im Dorf, denn unser Reis war gewürzt von scharfer Fischsoße. Heute ist ein Tag so traurig wie der andere. Meist drückt der trockene Reis unsere Kehlen.«

Pater Joseph erwidert: »Deshalb bin ich hier. Wir wollen beraten, ob es einen Ausweg gibt.« »Wie wollen wir kleinen Leute etwas ausrichten gegen Fangschiffe, die einer Stadt gleichen, gegen Fischhändler aus fernen Ländern, die sie uns auf den Hals schicken, gegen ihre Schürfnetze, die die Fischbrut am Boden zerstören, und gegen unsere Behörden, die all das zulassen? Seitdem sie in immer größerer Zahl kommen, fangen sie an einem Tag so viel wie unser Dorf in einem langen Leben. Und sie fangen alles. Ihre Netze geben dem Fisch keine Chance mehr zu entkommen. Sie nehmen ihm die Ruhe des Heranwachsens. Sie sind unfaire Gegner. Sollen wir damit rechnen, dass sie mit uns großzügiger umgehen?«

»Baghu, denk an unsere letzte Versammlung. Der Fischereiexperte hat es uns doch deutlich gesagt. Millionen Menschen brauchen dringend Fisch als Nahrung. Sie können nicht alle selbst hinausfahren, wie ihr es für euren Bedarf über Generationen tatet. Sie sind darauf angewiesen, dass moderne Fangmethoden genutzt werden. Du kennst meine Meinung und ihr solltet euch zusammentun, ein größeres Boot mit Motor haben und für andere – für den Markt mitfischen. Dann könntet ihr vielleicht mithalten, vielleicht sogar Geld erlösen für den Hausbau, für den Bau eines Brunnens, für viele Dinge.«

* * *

»Ja, ja, ich weiß, Pater. Aber ich zweifle. Was ist das für ein Markt, von dem du da sprichst? Was die großen Schiffe fangen, kommt das auf unsere Märkte? Keine Sardine sehe ich davon. Man sagt, sie machen mit ihrem Fang große Geschäfte mit Leuten in den reichen Ländern. Was bleibt da für uns? Und wie lange werden sie diese Geschäfte machen? Bald wachsen keine Fische mehr nach. Sie geben der Brut keine Chance. Der Fisch stirbt aus. Hat er nicht seinen Platz erhalten in der bunten Vielfalt des Lebens? Wir wollen nur das, was wir unbedingt brauchen, heute und in den Tagen unserer Enkel. Wir wollen keinen Markt irgendwo in der Ferne, den wir nicht kennen.«

»Hör auf, Baghu. In vielem hast du zwar Recht. Aber wir werden die Entwicklung nicht aufhalten, die Zeit nicht zurückdrehen. Ihr müsst neue Wege suchen, um zu leben. Oder wollt ihr sterben?«

»Ich sehe, Pater. Aber warum fragst du nicht jene, die so brutal diese Fische bis auf das letzte Jungtier sterben lassen, was sie danach wollen? Müssen nicht auch sie überlegen, woher sie Fisch für das Mahl ihrer Enkel nehmen werden? Ohne Erbarmen mit der Natur, wo führt ihr Weg da hin? Doch auch zum Sterben! Wie die Fische und wir ihr Opfer sind, so werden sie Opfer ihres eigenen Tuns sein mit ihren so vollkommenen Maschinen, Schiffen und Märkten. Warum verlangst du von uns Änderungen und nicht von ihnen?«

Das »Strandblütenprojekt« war ein Entwicklungsprogramm für Fischer und ihre Familien an der Malabar-Küste von Kerala/Indien.

Die Fischer haben schon Vermarktungsgenossenschaften aufgebaut, damit sie sich gemeinsam gegenüber den marktbeherrschenden Fischereifirmen durchsetzen können. Sie haben erreicht, dass eine Fünfmeilenzone abgesteckt wurde, die für die kleinen Boote reserviert bleibt. Doch die »Großen« mit ihren Schleppkuttern kümmern sich nicht immer um solche Bestimmungen. Der Fischbestand an der Malabar-Küste ist in den letzten 15 Jahren um die Hälfte zurückgegangen.

Die Kirche macht sich jedoch auch die Sorgen der anderen Familienmitglieder zu eigen. Ordensschwestern leisten Bildungsarbeit bei den indischen Frauen. Die Frauen lernen lesen und schreiben, erlernen einen Beruf, erhalten Kleinkredite für den Start eines Gewerbes, damit sie nicht vom Einkommen des Vaters oder Ehemanns abhängig sind und ihre Kinder ernähren können. Sie lernen ihre Rechte kennen und organisieren sich, um sie gegenüber den Behörden und Banken auch durchzusetzen.

Hunderttausende von Knoten, 16 Stunden am Tag

Orientteppiche gehören zu den beliebtesten Schmuckstücken deutscher Wohnzimmer. Kein anderes Land importiert mehr davon als die Bundesrepublik. »Märchenhafte Tiefpreise wie aus 1001 Nacht« oder »Ein Fest der kleinen Preise steht am Anfang des neuen Jahres, greifen Sie zu und feiern Sie mit ...« – so oder ähnlich lauten etliche Werbetexte des deutschen Teppichhandels.

Doch die hierzulande gefeierten »Tiefpreise« haben eine schreckliche Kehrseite: die hemmungslose Ausbeutung von Millionen Menschen, besonders von Kindern. Allein im »Teppichgürtel« des nordindischen Bundesstaats Uttar Pradesh dürfte die Zahl der Teppich knüpfenden Kinder bei über 300 000 liegen. Schätzungsweise ein Drittel von ihnen ist von Geldverleihern entgegen geltendem Recht versklavt worden, weil die Eltern die Wucherzinsen nicht mehr zurückzahlen können.

Bei diesen Kindern sind die Arbeits- und Lebensbedingungen besonders katastrophal: In halb verfallenen und schlecht beleuchteten Bretterverschlägen sitzen sie tagtäglich bis zu 16 Stunden dicht an dicht vor den Knüpfrahmen. Durch die hohe Konzentration von Wollfasern in der Luft und die allgemein schlechte Ernährung sind Krankheiten wie Staublunge oder Tuberkulose an der Tagesordnung. Kaum die Hälfte der Kinder erreicht unter diesen Umständen das zwölfte Lebensjahr.

Die indische Dachorganisation für die Wahrung der Kinderrechte (SACCS) sowie MISEREOR, Brot für die Welt und terre des hommes haben sich 1992 zusammengeschlossen, um gegen diesen brutalen Missbrauch von Kindern anzugehen. Weil Kinderarbeit und erst recht die Sklaverei auch in Indien verboten sind, sind die Knüpfbetriebe gut getarnt und vielfach streng bewacht.

Inzwischen konnten mehrere tausend Kinder befreit werden. Sie brauchen wegen ihrer traumatischen Erlebnisse in der Gefangenschaft psychologische Betreuung. Weil sie meist aus weit entfernten Gebieten verschleppt worden sind, werden die befreiten Kinder vor ihrer Rückkehr ins Elternhaus erst einmal in Auffangzentren untergebracht. Dort erhalten sie auch eine Grundbildung

in Lesen, Schreiben, Rechnen und können an einer einfachen handwerklichen Ausbildung teilnehmen.
MISEREOR, Brot für die Welt und terre des hommes ist es im Zuge einer breit angelegten Aufklärungskampagne gegenüber der deutschen Öffentlichkeit gelungen, das »Rugmark«-Siegel einzuführen – ein Warenzeichen, mit dem indische Hersteller ihre Teppiche versehen dürfen, wenn sie nicht von Kindern geknüpft worden sind. Die Garantie, dass eine solche Kennzeichnung berechtigt ist, übernehmen eigens hierfür in Indien geschaffene Kontrollinstanzen. So haben deutsche KäuferInnen eine eindeutige Orientierungshilfe und können durch ihr Kaufverhalten maßgeblich dazu beitragen, dass die Versklavung von Kindern beendet wird.

- *Sprecht über die Ursachen der Probleme bei den Fischern.*
- *Informiert euch bei den Hilfsorganisationen über weitere Problembereiche in anderen Ländern.*
- *Wie kann unser Konsumverhalten auf die dortigen Probleme einwirken?*
- *Informiert euch über Produkte aus dem »fairen« Handel.*

3 Mit Behinderungen leben

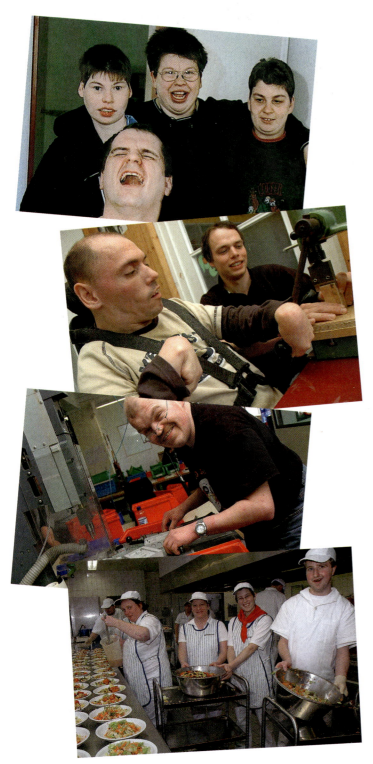

In einer Werkstätte für Menschen mit Behinderungen

Eine Schülerin berichtet:

Das Thema »Erkundung und Arbeit in den Ledder Werkstätten« wurde bei uns in der Hauptschule im Unterricht angeboten. Es war ein Projekt von vielen, die alle unter dem Sammelbegriff »Hilfe« standen. Die Ledder Werkstätten, eine große diakonische Einrichtung in der westfälischen Stadt Tecklenburg, haben mich deshalb interessiert, weil ich nie genau wusste, wie ich mich Menschen mit Behinderungen gegenüber verhalten sollte. Eigentlich wusste ich nur, dass man natürlich und offen sein soll. Aber irgendwie hat man doch Hemmungen, weil man so selten in Kontakt mit Behinderten kommt. Einige Mitschüler lachten höhnisch, als sie hörten, dass ich dort ein Praktikum machen wollte. Darüber habe ich mich sehr geärgert und mir gedacht, dass doch die Behinderten genau solche Menschen sind wie wir. »Was würdet ihr wohl tun, wenn ihr selbst solche Behinderungen hättet?« Als ich das gesagt hatte, wurde es still in der Klasse. Ein paar Jungen lachten noch immer, aber das klang eher unsicher. Als sich dann noch ein paar Mädchen aus meiner Klasse für das Projekt entschieden, stand mein Entschluss endgültig fest.

Am ersten Tag meines Praktikums war ich schon etwas schockiert und natürlich sehr vorsichtig. In der Werkstatt arbeiteten viele Beschäftigte mit körperlichen und geistigen Behinderungen, wie ich sie noch nie gesehen hatte. Wir »Normalen« standen zusammen und trauten uns kaum, auf sie zuzugehen. Aber dann sprach mich ein Beschäftigter an und der Bann war gebrochen. Später wurden wir auf unsere Praktikumsplätze verteilt, um dort mit den Menschen ganz direkt zu arbeiten. Ich sprach die Leute in meiner Gruppe einfach sofort an. Sie sahen mich aufmerksam an und wurden dann rasch gesprächig.

Ich arbeitete mit Erna und Waltraud zusammen im Verpackungs-Service. Beide hatten zwar eine Behinderung, aber ich konnte eigentlich gar nichts feststellen. Unsere Arbeit bestand darin, Einzelteile für den Sanitärbedarf abzuzählen, zu verpacken und in Tütchen zu verschweißen. Die tägliche Arbeit wechselte aber auch innerhalb der Gruppe, so dass verschiedene Beschäftigte diese Arbeit machten.

Bei einigen Leuten konnte ich nur eine leichte Behinderung entdecken, aber es gab auch die Schwerstmehrfachbehinderten. Einige Beschäftigte hatten Ramona und mich zum Mittagessen im Speisesaal eingeladen. Also blieb ich über Mittag und aß dort mit. An der Essensausgabe warteten alle geduldig. Auch die Betreuer, die gemeinsam an den Tischen mit den behinderten Menschen saßen. Bei einigen von ihnen musste ich mich sehr überwinden, einmal näher hinzusehen. Sie saßen tief über ihre Teller gebeugt. Essen fiel ihnen aus dem Mund, sie kleckerten und konnten nur sehr eingeschränkt ihr Besteck benutzen. Viele bekamen deshalb besondere Speisen, zum Beispiel Brei. Für alle im Speisesaal, außer uns Neuen, war das alles ganz normal.

Mit einer jungen Frau, die wegen ihrer Behinderung äußerlich zuerst sehr abstoßend auf mich wirkte, fing ich ein Gespräch an. Da war ich überrascht, weil sie mein Mitleid überhaupt nicht brauchte: Sie war total aufgeweckt und konnte mir viele Fragen genau beantworten, die ich zu der Werkstatt hatte.

Weil Ramona und ich bald mit allen gut auskamen, wurden wir auf eine Grillparty eingeladen. Mit Planwagen und Pferden ging es dorthin, was für die Beschäftigten ein tolles Erlebnis war. Später am Abend tanzten wir alle gemeinsam und die Menschen war sehr herzlich. Einige umarmten und drückten mich. Der Unterschied war gar nicht so groß: Alle Gäste freuten sich einfach und waren gut drauf, ob mit oder ohne Behinderungen.

Durch das Praktikum habe ich gelernt, mit behinderten Menschen ganz normal umzugehen. An den letzten beiden Tagen der Projektwoche durften wir sogar eine Ausstellung gestalten. Unsere Eltern war total interessiert und begannen bald, sich mit den Beschäftigten zu unterhalten. Sie kauften auch eine Menge Werkstattprodukte. Meinen Mitschülern und mir hat das Praktikum gut gefallen. Ich weiß jetzt, dass ich Menschen mit Behinderungen ganz normal begegnen kann.

Jessyka Kittner

- Informiert euch über die unterschiedlichen Arten von Behinderungen.
- Wie werden Menschen mit Behinderungen in deinem Ort betreut?
- »Behinderte sind nicht behindert, sie werden behindert.« Findet Beispiele für diese selbstbewusste Aussage in der »allgemeinen Meinung« und in eurer Umgebung.

4 Handeln nach dem Maßstab Jesu

> ¹³Ihr seid das Salz der Erde. Wenn das Salz seinen Geschmack verliert, womit kann man es salzig machen? Es taugt zu nichts mehr; es wird weggeworfen und von den Leuten zertreten.
> ¹⁴Ihr seid das Licht der Welt. Eine Stadt, die auf einem Berg liegt, kann nicht verborgen bleiben. ¹⁵Man zündet auch nicht ein Licht an und stülpt ein Gefäß darüber, sondern man stellt es auf den Leuchter; dann leuchtet es allen im Haus. ¹⁶So soll euer Licht vor den Menschen leuchten, damit sie eure guten Werke sehen und euren Vater im Himmel preisen.
>
> *Mt 5,13-16*

Antwort geben – anders leben

1942, mitten im Zweiten Weltkrieg, gründete Frère Roger die Brüdergemeinschaft in Taizé/Burgund. Sie war eine der wenigen Ordensgemeinschaften der evangelischen Kirche. Seit 1969 ist die »Ökumenische Brudergemeinde« auch offen für Katholiken. Ihre wichtigste Aufgabe sieht sie in der Bemühung um die Einheit der Kirche. Gebet und soziales Engagement, Meditation und Gemeinschaftsleben kennzeichnen ihren Lebensstil.
Der folgende Text ist dem zweiten Brief des Priors Frère Roger entnommen, den er 1976 in den Slums von Kalkutta an das »Volk Gottes« richtete. Seitdem wurden diese Gedanken jährlich aktualisiert.

Zögere nicht, aus deinem Leben durch konkretes Handeln ein Gleichnis des Miteinanderteilens zu machen. Der Beginn liegt in der Umgestaltung deiner Lebensgewohnheiten.
Teile alles, was du hast. Du wirst Freiheit darin finden. Widerstehe dem Konsumzwang. Je mehr du kaufst, desto abhängiger wirst du.
Es ist nicht möglich, seinen Lebensstandard innerhalb eines Tages zu ändern. Deshalb richten wir an alle die dringende Bitte, innerhalb von 7 Jahren schrittweise alles aufzugeben, was nicht unbedingt erforderlich ist.
Das Miteinanderteilen wird dich auch dazu führen, deine Wohnverhältnisse zu ändern.
Mache deine Wohnräume zu einem Ort, an dem andere immer willkommen sind, zu einem Haus des Friedens und des Verzeihens.
Du hast Nachbarn im Treppenhaus, im Wohnviertel. Nimm dir Zeit, immer wieder auf sie einzugehen. Du wirst dabei oft auf große Einsamkeit stoßen und feststellen, dass die Grenze der Ungerechtigkeit nicht zwischen Kontinenten, sondern einige hundert Meter von deiner Wohnung entfernt verläuft.
Lade andere zum Essen ein. Ein Fest wird eher bei einem einfachen als bei einem übertriebenen Mahl entstehen.

Das Miteinanderteilen bezieht sich auch auf deine Arbeit.
Wenn es dir bei deiner Arbeit nur auf Karriere, Konkurrenz und hohes Gehalt ankommt, bist du nahe daran, andere auszubeuten oder ausgebeutet zu werden. Arbeite, um das Lebensnotwendige zu verdienen, niemals, um Geld anzuhäufen.

Das Miteinanderteilen schließt die ganze Menschheitsfamilie ein.
Es ist unerlässlich, gemeinsam dafür zu kämpfen, dass die Güter der Erde neu aufgeteilt werden.
Wir Menschen sind eine einzige große Familie. Kein Volk, kein einziger Mensch ist von ihr ausgeschlossen. Maßstab sind die tatsächlichen Bedürfnisse aller Menschen, bis hin zu den Allergeringsten – und nicht die Befriedigung der Bedürfnisse der Menschen der westlich orientierten Welt.
Akzeptiere auch, dass andere einen anderen Weg wählen, um dasselbe Ziel zu verfolgen.

Frère Roger, Taizé

- Diskutiert darüber, auf welche Bereiche menschlichen Lebens sich das »Miteinanderteilen« noch bezieht.
- Welche Veränderung erfährt die Welt, wenn die Gedanken Frère Rogers Wirklichkeit werden?

Ein Samariter der Obdachlosen

Der Lokführer Walter Lorenz, 47 Jahre, macht täglich acht Stunden seinen Dienst bei der Bahn AG, korrekt, zuverlässig. Einen ganz anderen Dienst nimmt der Mensch Walter Lorenz erst nach Dienstschluss auf. Dann geht er auf die Straßen der großen Stadt. Oft bis Mitternacht ist er unterwegs auf der Suche nach »seinen Brüdern und Schwestern draußen in der Kälte« – den Obdachlosen, den »Pennern«.
Anfangs fuhr er mit seinem Fahrrad herum, einen Schnellkochtopf mit Suppe auf dem Gepäckträger.

Inzwischen hat er andere Menschen von seiner Mission überzeugen können; sie helfen ihm Suppe zu kochen, Brote zu schmieren und wärmende Kleidung zu sammeln.
Inzwischen fährt Walter Lorenz in einem Kleinlaster durch die Stadt und bringt den Obdachlosen einen Schlag heißer Suppe, Tee und Wurstbrote. Er setzt sich zu ihnen, den Gestrandeten der Gesellschaft, isst und spricht mit ihnen.
»Wenn man zusammen isst, kommt man sich näher. Wichtiger als das Suppeausteilen ist, diese Leute spüren zu lassen, dass sie, so wie sie sind, angenommen werden.« Er setzt sich für sie bei den Behörden ein. Manch einem konnte er den Weg in ein geordnetes Leben wieder ermöglichen.
Wie er dazu kam? Schlicht erzählt er: »Es war an einem bitterkalten Wintertag vor einigen Jahren. Ich war auf dem Heimweg. Meine Schwester hatte mir zum Geburtstag einen Kuchen geschenkt. In der Fußgängerzone lagen zwei Bettler zusammengekauert, wie erstarrt. Plötzlich wurde mir klar: Den Kuchen können die besser gebrauchen als ich. Und jedem gab ich eine Hälfte davon. Die Blicke aber, mit denen sie mir dankten, werde ich niemals vergessen. Sie waren voller Liebe und dahinter sah ich etwas von der größeren Liebe ... Es war, als hätte Jesus mich angeblickt.« Dieser Augen-Blick hat sein Leben verändert. Seitdem ist er jeden Tag auf dem Weg zu seinen »Kindern«, den Obdachlosen. Walter Lorenz, ein »Spinner« – um Jesu willen?

CARITAS – nur ein Wort für Liebe und Sorge?

Immer wieder geraten Menschen in Not. Schon in den ersten Christengemeinden war es üblich, dass jeder dem andern in der Not half; denn Jesus sagt: Wenn ihr einem andern helft, ist es genauso, als wenn ihr es mir getan hättet. Jesus zählt dafür Beispiele auf: Hungrige speisen, Durstigen zu trinken geben, Nackte bekleiden, Gefangene und Kranke besuchen, Fremde beherbergen (Mt 25,35; s. S. 16). Daher ist jeder Christ verpflichtet, sich um Menschen zu kümmern, mit denen er lebt.
In der heutigen Zeit werden diese Aufgaben weithin von großen Organisationen wahrgenommen. Der Deutsche Caritasverband ist die große Hilfsorganisation der katholischen Kirche in Deutschland. Er kümmert sich besonders durch die Einrichtungen seiner Gesundheitshilfe um kranke und alte Menschen, um Behinderte, Suchtkranke, um Sterbebegleitung von Aidskranken, aber auch um Strafgefangene, Asylbewerber und Aussiedler. In vielen Pfarrgemeinden werden kranke und pflegebedürftige Menschen durch Gemeindekrankenschwestern betreut. Rund 250 000 MitarbeiterInnen der Caritas sind tätig. Das Geld für die Durchführung von Hilfsaktionen erhält der Caritas-Verband zum großen Teil aus Spenden. Jedes Jahr findet für die Caritas eine Straßen- und Haussammlung statt, bei der auch Jugendliche mithelfen.
Weltweit arbeitet die Not- und Katastrophenhilfe der Caritas. Die entsprechende Organisation der Evangelischen Kirche in Deutschland heißt Diakonisches Werk. In vielen Fällen arbeiten Caritas und Diakonisches Werk zusammen.

- In welchen Bereichen arbeitet die Caritas in eurem Umfeld?
- Wenn euch ein spezieller Bereich interessiert: vielleicht könnt ihr eine/n Engagierte/n in den Unterricht einladen?
- Was würde passieren, wenn die Caritas alle ihre ehrenamtlichen Mitarbeiter und Mitarbeiterinnen verlieren würde?

In vielen alten Legenden wird erzählt, wie ein oder mehrere Götter einen Erdenbesuch machen und unerkannt zwischen den Menschen umhergehen. Sie wollen die Welt in Augenschein nehmen und prüfen, was bei den Menschen gut und was schlecht ist.
Die folgende Geschichte lädt dazu ein, sich auf einen solchen Besuch Gottes einzulassen.

Gottes Reise auf die Erde

Aus weiter Ferne schaute Gott auf die Welt. Er konnte nicht verhindern, dass sich Sorgenfalten auf seiner Stirn bildeten. Wie hatte er sich gemüht, damit alles gut wurde! Lange hatte er darüber nachgedacht, bis er wusste, was er alles erschaffen musste, damit die Welt in einem friedlichen Gleichgewicht leben konnte.
Immer wieder musste er zwischendurch Korrekturen vornehmen, das eine weglassen und das andere hinzufügen. Und jetzt, nach all den Jahren, die die Welt nun schon existierte, merkte er, dass die Welt ihn immer weniger zu brauchen schien. Auch konnte er nicht übersehen, dass an einigen Orten Dinge geschahen, die so gar nicht in seine Vorstellungen passten.
Gott wurde unruhig und fasste einen wagemutigen Entschluss:
Er wollte sehen, was aus der Welt geworden war. Und so plante er einen Besuch auf der Erde ...

Die Welt in Aug

...enschein nehmen

Stellt euch vor, ihr werdet »Reiseleiter« oder »Reiseleiterin« für Gott:

- *Entwerft in unterschiedlichen Gruppen eine Reiseroute für Gott. Was würdet ihr gerne zeigen?*
- *Wohin würdet ihr Gott lieber nicht führen?*
  Was sagt ihr Gott, wenn er nach dem Grund dafür fragt?
  Sprecht darüber, welche Veränderungen notwendig sind, damit die Welt vorzeigbar wird!
- *Schlagt in den Kapiteln 2 (Vorbilder), 4 (Geschenkter Neu-Anfang), 6 (Hoffen auf Heil), 9 (Es geschehen noch Zeichen und Wunder), 11 (Dem Ruf Gottes folgen) und 12 (Für eine bessere Welt) nach. Dort findet ihr Hinweise für eure Arbeit.*
- *Erstellt einen Prospekt, ein Plakat, eine Internetseite oder ... Macht damit auf eure Reiseroute aufmerksam.*
- *Nach Abschluss seiner »Weltreise« schildert Gott seine Eindrücke in einem Brief an die Menschen ...*

Hier findet ihr eine andere Möglichkeit, »die Welt in Augenschein zu nehmen«:

- *Sucht Texte, Gebete, Lieder und Bilder, mit denen ihr auf den Zustand der Welt aufmerksam machen möchtet.*
  Sprecht über eure »Fundstücke«.
- *Bringt eure Gefühle, Gedanken, Wünsche oder auch Ängste in kurzen Texten, Szenen oder Gebeten zum Ausdruck.*

PROJEKT

Bibelstellenregister

Altes Testament

Gen 1,1-2,4a	85
Gen 1,2-10	84
Gen 1,14-18	84
Gen 1,26-28	74, 84, 86
Gen 2,1-3	84
Gen 2,4a	85
Gen 2,7-25	74
Gen 2,24-25	75
Gen 5,1b-2	140
Gen 6-9	86
Gen 6,18	79
Gen 27	139
Gen 32,4-33	139
Gen 33	139
Ex 3,1-15	138
Ex 12-15	95
Ex 16,12-15	128
Ex 20,2-4	97
Ex 20,2-17	97
Num 11,12	140
Num 12	95
Dtn 5,8	136
Dtn 17,17-20	97
Dtn 32,6	140
Ri 4-5	95
1 Kön 17,8-16	128
2 Kön 4,42-44	128
2 Kön 22 f.	95
Neh 6	95
Ps 1,3	48
Ps 8	86
Ps 22	143
Ps 63,2	144
Ps 89,27	140
Ps 104	84
Jes 42,14	140
Jes 49,15	140
Jes 55,1-2	128
Jes 65,1-2	134
Jes 66,9-141	40
Jer 1,4-10.17	94
Jer 3,19	140
Jer 9,1-7	96, 97
Jer 10,2-5.10-11	97
Jer 18,1-17	101
Jer 19,1-7.10	98
Jer 19,11	98
Jer 20,1-2	98
Jer 20,7.8b.9	94
Jer 22,13-19	96
Jer 27,1-22	98
Jer 28,1-17	98
Jer 37,9	98
Jer 38,2-6	98
Ez 2,1-2	52
Ez 34,11-12	135
Hos 11	140
Mi 4	101

Neues Testament

Mt 4,18-22	148
Mt 5,13-16	174
Mt 5,23-24	54
Mt 5,43 f.	102
Mt 7,12	16
Mt 9,27-3 vgl. Mk 10,46-52	
Mt 10,46-52	123
Mt 11,19	120
Mt 16,15	120
Mt 16,16	120
Mt 18,21-22	54
Mt 23,37	140
Mt 25,14-30	49
Mt 25,31-41	16, 175
Mt 25,42-45	167
Mt 27,46	143
Mk 1,9-11	38
Mk 1,14-15	52
Mk 2,7	120
Mk 2,10-12	60
Mk 3,21	120
Mk 5,35-43	126
Mk 10,17-31	160
Mk 10,46-51	123
Mk 15,39	120
Mk 16,1-2	111
Mk 16,9-10	111
Lk 6,20-21	108
Lk 7,12-15	131
Lk 7,18-23	125
Lk 7,36-50	111
Lk 8,1-3	111
Lk 10,25-37	175
Lk 13,10-17	127
Lk 14,26	108
Lk 15,8-10	140
Lk 22,39-46	114
Lk 23,44-49	116
Lk 23,47	120
Lk 24,1-8	119
Lk 24,9-12	119
Lk 24,28-35	119
Joh 6,1-15.48-69	43, 128
Joh 7,12	120
Joh 7,40	120
Joh 8,12	120
Joh 11,43-44	131
Joh 14,6	131
Joh 17,21	159
Apg 2,1-13	39
Apg 8,26-40	36
Apg 9,36-40	131
1 Kor 11,23-26	40
2 Kor 5,18	54
2 Kor 6,10	151
Hebr 11,8	81
Offb 21,10-26	44

Stichwortregister

Auferstehung	113, 118-120, 126-132
Bergpredigt	108, 174, 176-177
Berufung	48, 93-94, 147-160
Biblische Texte erschließen	s. Gleichnis, s. Schöpfungsmythen, s. Wundererzählungen, s. a. Vorbilder
Buße	47-60
Eheschließung	s. Sakramente
Einzigartigkeit der Menschen	s. Identität, s. Mann und Frau
Eucharistie	s. Sakramente
Exodus	138
Firmung	18, s. Sakramente
Freundschaft	32-34, 61-76
Frieden	s. Gerechtigkeit und Frieden
Gebet und Gottesdienst	35, 38-39, 134-135, 137, 144-146, 154-156, 159
Gemeinschaft	6-9, 12-13, 76, s. a. Klosterleben
Gerechtigkeit und Frieden	23-29, 96-104, 115, 162-175
Gewissen	5-18
– Gewissensbildung	15
Gleichnis	49
Glück und Heil	77-79, 90-91
Götzen	97, s. Sinnangebote/-suche
Gott	133-146
– Gottesbegegnung	134-135, 138-139, 142-146
– Gottesbilder	136-137
– Gottesname	138
Heilige	158
Heiliger Geist	14-18, 36-46, 52, 58-60
Hilfswerke, kirchliche	101, 103, 168-171, 175
Hoffnung	90-92, s. Sehnsucht
Identität	7, 21, 48-49, 61-76
Internet	55, 95, 102, 122, 151, 155, 158-159, 177
Jeremia	93-104
Jesus von Nazaret	28-29, 105-132
Kirche	42-46, s. a. Sakramente, s. a. Weltkirche
Kloster/-leben	152-160, 174
Krankensalbung	s. Sakramente
Kreuz	17-92, 114-117, 142-143, 162-167, 176-177
Lebensgestaltung, christl.	18-30, 150-160
Liebe	32-34, 61-76
Lieder	29, 52, 76, 113, 132
Liturgie/Gottesdienst	s. Gebet und Gottesdienst, s. Sakramente
Mann und Frau	64-65, 86-87
Mission	s. Kloster/-leben, s. Lebensgestaltung, s. Nächstenliebe, organisierte
Maßstab f. christl. Leben	28-29, 174-175, s. a. Bergpredigt
Menschenrechtsorganisationen/ humanitäre Organisationen	57, 102, 168, 171, s. a. Hilfswerke, kirchliche
Mut	6-9, 56-57, 92, 112-113, 174-175
Nachfolge	s. Lebensgestaltung, christliche, s. Nächstenliebe
Nächstenliebe	16-17, 24-25, 104, 126-127, 130-131, 161-175
Ökologie	s. Schöpfung
Orden	147-149, 152-160
Persönlichkeit/-sfindung	s. Identität
Priesterweihe	s. Sakramente
Projektideen	44, 134, 176-177
Propheten	93-104
Reich Gottes	125-131
Sehnsucht	68-69, 128-129
Sakramente	31-46
Schöpfung	77-92
– -smythen	82-85
– -sverantwortung	115, 176-177
Schuld und Versöhnung	47-60
– Soziale Sünde	56-57, 78-79
– Streitkultur/-schlichtung	55
Sinn/-angebote/-suche	6-7, 12-13, 15, 20-21, 80
Soziales Engagement	19-30, 56-57, 101-104, 147-160, 161-175, s. a. Nächstenliebe
Taufe	s. Sakramente
Technologie	78-80, 124
Vaterunser	128
Verantwortung	5-18
Vollendung durch Gott	34, 92
Vorbilder	19-30, 49, 65, 148-161
Weltkirche	42-43
Werte und Normen	174-175, s. a. Gewissen, s. a. Verantwortung
Wunder/-erzählungen	121-132
Zeichen	43-46, 121-132, s. a. Sakramente

Text- und Bildnachweis

5	Katharina Bock, Irrwege, in: Kalender der Stadt Dortmund 2002, Blatt 11
6	In: Mirjam Pressler, Nun red doch endlich, Beltz und Gelberg Verlag, Weinheim/Basel 1988, S. 14 ff. – Cartoon: Carolin Strohbach, 17 Jahre, 1. Preisträgerin der Altersgruppe der 15-22-Jährigen beim 3. bundesweiten Karikaturenwettbewerb der Deutschen Jugendpresse e.V. und dem Studienkreis X zum Thema »Sucht«
7	Illustration: Maria Ackmann, Hagen – Jana Skornicka, in: Wortstark 8. Themen und Werkstätten für den Deutschunterricht, Schroedel Verlag, Hannover 1997, S. 27
8	Helmut Walter, Donauwörth – Erich Fried, in: und vietnam und, Klaus Wagenbach Verlag, Berlin 1966
9	J. P. Hebel, Schatzkästlein des Rheinischen Hausfreundes (1811) – In: Annette Rauert, In Geschichten sich wiederfinden. Werkbrief für die Landjugend, Teil 2, München 1980
10	Richard Matthias Müller, in: Über Deutschland. 103 Dialoge, Walter Verlag, Olten 1965 – Cartoon: Liebermann © Baaske Cartoons
11	In Anlehnung an eine Dilemmageschichte von L. Kohlberg – Paul Klee (1879-1940), Labiler Wegweiser, 1937, 45 (L 5), 43,8 x 20,9 cm, Aquarell auf Papier mit Leimtupfen auf Karton, Privatbesitz, Schweiz
12	Keith Haring (1958-1990), o. T., 1988 © Keith Haring Foundation
13	In: BOSC, Alles, bloß das nicht! Rechte beim Künstler
15	© Marie Marcks, Heidelberg – T/M: Bettina Wegner, aus dem Song »Kinder«, Schallplatte »Sind so kleine Hände«, CBS 83507, 1979 © Anar Musikverlag, Berlin
16	Max Liebermann (1847-1935), Der barmherzige Samariter, 1911, Wallraf-Richartz-Museum, Köln
17	Janusz Korčzak, Wenn ich wieder klein bin und andere Geschichten von Kindern, Vandenhoeck & Rupprecht, Göttingen 1973, S. 232 ff.
18	Quelle unbekannt – fälschlich Salvador Dalí zugeschrieben
19	Paul Klee (1879-1940), Hauptweg und Nebenwege, 1929, 90 (R10), Ölfarbe auf Leinwand auf Keilrahmen, Rahmenleisten, Museum Ludwig, Köln
20	Fotos: dpa (2) – Kösel-Archiv (2) – dpa – Tobias Weber, Hofkirchen – picture-alliance/dpa © dpa – KNA-Bild, Frankfurt/M. – dpa – Prospekt »Weltladen«, Weltladen Dachverband (Hg.), Mainz – KNA-Bild, Frankfurt/M.
21	Frederik Hetmann, in: Wer bekommt das Opossum?, Georg Bitter Verlag, Recklinghausen 1968 – Erich Kästner, Die kleine Freiheit, Droemer Verlag/Atrium Verlag, München/Zürich o. J.
22	Rigoberta Menchú, in: Handreichung für die Sekundarstufe I, Brot für die Welt (Hg.), Stuttgart 1966 – Fotos: dpa – KNA-Bild, Frankfurt/M. (2)
24	In: Erzbischöfliches Generalvikariat – Hauptabteilung Schule und Erziehung (Hg.), begehen und begegnen. Bausteine für den katholischen Religionsunterricht in der Sekundarstufe I anlässlich des Bistumsjubiläums 1999, Paderborn 1998, S. 47
25	ebd. S. 48 – ebd. S. 49 – Egon Stratmann, Fenster der Pfarrkirche St. Clemens, Dortmund-Hombruch, Foto: Petra Thiele, Köln – www.mariensschule.Gymnasium/Pauline.de
26/27	Texte wie 24, S. 61 ff. – Fotos: Dieter Lanz, Arnsberg
28	Fotos: Brigitte Zein-Schumacher, Arnsberg – Ev. Zentralbildkammer, Bielefeld – © Geschwister-Scholl-Archiv/SZ Photo – © Copyright 2010 by manuel aicher, dietikon (schweiz)
29	Fotos: Gabriele Schüttelhöfer, Arnsberg – © Ministry of I. and B. (Gouvernement of India) – © AK Menschen für ein Lebensrecht der Schöpfung, Christel Fattler, Rosenheim – T: Alois Albrecht/M: Peter Janssens © Peter Janssens Musikverlag, Telgte/Westfalen
30	Johannes Schreiter (geb. 1930), Verkehrsfenster. Entwurf eines Glasfensters für die Heiliggeist-Kirche in Heidelberg, 1987 – Bertolt Brecht, in: Geschichten vom Herrn Keuner, Suhrkamp Verlag, Frankfurt/M. 1971 – Erich Fried, in: Gesammelte Werke, Verlag Klaus Wagenbach, Berlin 1993 – H.-J. Gelberg (Hg.), Großer Ozean. Gedichte für alle, Beltz und Gelberg Verlag, Weinheim/Basel 2000, S. 76
31	Lyonel Feininger (1871-1956), Gelmeroda XIII, Öl auf Leinwand, 100 x 80 cm, New York, The Metropolitan Museum of Art, George A Hearn-Fund © VG Bild-Kunst, Bonn 2010
32	Auguste Rodin (1840-1917), Die Kathedrale, 1908, Bronze, 65 x 30 x 30 cm, Paris, Musée Rodin – Marie Luise Kaschnitz, Überallnie. Ausgewählte Gedichte 1928-1965, Claassen Verlag, Hamburg 1966
33	Hände einer Statuengruppe aus Amarna/Ägypten, um 1340 v. Chr., bpk/Ägyptisches Museum und Papyrussammlung, SMB/Jürgen Liepe – In: Mats Wahl, Winterbucht, Beltz und Gelberg Verlag, Weinheim/Basel 1998, S. 34 f., 263 f., 286 f.
34	Fotos: Josef Epping, Arnsberg (2) – S. Elisabethis Lenfers, Quelle nicht zu ermitteln – Michelangelo Buonarotti (1475-1564), Erschaffung des Adam (Detail), um 1511, Sixtinische Kapelle
36	Foto: Maria Hundsdörffer, in: dies., Taufe. Die Botschaft der Taufsteine, Katzmann Verlag, Tübingen 1998

37	Fotos in: Diaserie »Baustein zu den Sakramenten – Taufe«, Tau-Av-Produktion, Stans/Schweiz 1996 – In: Wilhelm Willms, Mitgift. Eine Gabe, mitgegeben in die Ehe, Butzon & Bercker Verlag, Kevelaer 1974, S. 16 – Quelle unbekannt
38	Fotos: Aldo Danuser, Farbe bekennen. Tonbild zum Firmsakrament, TAU-Av Produktion, Stans/Schweiz 1996, Bild 40
39	In: Hermann S. Garritzmann u. a., Durch das Jahr – durch das Leben. Hausbuch der christlichen Familie, Kösel-Verlag in der Verlagsgruppe Random House GmbH, München 2000, S. 385 – Veni sancte spiritus, Übertragung: Marie Luise Thurmair/ Markus Jenny 1971, GL Nr. 244
40	Heinrich A. Mertens, Brot in deiner Hand. Geschichten für Kinder von der Bedeutung des Heiligen Mahles, J. Pfeiffer Verlag, München 1973
41	Fotos: Adelheid Heine-Stilmark, Karlsruhe – P. Heiner Sternemann, Nürnberg – Klaus Herzog, Aachen
42	Fotos: S. Leutenegger © Ateliers et Presses de Taizé, F-71250 Taizé-Communauté (www.taize.fr)
43	Fotos: KNA-Bild, Frankfurt/M. – Bastian Flügge, Lübeck – Ansprache von Papst Johannes Paul II. zum Weltjugendtreffen in Rom, 20. August 2000 (gekürzt)
44	Mariendom Neviges, Fotos: Dirk Nothoff, Gütersloh – Rainer Gaertner, Wiehl – Cartoon: Ivan Steiger, in: Ivan Steiger sieht die Bibel, Verlag Katholisches Bibelwerk, Stuttgart 1989
45	Fotos: Karl Karrenberg, Velbert, in: Gerhard Haun, Mariendom Neviges, Kunstverlag Josef Fink, Lindenberg 1997, S. 21 – Martin Egbert, in: Westfalenspiegel 49, Nr. 4/2000, S. 58 – Friedhelm Ackermann, Arnsberg – B. Steinle, Prophet Jesaja, 1613, Stift Stams, Tirol Foto: © Dia Dienst – Josef Epping, Arnsberg
46	Spottkreuz, 3. Jh., Rom, Foto: Kösel-Archiv – Detlef Ditz-Burk, Karfreitagslandschaft, 100 x 160 cm – Kreuz von San Damiano, Assisi – Foto: Paolo Palma, mit freundlicher Genehmigung von: Fabrica/Edizioni San Paolo Srl., aus dem Buch: Fabrica/Oliviero Toscani, Beten, Pattloch Verlag, München 2000 – Oskar Kokoschka (1886-1980), Zur Erinnerung an die Kinder Europas, die an diesem Weihnachtsfest durch Kälte und Hunger sterben müssen, 1945, Plakat © Fondation Oskar Kokoschka/VG Bild-Kunst, Bonn 2012
47	Thomas Zacharias (geb. 1930), Die Berufung des Paulus, 1989, Radierung, in: Bistum Essen (Hg.), Wortbilder. Radierungen zur Bibel von Th. Zacharias. Bilder und Materialien für Katechese und Unterricht, Essen 1995, S. 83 © VG Bild-Kunst, Bonn 2012
48	Wolf Harranth, in: H.-J. Gelberg (Hg.), Großer Ozean. Gedichte für alle, Beltz und Gelberg Verlag, Weinheim/Basel 2000, S. 163 – Pablo Picasso (1881-1973), Porträt der Tänzerin Olga Koklowa, 1920 © Succession Picasso/VG Bild-Kunst, Bonn 2012
49	In: Martin Buber, Die Erzählungen der Chassidim, Manesse Verlag, Zürich 1949, S. 394
50	Josef Epping, Arnsberg
51	Max Spring, Bern/Schweiz, Gethsemane, 1986, Mischtechnik auf Papier – Karl Caspar (1859-1956), Hahnenschrei, 1948, Öl auf Leinwand, 96 x 80 cm, Privatbesitz, Werk Nr. 4808 © Köster/VG Bild-Kunst, Bonn 2012/K.-Th. Köster, Brannenburg/Inn
52	Foto: Josef Epping, Arnsberg – T: Alfred Delp/M: F. R. Daffner © beim Urheber
53	Josef Epping, Arnsberg – Keith Haring (1958-1990), o. T. © Estate of Keith Haring
54	In: Anselm Grün, Sich ändern lernen. Versöhnung leben und feiern (Perspektiven für die Seelsorge Bd. 6), Echter Verlag, Würzburg 1992, S. 17
55	Fotos: W. Hünicke, Sundern
56	Fotos: Stephan Boness/Ipon – T. Raupach/Argus – O. Baumeister/Ges. f. ökol. Forschung/Greenpeace – Urheber unbekannt – Kösel-Archiv
57	Foto: KNA-Bild, Frankfurt/M.
58	In: Hermann Garitzmann u. a.: wie 39, S. 103, 114 f. – Cartoon: Ivan Steiger, in: Deutsche Bibelgesellschaft (Hg.), Ivan Steiger sieht die Bibel, Verlag Katholisches Bibelwerk, Stuttgart 1989, S. 81 – Verfasser unbekannt
60	Jonathan Borofsky (geb. 1942), Man Walking to the Sky, 1992, Kassel
61	Edvard Munch (1863-1944), Mädchen auf der Brücke, 1905, Öl auf Leinwand, 126 x 126 cm © The Munch Museum/The Munch Ellingsen Group/VG Bild-Kunst, Bonn 2012
62	Franz Hohler, in: E. Borchers (Hg.), Das große Lalula und andere Gedichte und Geschichten von morgens bis abends, Verlag Heinrich Ellermann, München 1971 – Marie Luise Kaschnitz, in: Gesammelte Werke © Insel-Verlag, Frankfurt/M. 1981 – Foto: Brigitte Zein-Schumacher, Arnsberg
63	Francis Hamerstrom, in: Mein Adler kreist zum Himmel, Landbuch-Verlag, Hannover 1973, S. 18-20 (leicht gekürzt) – Franz Kafka, in: ders., sämtliche Erzählungen © 1935 by Schocken Verlag Berlin © 1946/1963 by Schocken Books Inc., New York City/USA; S. Fischer Verlag, Frankfurt/M. – © Reinhard-Tierfoto, Heiligenkreuzsteinach
64	T/M: Peter Maffay © Musik-Edition Discoton GmbH (BMG Ufa Musikverlage), München
65	Bettina Wegner, in: Hans Kruppa (Hg.), Gedicht gegen den Frust, Fischer Taschenbuch Verlag, Frankfurt/M. 1983 – Peter Blake (geb. 1932), Selbstbildnis mit Ansteckern, 1960 © VG Bild-Kunst, Bonn 2012
66	Christine Nöstlinger, in: dies., Der Spatz in der Hand, Beltz und Gelberg Verlag, Weinheim/Basel 1974 (gekürzt)

67	Khalil Gibran, in: Der Narr, Walter Verlag, Olten 1975 – Foto: Brigitte Zein-Schumacher, Arnsberg
68	Ulrich Peters, in: Lebensträume, Lahn Verlag, Limburg 1987
69	Odilon Redon (1840-1916), Portrait of Ari Redon, 1898 © The Art Institute of Chicago, Kat. S. 126
70	Quelle unbekannt – Foto: Brigitte Zein-Schumacher, Arnsberg – Antoine de Saint-Exupéry, Der Kleine Prinz, Karl Rauch Verlag, Düsseldorf 1956
71	Rabbi Mendel, Quelle unbekannt – Christine Nöstlinger, in: H.-J. Gelberg (Hg.), Großer Ozean. Gedichte für alle, Beltz und Gelberg Verlag, Weinheim/Basel 2000, S. 103 – Keith Haring (1958-1990)
72	Wolfgang Rudelius, in: H.-J. Gelberg, Die Erde ist mein Haus. 8. Jahrbuch der Kinderliteratur, Beltz und Gelberg Verlag, Weinheim/Basel 1988 (gekürzt)
73	In: Karin Gündisch, unter dem Titel »Stefan«, in: ebd., S. 87 – Pablo Picasso (1881-1973), Junge und Mädchen, 1954 © Succession Picasso/VG Bild-Kunst, Bonn 2012
74	Quelle unbekannt
75	Friedensreich Hundertwasser (1928-2000), Mit der Liebe warten tut weh, wenn die Liebe woanders ist, 1971 (630 A) © Hundertwasser Archiv, Wien
76	T: Gregor Gottschalk/M: Peter Maffay © Musik-Edition Discoton GmbH (BMG UFA Musikverlage), München
77	Roland Peter Litzenburger (1917-1987), Der Sonnengesang oder Die gute Schöpfung des Franz von Assisi, 1971, Tusche-Aquarell © Gretel Kunze, Markdorf
78	Fotos: M. Wolf/Visum – Kösel-Archiv – UNHCR/U. Meissner – Kösel-Archiv (2) – Hans-Jürgen Rau, Dreieichenhain – B. Geilert/G.A.F.F. – Kösel-Archiv – M. Sasse /LAIF – Kösel-Archiv
79	Wilhelm Willms, Der geerdete Himmel. Wiederbelebungsversuche, Butzon & Bercker Verlag, Kevelaer [6]1983, Nr. 1.14 (in Auszügen) – Cartoon: Moser, in: Nebelspalter
80	Aus dem Musical »Hair«: »Where do I go«. M: Galt MacDermot/Originaltext: James Rado/Gerome Ragni. Deutscher Text: Walter Brandin © EMI UNART Catalog, für Deutschland: EMI Partnership Musikverlag GmbH, Hamburg – Christine Nöstlinger; in RL 1/97, S. 34 – Cartoon: hennes © Baaske Cartoons
81	In: Oliviero Toscani, wie S. 46 – Cartoon: Ivan Steiger, in: Ivan Steiger sieht die Bibel, wie S. 44, S. 71 – Teilhard de Chardin, in: Das Glück des Daseins, Walter Verlag, Olten 1969 – Fotomontage aus Detail eines Stiches von Mexseper und Realfoto; Foto und Montage: Peter Bock
82	Aus dem babylonischen Mythos »enuma elisch« in vereinfachter Form von Dietrich Steinwede, in: ders., Von der Schöpfung. Sachbilderbuch, Kaufmann/Patmos, Lahr/Düsseldorf [3]1978, S. 28 – Zeichnung: Kösel-Archiv
83	Angelehnt an M. Lachièze-Rey, Die Urknall-Theorie ist kein Schöpfungsbericht, in: Welt und Umwelt der Bibel 2/1996, S. 7 – In: Erwin Neu, Aus Sternenstaub. Die Reise zum Ursprung des Menschen, Kösel-Verlag in der Verlagsgruppe Random House GmbH, München 1997, S. 87 f. – Foto: Shigemi Nunazawa/APB/Ciel et espace, in: Welt und Umwelt der Bibel 2/1996, S. 6 f.
84	Bearbeitet nach: Albert Schlereth, Grundkurs Religion 1, Glauben und Wissen, Kösel-Verlag in der Verlagsgruppe Random House GmbH, München 1977, S. 24
85	Wolfgang Baur/Juan Peter Miranda, Am Anfang war alles gut, Katholisches Bibelwerk, Stuttgart o. J., S. 15 f.
86	Übersetzung und folgende Ausführungen nach: Norbert Lohfink, Die Gottesstatue. Kreatur und Kunst nach Genesis 1, in: ders., Im Schatten deiner Flügel. Große Bibeltexte neu erschlossen, Verlag Herder, Freiburg 1999, S. 29 ff.
87	Marc Chagall (1887-1985), Das Paradies, Öl auf Leinwand, MBMC 2 © VG Bild-Kunst, Bonn 2012
88	Ludwig Hirsch, in: Bis zum Himmel hoch. Ein akustisches Liederbuch. LP: Polydor 2372109 © beim Urheber – A. Paul Weber, Die Herren der Schöpfung, Lithografie © VG Bild-Kunst, Bonn 2012
89	Peter Spangenberg, in: Der Stein der tanzenden Fische, Gütersloher Verlagshaus in der Verlagsgruppe Random House GmbH, Gütersloh 1976, S. 102 f.
90	S. Mews, Der wunderbare Austausch. Ein Märchen, in: H. Wohlgemuth (Hg.), Frieden: Mehr als ein Wort, Rowohlt Verlag, Reinbek 1980 (gekürzt)
91	Foto: Jean Sebastian Lallemand, mit freundlicher Genehmigung von: wie S. 46
92	Frans Cromphout SJ, in der Zeitschrift »jonge Kerk« 4/1969, zit. n. R. Bleistein, Kurzformeln des Glaubens II (Texte), Echter Verlag, Würzburg 1971, S. 63 f. – Cartoon: Jals
93	Marc Chagall (1867-1985), Die Klagen des Jeremias, Farblithografie, 1956, 35 x 27 cm © VG Bild-Kunst, Bonn 2012
94	Karte in: G. Ernest Wright/Floyd V. Filson (Hg.), Kleiner historischer Bibelatlas, Karte IX, Calwer Verlag, Stuttgart 1978
95	Cartoon: Werner »Tiki« Küstenmacher, in: Ewige Jagdgründe, Claudius-Verlag, München, S. 19
96	Fruchtbarkeitsgöttin, Elfenbein, Höhe 13 cm, Paris, Louvre
99	Ernst Alt (geb. 1935), Jeremia in der Zisterne, 1973, 40 x 57 cm © ars liturgica Buch & Kunstverlag, Maria Laach, Nr. 5279
100	Wilhelm Willms, in: Paul Jakobi/Annegret Wetter/Diethard Zils (Hg.), In Sack und Asche? Wege zur Buße, BDKJ, Düsseldorf 1974

101	Aufnäher aus der Friedensbewegung der DDR – Volker Thomas, in: PZ Magazin
102	www.paxchristi.de – www.rottendorf-stvitus.de/pgr/SAPRA/pb9903_5.html
103	Foto: Erol Gurian, München – Grafik: Globus – Horst Homann, in: missio aktuell 13/99, S. 15
104	Rainer Fetting, Susanne rot-grün-blau, 1980, Sammung Piepenbrock, Osnabrück – Cartoon: Cork
105	Hilde Schürk-Frisch (1915-2008), Begegnung, 1962, Monotypie
106	Lothar Zenetti, in: Die wunderbare Zeitvermehrung, Verlag J. Pfeiffer, München 1983, S. 102 – Wilhelm Willms, in: roter faden glück, Butzon & Bercker, Kevelaer 1974, Nr. 2.21 – Gerard van Honthorst (1592-1656), Die Anbetung der Hirten, 1622, Wallraf-Richartz-Museum, Köln, WRM 2122 – Jesus wäscht Petrus die Füße, Steinrelief an der Westfassade der Abteikirche St. Gilles-du Gard, Frankreich, Foto: Kösel-Archiv
107	Matthias Klemm, Christus in der Stadt, Federzeichnung, 1968 – In: Adolf Holl, Jesus in schlechter Gesellschaft, DVA, Stuttgart 1971 – Herbert Grönemeyer, Land unter (Der Wind steht schief) © Grönland Musikverlag, Berlin
108	Gerd Theißen, Der Schatten des Galiläers, Ch. Kaiser Verlag, München 1986, S. 104 ff.
109	Duccio di Buoninsegna, gen. Maestà (1255-1318), Jesus beruft Simon und Andreas, 1311
110	Während eines Gelages bei Simon salbt Maria Magdalena die Füße von Jesus. Fresko in der Basilika des 11. Jh. in St. Angelo in Formis
111	Christus vor Maria Magdalena, Perikopenbuch Kaiser Heinrichs II., um 1040, Bremen, Staatsbibliothek © Verlag Ars liturgica, Maria Laach – Illustration aus dem Albani-Psalter des 12. Jh., Hildesheim
112	Rembrandt van Rijn (1606-1669), Tempelreinigung, 1635, Radierung
113	T: Alois Albrecht/M: Peter Janssens © Peter Janssens Musikverlag, Telgte – Gerd Theißen, wie S. 108, S. 201 ff.
114	Otto Dix (1891-1969), Jesus im Garten Getsemane © VG Bild-Kunst, Bonn 2012
115	Aus dem Misereor-Kreuzweg 1992 aus Lateinamerika von Adolfo Pérez Esquivel © MVG Medienproduktion, Aachen 1992
116	Gerd Theißen, wie S. 108, S. 222 ff. (gekürzt)
117	Lovis Corinth (1858-1925), Der rote Christus, 1922 Foto: Artothek, Weilheim
118	Alfred Manessier (1911-1993), Auferstehung, 1949, Farblithografie © VG Bild-Kunst, Bonn 2012
119	Marianne Fredrikson, Maria Magdalena, aus dem Schwedischen von Senta Kapoun, Wolfgang Krüger Verlag, Frankfurt/M. 1999, S. 237 ff. – Beate Heinen (geb. 1944), Christus und die Emmausjünger, 1992 © ars liturgica Buch- & Kunstverlag, Maria Laach, Nr. 5498
120	Andreas Felger (geb. 1935), Ich bin der Weinstock, Holzschnitt © Andreas Felger Kulturstiftung, Berlin, www.af-kulturstiftung.de
121	Emil Wachter (geb. 1921), Jesus heilt einen Blinden (Mt 20,29-34), 1975, Zeichnung, Kugelschreiber mit Bleistift laviert © VG Bild-Kunst, Bonn 2012
122	Chassidische Geschichte, Quelle unbekannt
123	Kurt Wolff, Ein Maulbeerbaum für die Übersicht, Neukirchener Verlag, Neukirchen-Vluyn 1980, S. 164 – Ursula († 1987) Malgruppe Klingenthal 9, Universitäts-Poliklinik Basel – Quelle nicht zu ermitteln
124	Foto: Herzog/Present – Cartoon: Ivan Steiger, wie S. 44, S. 337
125	Manfred Fischer, in: Einmischung in innere Angelegenheit, Quell Verlag, Stuttgart 1980, S. 83 f.
126	Rainer Jungnitsch, Und das soll einer glauben?, Stolpersteine in der Bibel, Don Bosco Verlag, München 1998, S. 47 – Paula Modersohn-Becker (1876-1907), Mädchen vorm Fenster, 1902/03, Öl auf Schiefer, 39,3 x 49,5 cm, Bremen/Kunsthalle
127	Foto: Karl Darnhofer, Österreich
128	Wunderbare Brotvermehrung, Miniatur aus dem Goldenen Evangeliar von Echternach, um 1045. Nürnberg, Germanisches Nationalmuseum, fol 53r
129	Bert Boumann, Der Junge mit den fünf Broten und den zwei Fischen – Wilhelm Willms, in: Aus der Luft gegriffen, Butzon & Bercker Verlag, Kevelaer 1978, S. 66 f. – Cartoon: Ivan Haramija, in: Katalog zur gleichnamigen Wanderausstellung der EXILE-Kulturorganisation »Rassismus NEIN – Zeichnungen und Karikaturen«, Hg.: Sabine Hähnel u. Tina Jerman
130	Foto: Dietmar Rembierz, Berlin – Meinolf Wacker, Erfolgsmodell für Junkies, in: Neue Stadt 10/00, S. 32-34 (Auszüge)
132	Wolfdietrich Schnurre, Der Schattenfotograf, Paul List Verlag, München 1978, S. 65 – T: Wilhelm Willms/M: Peter Janssens, aus: »Fest der Hoffnung«, 1976 © Peter Janssens Musikverlag, Telgte
133	Hildegard von Bingen (1098-1179), Die neun Chöre der Engel, um 1165. Von außen nach innen: Engel, Erzengel, Kräfte, Mächte, Fürstentümer, Heerscharen, Throne, Cherubim und Seraphim
134	Labyrinth auf dem Fußboden der Kathedrale von Chartres, 12. Jh., Foto: P. Cyrill Schäfer OSB, St. Ottilien – Martin Buber, Die Erzählungen der Chassidim, Manesse Verlag, Zürich 1949, S. 191
135	Klemens Tilman, Staunen und Erfahren als Wege zu Gott, Benziger Verlag, Einsiedeln/Zürich/Köln 1968, S. 94 f. – Heribert A. Huneke (geb. 1932), Glühen ist mehr als Wissen, 1991/1992 © VG Bild-Kunst, Bonn 2012
137	Illustration: Eva Amode, München – Hubertus Halbfas, Der Sprung in den Brunnen. Eine Gebetsschule © Patmos-Verlag der Schwabenverlag AG, Ostfildern/Düsseldorf 1981, S. 70 – Bertolt Brecht, wie S. 30, S. 20

138	Marc Chagall (1887-1985), Mose vor dem brennenden Dornbusch, 1966, Lithografie © VG-Bild-Kunst, Bonn 2012
139	© Sieger Köder (geb. 1925), Jakobs Kampf am Jabbok
140	Aus Hosea 11, in der Übersetzung von Helen Schüngel-Straumann
141	Fresko in der romanischen Kirche von Urschalling/Prien, 13. Jh. – Ulla Kintrup-Limbrock, in: Ulla Kamps-Blass/Eva Maria Ziebertz (Hg.), Wenn Frauen beten, Kösel-Verlag in der Verlagsgruppe Random House GmbH, München 1989, S. 26
142	Fotos: picture alliance/Helga Lade Fotoagentur GmbH – picture alliance/ZB – picture alliance/empics – Lothar Zenetti, in: Texte der Zuversicht, J. Pfeiffer Verlag, München 1987 (gekürzt)
143	Elie Wiesel, in: Die Nacht zu begraben, Elischa, Aus dem Französischen von Curt Meyer-Clason, Bechtle Verlag, München 1962 (gekürzt) – Otto Pankok (1893-1966), Mein Gott, mein Gott, warum hast du mich verlassen? Aus dem Zyklus »Die Passion«, um 1933, 148 x 99 cm, mit freundlicher Genehmigung von Eva Pankok
144	Mundonga N'zuno/Zaire, Ukuleiaspieler, 70 x 100 cm – Dietrich Bonhoeffer, Quelle nicht zu ermitteln – Andrea Schwarz, in: Bunter Faden Zärtlichkeit, Verlag Herder, Freiburg 1986, S. 48 – Alfonso Pereira, in: Jugend mit Gott, Butzon & Bercker Verlag, Kevelaer 1971, S. 234 – Bernhard Kraus, in: W. Schaube (Hg.), Rufsäule. Versuche zu beten, Verlag Herder, Freiburg 1986, S. 130
145	Alfonso Pereira, wie S. 144, S. 153 – in: Hubertus Halbfas, Religionsbuch für das 3. Schuljahr, Patmos Verlag 1985, S. 25 Copyright © 2010 Bayerischer Schulbuchverlag GmbH, München – Werner Schaube, wie S. 144, S. 131 – Bert Boumann, Ijob, in: Bibel heute 113 (1/1993), S. 5
146	Andreas Felger (geb. 1935), Ich bin die Tür, Aquarell © Andreas Felger Kulturstiftung, Berlin, www.af-kulturstiftung.de – Eleonore Beck (Hg.), Gebete meines Lebens, Schwabenverlag, Ostfildern 1999
147	Thomas Zacharias (geb. 1930), Fischfang © VG Bild-Kunst, Bonn 2012
148	A. L. Balling/I. Hopfgartner (Hg.), Es gibt viele Wege zu Gott. Ordensfrauen berichten über ihre Berufung, Verlag Herder (Herder Taschenbuch 1581), Freiburg 1989, S. 66 f.
149	ebd. S. 7 – Foto: P. Martin Trieb OSB, St. Ottilien
150	Fotos und Text: Reinhard Voß, Wethen, www.wethen.de
152	Text erstellt in Absprache mit Pater Ansgar und in Anlehnung an Auszüge aus www.koenigsmuenster.de – Fotos: Abtei Königsmünster, Meschede (1) – Brigitte Zein-Schumacher, Arnsberg (5)
154	R. Mittweg OSB, in der Zeitschrift »17« Nr. 4/1988, S. 28 f. (gekürzt) – Foto: © Benediktinerabteil Gerleve
156	Fotos und Text: © Provinzialat der Schwestern vom Guten Hirten, Norddeutsche Provinz; in: www.guter-hirte.de
157	Karte zum 200. Geburtstag der Gründerin des Ordens vom Guten Hirten, Eufrasia Pelletier © M. Klemm, Leipzig
158	Kösel-Archiv – KNA-Bild, Frankfurt/M. – Text zum Dominikanerorden, nach: www.dominikaner.de und Erzbischöfliches Generalvikariat Paderborn (Hg.), Geistliche Bewegungen und Gemeinschaften im Erzbistum Paderborn stellen sich vor – Fra Angelico, Dominikus
159	Fotos: © Sr. J. Thusbaß, Abtei der Missionsdominikanerinnen Schlehdorf – Hedwig Epping, Arnsberg – Martin Buber, in: Der Weg des Menschen nach der chassidischen Lehre, Verlag Lamberg Schneider, Heidelberg 1948
160	Wilhelm Willms, Quelle unbekannt – Hilde Schürk-Frisch (1915-2008), Hl. Josef, Bronzeplastik in der Kapelle im Maria Josef Hospital, Greven, Foto: Fotostudio Pölking, Münster
161	Vincent van Gogh (1853-1890), Der barmherzige Samariter (nach Delacroix), 1890, Öl auf Leinwand, 73 x 60 cm, Otterlo, Museum Kröller-Müller, Foto: Artothek, Weilheim
163	Fotos: KNA-Bild, Frankfurt/M. – Kinderdorf Rio e. V. – Sundarai Tietz/argus – Kösel-Archiv – KNA – dpa (3) – Reuters
164	Grafik: © Deutsche Welthungerhilfe e. V., Bonn
165	Grafik: Kösel-Archiv
166	Christa Peikert-Flaspöhler, in: Stellenangebot, Lahn-Verlag, Limburg 1980 (gekürzt) – Fotos: Kösel-Archiv
167	Cartoon: Arend van Dam – Foto: DAHW/Jochen Hövekenmeier
168	Fotos: Gérard Klijn, Königswinter – Achim Pohl, Essen
169	Foto: KNA-Bild, Frankfurt/M. – Dietrich Bonhoeffer, in: Widerstand und Ergebung, Ch. Kaiser Verlag, München 1951
170	Foto: Ernst Herb, Alfred Knapp/KNA, Frankfurt/M. – In: Manfred Sollich (Hg.), Probezeit ausgeschlossen, Matthias Grünewald Verlag/Chr. Kaiser-Verlag, Mainz/München 1984, S. 28 (gekürzt)
171	Foto: Schaaf/Misereor
172	Jessyka Kittner, Ibbenbüren, bearbeitet von Jörg Birgoleit/Ledder Werkstätten – Fotos: Ledder Werkstätten
174	Frère Roger, Taizé, Briefe an das Volk Gottes, Bd. 2, Salvator Verlag, Kall 1977 (in Auszügen)
175	Fotos © Sibylle Färber, München – Caritas/WB Sundern
176	Annette Bartusch-Goger, Neusäß

Alle nicht eigens gekennzeichneten Texte stammen von Josef Epping und Brigitte Zein-Schumacher.